LIBANON

DUMONT REISE-TASCHENBUCH

Vordere Umschlagklappe: Der Norden des Libanon

Hintere Umschlagklappe: Der Süden des Libanon

Dietrich Höllhuber

LIBANON

DUMONT

Titelbild: Im Hafen von Saida/Sidon
Umschlagklappe vorn: Der gigantische Jupitertempel in Baalbeck ist das eindrucksvollste Kulturdenkmal des Landes
Umschlagklappe hinten: Einkaufspassage im lebhaften Hamra-Viertel Beiruts
Vignette S. 1: Landeanflug auf den Internationalen Flughafen des Libanon in Beirut – die Flugzeuge scheinen die Dächer der Hochhäuser in Hamra zu streifen
Seite 2/3: Jogger auf Beiruts Corniche

Über den Autor: Dr.Dietrich Höllhuber, geboren 1943, studierte Geographie, Geschichte und Germanistik an der Universität Wien; 1980–82 Professur an der Universität Erlangen; seit 1983 freier Schriftsteller und Studienreiseleiter. Zahlreiche Publikationen, u. a. Reisebücher über Südeuropa, die Mittelmeerländer und die arabischen Staaten.

Die Deutsche Bibliothek – CIP-Einheitsaufnahme

Höllhuber, Dietrich:
Libanon / Dietrich Höllhuber. – Köln : DuMont, 1999
DuMont Reise-Taschenbücher ; Band 2167
ISBN 3-7701-4754-5

Satz und Druck: Rasch, Bramsche
Buchbinderische Verarbeitung: Bramscher Buchbinder Betriebe

Printed in Germany ISBN 3-7701-4754-5

INHALT

UNTERWEGS
IM LIBANON

LAND & LEUTE

»Die Steine von Baalbek sehen aus, als gäben sie sich tiefen Gedanken hin. Olympischer Eindruck. Zwei Tage lang bin ich allein zwischen ihnen herumspaziert; durch die blaue Atmosphäre wirbelten weiße Flocken, die der Wind den zwischen den Ruinen wachsenden, vertrockneten Disteln entriß.«

Gustave Flaubert,
Reise in den Orient,
1851

Landschaft und Kulturgeschichte

Zedern waren über Jahrtausende der Reichtum des Landes; heute muß man die letzten Vorkommen (hier: Baruk) schützen

◁ Standesgemäß: der Hammam des Emirs für die Libanonberge im Palast Beit ed-Din

Landschaft zwischen Meer und Zedern

Blendend weiß leuchtet von weither der schneebedeckte Kamm des Libanongebirges, arabisch Lubnan. Es ist dieses Gebirge – bis zu 3083 m hoch –, dem das Land seinen Namen verdankt: Libanon, Land des yoghurtweißen Gebirges.

Daß man von der Küste des Mittelmeers zum Yoghurt-Weiß des Gebirges nur eine Autostunde fährt, hat sicher einen erheblichen Anteil an der Faszination dieses Landes. Daß man dabei mehrere Klimazonen passiert und aus duftenden mittelmeerischen Gefilden in karge alpine Flora aufsteigt, gleichermaßen. Theoretisch kann man das maximal 210 km lange und 60 km breite Land an einem einzigen Tag durchfahren, ohne sich sonderlich anzustrengen. Der Libanon ist mit ca. 10 500 km^2 im internationalen Maßstab ein Flächenzwerg, gerade mal so groß wie Kärnten, halb so groß wie Hessen. Aber der Libanon ist ein Riese, wenn es um seine landschaftliche, kulturelle und historische Vielfalt geht: was hier auf einem winzigen Gebiet zusammengepfercht ist, muß anderswo für die zwanzigfache Fläche reichen.

Der Libanon besteht aus vier Landschaftsgürteln, die parallel zur Mittelmeerküste aufgereiht sind. Ein Ostafrika und Vorderasien umgreifender tektonischer Prozeß hat sie angelegt: vom Ostafrikanischen Graben über Rotes und Totes Meer bis zur Beqaa und zum Orontestal zerreißt ein 6500 km langer Grabenbruch die beiden Kontinente. Ein neuer Ozean entsteht in seiner Mitte, während seine Ränder mit unvorstellbarer Macht auseinander- und zu Gebirgen aufgeschoben werden. Die Beqaa-Ebene liegt im Bereich des Grabenbruchs; seine Ränder bilden den Hauptkamm des Libanon im Westen sowie Antilibanon und Hermon im Osten. Die Gesteine der beiden Gebirgsketten sind vorwiegend Meeresablagerungen, die von den Bewegungen der Erdkruste kilometerhoch gehoben wurden; es gibt Kalke und Dolomite, daneben Mergel und ein paar Stellen mit vulkanischen Ergüssen.

Hügelland und steil eingetiefte Täler kennzeichnen den **ersten Gürtel:** kaum irgendwo flaches Schwemmland. Das Mittelmeerklima bringt hier milde, feuchte Winter, in denen es grünt, nicht schneit, und Blütenpracht im Frühjahr, das von Mitte Februar bis Mitte Mai dauert. Oft fegt dann der heiße Chamsin aus dem Binnenland an die Küste, aber nur dort, wo ihn nicht das Gebirge daran hindert. Heiß und trocken sind die Sommer, in denen alles ausdörrt, aber die Luft doch schwül ist und unbewegt; der Herbst ist eine ganz kurze Jahreszeit im Oktober und November, wenn die ersten starken Regen kommen. Überall die Düfte und die Farben der Mittelmeervegetation: Pinien, Steineichen, Wacholder, Zistrosen, Mastixstrauch und Erdbeerbaum, darunter die duftende Vielfalt der

›Steckbrief‹ Libanon

Name: Libanesische Republik (al-Djumhuriya al-Lubnaniya)
Lage: Im östlichen Mittelmeer mit 210 km Küstenlänge, grenzt im Norden und Osten an Syrien, im Süden an Israel
Fläche: 10 452 km^2
Klima: An der Küste und im Hügelland Mittelmeerklima mit milden, niederschlagsreichen Wintern und warmen, oft schwülen Sommern; in der Beqaa-Ebene kontinentales Klima mit kühlen, niederschlagsarmen Wintern und heißen, trockenen Sommern. Monatsmittelwerte an der Küste im Januar 13 °C, im Juli 27 °C, im Inneren im Januar 12 °C, im Juli 36 °C.
Einwohner: 4 Mio. (Fortschreibung 1995), darunter ca. 160 000 Armenier als libanesische Staatsangehörige und 350 000 Palästinenser; 87 % der Bevölkerung wohnt in Städten
Hauptstadt: Beirut
Flagge: Grüne Zeder auf weißem Grund zwischen zwei horizontalen roten Streifen
Staatsform: Republik seit 1926, Verfassung 1926, zuletzt geändert 1995; volle Unabhängigkeit seit 1943; Parlament mit je 64 Sitzen für Christen und Muslime, Präsident muß maronitischer Christ, Regierungschef Sunnit, Parlamentssprecher Schiit sein
Sprache: Amtssprache Hocharabisch, Umgangssprachen syrolibanesisches Arabisch, Minderheiten sprechen Armenisch und Kurdisch; Bildungssprachen Französisch und Englisch weit verbreitet
Religionen: 52 % Muslime, 39 % Christen, 7 % Drusen (31 % Schiiten, 24 % Maroniten, 21 % Sunniten, 7 % Drusen, 6 % Griechisch-Orthodoxe, 5 % Griechische Katholiken, 4 % Armenier)

Blüten: Salbei, Thymian, Lavendel, Alant, Strohblume, Traubenhyazinthe, Schwertlilien und Erdorchideen. In den Gärten und Pflanzungen Ölbaum und Maulbeerbaum, Feige und Mandel, windgeschützt sogar Dattelpalme und Banane!

Im **zweiten Gürtel,** dem Berg- und Gebirgsland des Libanon, ist der Sommer kühler und die Schwüle der Küste fehlt, in den höchsten Lagen bleibt der Winterschnee oft bis in den Mai hinein liegen. Die Vegetation ändert sich sehr schnell von den tieferen Zonen, wo sie noch mediterran ist und die letzten Ölbäume stehen, aber auch schon Walnuß und Apfel gezogen werden, über die letzten Zedernhaine der höchsten Waldzone bis zu den alpinen Matten der Kammlagen, wo Pflanzen gegen Wind und Kälte als

Wozu braucht man eigentlich Zedern?

Von den riesigen, alle Berggebiete Vorderasiens überziehenden Wäldern aus Cedrus libani, der Libanonzeder, hat sich wenig erhalten. Ein paar Bestände im Libanongebirge, ein paar im syrischen Küstengebirge und der Südtürkei, der Zedernwald im zyprischen Troodos, das wars. Die letzten großen Abholzungen erfolgten im Ersten Weltkrieg, man verheizte das Zedernholz in den Loks, die Truppen an die Front brachten.

Die Libanonzeder ist ein Pinaceengewächs, eng verwandt mit Lärche und Kiefer. Ihr Holz ist begehrt, seit Gilgamesch den jungfräulichen Wald betrat. Wenn sie, wie früher meistens, in dichten Beständen wächst, hat sie einen hohen, massiven, unten astlosen Stamm, an freieren Standorten bleibt sie niedriger und treibt horizontale Äste, die oft der Baumhöhe entsprechen. Die Zeder wird sehr alt, einige Exemplare im libanesischen Al-Arz sind sicher älter als tausend Jahre. Zedernholz ist sehr hart und praktisch unverwüstlich – das machte den Baum im Mittelmeergebiet, in Nordafrika (wo die verwandte Atlaszeder vorkommt) und im Vorderen Orient nahezu konkurrenzlos. Für die Dachkonstruktionen antiker Tempel, für Paläste, für die Flaggenmasten vor den Tempeln der alten Ägypter, für die Rollbalken und die 30 m und längeren Arbeitsschlitten, die man zum Transport von Steinblöcken für Pyramiden benötigte, für die Decken der Grabkammern Babyloniens wie Ägyptens brauchte man ihre Stämme. Im ägyptischen Schiffbau war Zedernholz nicht nur wegen seiner Länge gesucht, sondern vor allem auch, weil es im Wasser sehr lange nicht vermodert.

Seit Thutmosis III. und der Eroberung des Libanon durch die Ägypter ging Zedernholz als Tribut über das Mittelmeer; in einer Wandszene in Karnak sieht man, wie ägyptische Offiziere das Schlagen von Zedern im Libanon beaufsichtigen. Die Völker Mesopotamiens holten sich ihr Zedernholz weiterhin durch Strafexpeditionen; Darstellungen davon hat man in Assur und Niniveh gefunden, eine Schiffsexpedition Sargons II. nach Phönizien ist in einem Relief dargestellt, das sich heute im Louvre befindet.

Auch im Lande und von den unmittelbaren Nachbarn wurde das Zedernholz genutzt, für Häuser, als Brennholz, für Tempelbauten. Die damit noch unerfahrenen Israeliten unter Salomo liehen sich für ihren neuen Tempel in Jerusalem gleich die einheimischen Zedernholzarbeiter vom befreundeten tyrischen König Hiram aus. »Salomo bedeckte die Wände des Hauses innen mit Brettern von Zedernholz. ... Und er baute zwanzig Ellen von der Rückseite des Hauses entfernt eine Wand aus zedernen Brettern vom Boden bis an die Decke und baute so im Innern den Chorraum, das Allerheiligste.« (1. Könige 6,15–18)

Nur eine starke politische Kraft kann die Zedern schützen, was die private Maßnahme der Jumblatt-Familie zeigt, die den Bestand des Baruk-Massivs im Schuf während des Bürgerkriegs durch Absperrung und Bewachung gesichert hat. Gegenwärtig genießt der Baum im Libanon einen Status, den er noch nie innehatte. Er darf nicht geschlagen werden, nicht einmal Äste dürfen abgeholzt werden; die Andenken aus Zedernholz, die es zu kaufen gibt, müssen aus Fallholz geschnitzt werden. Um mehrere der alten Bestände wird systematisch mit Jungbäumen aufgeforstet. Einige Gebiete, Al-Arz oberhalb Bcharreh, al-Baruk, Horch Ehden, genießen Totalschutz. Aber nur ein Dreißigstel der 600 km^2 umfassenden Waldfläche des Landes trägt Zedern, und einige der Bestände, wie Djebel Ammua im Norden, sind stark durch Ziegenbeweidung gefährdet, da kein Neuwuchs aufkommt; in anderen, wie im Djebel al-Baruk, sind Krankheiten beobachtet worden, die man noch nicht einmal beschreiben, geschweige denn behandeln kann. Vielleicht ist es eine gute Idee, diese letzten Bestände der majestätischen Libanonzeder zu besuchen, solange sie noch da sind.

Touristenrummel und Zedernschnitzarbeiten (aus Fallholz!) in Les Cèdres

Zwergform oder als kugelige Büsche ankämpfen. Die Zedern zeigen wie die Erdbeerbäume im tieferen Gürtel die hohen Regenmengen an; hier fallen die Niederschläge auch im Sommer oft als Tau aus dem Nebel, der immer wieder über den Bergen steht.

Im Regenschatten liegt die **dritte Zone,** die Beqaa, eine um die 900 m liegende Hochebene, von der zwei Flüsse in konträre Himmelsrichtun-

Über Bcharreh schweift der Blick bis zum schneebedeckten Hauptkamm des Libanongebirges

gen entwässern, der Nahr al-Assi oder Orontes nach Norden, der Litani nach Süden. Die Beqaa ist schon recht kontinental, ganzjährig trockener, im Sommer heißer, im Winter kälter als das Gebiet westlich des Gebirges. Manche Teile sind so trocken, daß sie Steppencharakter annehmen. An den Rändern der Ebene ist das Klima etwas milder und feuchter, dort liegen inmitten von Obst- und Weingärten die meisten Siedlungen dieses Gürtels. Die Beqaa liegt an einer der wichtigen Reiserouten unserer Zugvögel: zweimal jährlich wird sie von etwa 400 000 Störchen überflogen, das sind 85 % des europäischen Gesamtbestandes.

Die **vierte Zone** ist die Westseite des Antilibanon-Gebirges, das sich im Hermon fortsetzt, sie erreicht 2814 m Höhe. Die Wolken, die hier ankommen, bringen nicht mehr viel Regen, aber um große Karstquellen und am Boden der Täler wachsen alle mediterranen Nutzpflanzen, wenn man sie mit Fleiß betreut. Dieses Gebiet ist das am dünnsten besiedelte des Libanon; ganze Talschaften sind menschenleer und werden nur von Hirten mit ihren Tierherden aus Ziegen und Schafen besucht. Vor allem Vögel vertreten die wenigen Wildtiere des Landes, Schlangenadler, Adlerbussard, Mittelmeersteinschmätzer, Felsensteinschmätzer, Dorngrasmücke gehören zu den brütenden Raritäten, zahlreiche Überwinterer kommen zwischen November und März hinzu.

Es ist schwer, sich vorzustellen, wie diese Landschaften ohne die jahrtausendelangen Eingriffe des Menschen aussehen würden. Wer kann sich angesichts der (immerhin) zwölf Zedernwäldchen des Landes vorstellen, daß vor 5000 Jahren riesige Zedernwälder die Höhenlagen zwischen 1600 m und 2200 m überzogen? Nicht nur die Zedern (Cedrus libani) sind selten geworden, sondern auch die früher verbreitete kilikische Tanne (Abies cilicica), der wilde Johannisbrotbaum (Ceratonia siliqua), Zerreiche (Quercus cerris) und der griechische Bergwacholder (Juniperus excelsa); manche überleben in winzigen, gefährdeten Beständen. Die Veränderung der Umwelt durch den Menschen ist im Libanon immer sehr schnell gegangen – in der Antike, als man Zedernwälder abholzte und Müllhalden aus den Gehäusen der Purpurschnecke anhäufte, wie in der Gegenwart, wo der Siedlungsdruck so groß ist, daß kaum ein Eckchen des Landes nicht davon berührt wird. Um Beirut kann man diesen Veränderungsprozeß hautnah spüren, ebenso in Tripoli, wo die großen Ölbaumhaine, die sich noch vor zehn Jahren südlich der Stadt erstreckten, von Neubausiedlungen täglich mehr in die Zange genommen werden, bis sie demnächst verschwunden sind.

Daten zur Geschichte

um 9000–6000 v. Chr. Frühe Jungsteinzeit. Die ersten Siedlungen entstehen, ihre Bewohner sind Jäger und Viehzüchter, sie sammeln Wildgetreide und bauen Hülsenfrüchte an.

um 6000–4000 v. Chr. Späte Jungsteinzeit. Getreidebau, Töpfereiwesen und Stadtkultur entwickeln sich rasch, so in Nordostsyrien, Ugarit/Ras Shamra (syrische Küste) und im südlichen Zweistromland. In Byblus leben die Fischer zunächst in Einraumhütten, dann in festen Häusern.

um 4000–3000 v. Chr. Das schon länger bekannte Kupfer wird als Schmuckmetall verwendet; Gebrauchsgegenstände bleiben weiterhin aus Stein. In Byblus entstehen Häuser mit mehreren Räumen.

um 2700 v. Chr. In Ägypten und Mesopotamien haben sich Hochkulturen entwickelt, an der Küste des Libanon besitzt Byblus zwei Heiligtümer, Zedernholzexporte nach Ägypten lassen den Ort aufblühen.

um 2500 v. Chr. Byblus, Beirut und Tyrus sind unabhängige Kleinkönigreiche, erstmals wird Byblus mit einem Wall befestigt. Die Menschen verwenden zunehmend Bronze.

um 2200 v. Chr. Die Amoriterinvasion zerstört die Küstenstädte; in Byblus ist die Brandschicht einen halben Meter hoch. Amoriter setzen sich vorübergehend im Lande fest.

um 2000–1800 v. Chr. Der Wiederaufbau der Tempel in Byblus ist möglich, weil die Küstenstädte verstärkt ihre Handelsprodukte selbst herstellen, vor allem Bronzewaffen und Statuetten, Goldschmuck und andere Luxusartikel wie Elfenbeinschnitzereien. Handel mit der Ägäis, Kreta, Ägypten, Mari und Mesopotamien.

um 1650 v. Chr. Indoeuropäische Völker drängen in den Vorderen Orient, die Reiterstämme der Hyksos werden abgedrängt und erobern Unterägypten. Byblus baut eine feste Stadtmauer. Seine guten Beziehungen zu Ägypten werden nicht berührt – auch die neuen Herren brauchen Zedernholz und Luxusartikel.

um 1590 v. Chr. Die indoeuropäischen Hethiter gründen ein Reich in Anatolien. Von dort aus führen sie Feldzüge – Ebla und Babylon werden erobert und zerstört. Byblus wird hethitisches Vasallenkönigreich, die Grenze verläuft am Hundsfluß.

Jbeil, die Nachfolgestadt der phönizischen Handelsmacht Byblus, steht für die jahrtausendealte Tradition des Libanon

um 1450 v. Chr. Thutmosis III., einer der ersten Herrscher des Neuen Reiches, landet bei Byblus, erobert den Küstenstreifen und schlägt die Hethiter bei Megiddo. Byblus, Sidon, Tyrus und Beirut sind ägyptische Vasallen. Die Ägypter setzen in Sumur (Akkar-Ebene) und Kumidi (Kamid al-Lauz) Gouverneure ein.

um 1350 v. Chr. In den Amarna-Texten (Amenophis IV. Echnaton) werden Byblus und Beirut erwähnt. In der Akkar-Ebene um Arqa und um Homs entsteht die Pufferstadt Amurru.

um 1275 v. Chr. Ramses II. wird in der Schlacht von Kadesch (Syrien) vom hethitischen Großkönig Hattushili III. geschlagen, kann aber einen Friedens- und Freundschaftsvertrag aushandeln. Die Küste Syriens ist bis auf Ugarit im Norden wieder ägyptisch.

um 1200 v. Chr. Die in das Ostmittelmeer eindringenden Seevölker zerstören das Hethiterreich und mehrere Städte an der syrischen Küste, darunter Ugarit und Sidon. Im Nildelta werden sie von Ramses III. geschlagen und vertrieben. Sie lassen sich im nach ihnen benannten Philisterland (Palästina) nieder.

um 1100 v. Chr. Der assyrische Herrscher Tiglat-pileser I. reist in den Libanon und kauft dort Zedernholz. Byblus und Sidon zahlen Tribut, bleiben aber unabhängig.

um 1000–740 v. Chr. Die syrischen Küstenstädte bilden unabhängige Kleinkönigreiche. Unter dem Namen Phönizien entwickeln sie eine gemeinsame Kultur und verbreiten diese durch Handelszüge und Kolonisation im gesamten Mittelmeerraum. Hiram von Tyrus (969–936) stellt Salomo Material, Arbeiter und erfahrene Bauleute für den großen Tempel in Jerusalem zur Verfügung. Ein erstes Alphabet wird entwickelt, auf das unser heutiges zurückgeht. Export von Zedernholz und -harz, Glas, Purpurstoffen und Metallwaren sind Haupteinkommen der Küstenstädte. 814 v. Chr. wird Karthago gegründet, die in Zukunft wichtigste Kolonie.

ca. 740–539 v. Chr. Seit der Herrschaft Tiglat-pilesers III. (744–727) erobern Assyrer und später Neubabylonier Phönizien. Aufstände und Zerstörungen folgen, so beim Zug Sanheribs 701 v. Chr. und beim Aufstand von Tyrus, der 572 von Nebukadnezar II. (604–562) nach 13 Jahren Belagerung niedergeschlagen wird.

ca. 539–332 v. Chr. Die Perserzeit ist eine Friedensperiode für Phönizien; die Geschäfte blühen. An den Seeschlachten der Perser gegen die Griechen sind phönizische Flotten beteiligt. Eine Revolte Sidons unter Artaxerxes 351 v. Chr. führt zur Zerstörung der Stadt. Die persische Satrapie wird vom kurz zuvor von drei phönizischen Städten als gemeinsame Handelsbasis gegründeten Tripolis, dem heutigen Tripoli, aus verwaltet.

332 v. Chr. Auf dem Zug Alexanders des Großen wird Tyrus belagert und nach Bau eines Dammes erobert.

304–64 v. Chr. Phönizien ist Teil des hellenistischen Kulturraums (zuerst unter ptolemäischer, dann teilweise unter seleukidischer Herrschaft). Die Grenze liegt seit 301 v. Chr. am Hundsfluß, ab 188 v. Chr. ist ganz Phönizien seleukidisch.

64 v. Chr. Pompeius erobert Phönizien; es wird Teil des Imperium Romanum.

27–30 n. Chr. Christus lehrt in Sidon, Tyrus und Qana, Paulus ist mehrfach in Phönizien, seine Romreise beginnt in Sidon. In der Folge erste christliche Gemeinden in den Küstenstädten.

1.–4. Jh. n. Chr. Römische Sitten und Kulturelemente setzen sich durch, die Städte Tyrus, Sidon, Beirut, Byblus und Tripolis erhalten neue, großzügige Stadtviertel, im ganzen Land werden zahlreiche Tempel errichtet, darunter der monumentale Komplex von Baalbek. Die phönizischen Städte profitieren vom Zwischenhandel orientalischer Waren für den römischen Markt, ihre Häfen sind Endpunkt der Seidenstraße und der Weihrauchstraße. Purpurstoffe, Zedernholz, Glas, Metallwaren und Olivenöl bleiben Haupthandelsgüter.

314–317 Als erste große Basilika des Christentums wird die Bischofskirche von Tyrus errichtet, bald darauf wird das Christentum Staatsreligion.

395 Reichsteilung; Phönizien wird ein Teil Ostroms – des Byzantinischen Reiches – mit der Hauptstadt Konstantinopel. Zwischen Hochkirche und der Volksreligion ist eine Kluft entstanden, die auch in mehreren Konzilien, darunter in Tyrus, nicht geschlossen werden kann. Eine asketische Mönchsgemeinschaft um den Einsiedler Maro zieht viele Menschen an, es entstehen erste maronitische Klöster.

551 Schweres Erdbeben und Tsunami, schwerste Zerstörungen in allen Küstenstädten.

619–629 Besetzung durch die Sassaniden, dann Wiedereroberung durch die Byzantiner unter Kaiser Heraklios.

638–640 Eroberung der Küstenstädte durch die arabischen Truppen der Kalifen von Medina. Die christliche Bevölkerung sieht die Muslime gegenüber den Byzantinern als das kleinere Übel; christliche Einrichtungen werden zunächst nicht angetastet.

661–750 In Damaskus regieren die Umaiyaden; die islamische Kunst entwickelt sich unter starkem persischen und byzantinischen Einfluß. Aanjar wird gegründet. In den anderen Städten entstehen Moscheen, so in Baalbek.

8.–10. Jh. Für die in Bagdad regierenden Abbasiden ist der Libanon ohne Interesse, lokale Machthaber und die ägyptischen Tuluniden und Ikhschididen haben abwechselnd das Sagen; byzantinische Rückeroberungsversuche (Beirut 975) haben keinen bleibenden Erfolg.

11. Jh. Die schiitischen Fatimiden aus Kairo erobern das Land, doch entreißen ihnen die türkischen Seldschuken unter fAlp Arslan nach 1055 ganz Syrien, die Küste des Libanon, Palästina und Jerusalem. Christliche Pilger können Jerusalem nicht mehr besuchen, die Päpste rufen deshalb ab 1074 zum Kreuzzug auf.

1098–1289 (1291) Kreuzfahrerstaaten im Libanon, nur der äußerste Osten bleibt in der Hand heimischer Kleinfürsten. Die Kreuzfahrer des Ersten Kreuzzuges umgehen zunächst die Festungsstädte der Küste und erobern 1099 Jerusalem, das sie zur Hauptstadt ihres Königreiches erklären. Erst 1188 fällt Tripoli, es entsteht die Grafschaft Tripoli, die Grenze zum Königreich Jerusalem ist wieder einmal der Hundsfluß. 1110 werden Sidon und Beirut erobert, Tyrus erst 1124. Die Rückschläge beginnen bald, weitere Kreuzzüge bringen nur vorübergehende Erfolge. Der aiyubidische Sultan Saladin, der in Kairo die Nachfolge der Fatimiden angetreten hat, erobert 1187 schließlich Jerusalem. Für kurze Zeit kann die Stadt durch Vertrag christlichen Pilgern wieder zugänglich gemacht werden, doch 1268 greifen die Mamelucken an, die inzwischen in Kairo regieren, und vetreiben die Kreuzritter aus dem Heiligen Land: Sultan Baibars erobert Antiochia, den Krak des Chevaliers (Syrien) und Arqa, Sultan Qalaun 1289 Tripoli und Batrun. Mit dem Fall von Akko (Israel) endet 1291 die Kreuzfahrerzeit.

1289–1517 Die ägyptischen Mamelucken bringen dem Libanon Wohlstand und kulturelle Blüte. Das antike und Kreuzfahrer-Tripolis wird zerstört und an anderer Stelle neu aufgebaut, im ganzen Lande entstehen Moscheen, Medresen und andere öffentliche Bauten. Der Mittelmeerhandel wird vor allem durch Italiener und Franzosen abgewickelt, die in den Haupthäfen Sidon und Tripoli Konsularrechte erhalten.

16. Jh. Die osmanische Herrschaft bringt wenig Veränderungen, der Fernhandel wird nicht angetastet. Die Religionspolitik ist neutral, immer mehr verfolgte schiitische Gruppen siedeln im Libanon, vor allem im (heute christlichen) Metn und Kesruan.

1590–1632 Der drusische Emir Fakhr ed-Din II. aus der Familie Maan steigt vom Herrn des Schuf zum unabhängigen Herrscher des Libanon auf. Seine Außenpolitik stützt sich auf das Großherzogtum Toskana, wo er jahrelang im Exil war, und Frankreich. Er wird von den Osmanen gefangengenommen und 1635 hingerichtet.

Mitte 17. Jh.– Ende 18. Jh. Mit dem Niedergang des Osmanischen Reiches versiegen die Geldquellen der Handelshäfen, alle Städte sinken zu Provinzorten herab.

ca. 1800–1840 Der drusische Emir Bechir II. aus der Familie Chehab regiert den Libanon bis zu seiner Absetzung wie ein unabhängiger Herrscher.

1859–1861 Soziale Unruhen gipfeln in einem Massaker, bei dem die Drusen mehr als 20 000 maronitische Christen töten. Frankreich greift ein; die französische Regierung zwingt die Türkei, eine autonome Region für die Christen auszurufen, die autonome Provinz Mont Liban entsteht, sie umfaßt etwa $^{1}/_{3}$ des heutigen Staatsgebietes.

1861–1919 Der Libanon steht, obwohl nach wie vor im Staatsverband des Osmanischen Reiches, unter wirtschaftlichem und kulturellem Einfluß Frankreichs; besonders die Christen nehmen zahlreiche Elemente westlichen Lebensstils auf.

1920 Frankreich erhält ein Völkerbundmandat für Syrien und den Libanon, französische Truppen marschieren ein.

1926 Der Libanon, der sich gegenüber dem Vorkriegszustand wesentlich vergrößert hat, wird Republik. Die Verfassung schreibt den religiösen Proporz fest.

1943 Der Libanon wird unabhängig, bis 1946 verlassen die französischen Truppen das Land.

1948 Die Regierung beschließt freien Devisenhandel und Bankverkehr, der Libanon wird zum wichtigsten Bankenzentrum im Nahen Osten. Ein Wirtschaftswunder verwandelt in den nächsten zwei Jahrzehnten Beirut in eine moderne Stadt, touristische Anstrengungen machen die ›Schweiz des Nahen Ostens‹ zum Fremdenverkehrsland für europäische und arabische Gäste.

1967–1969 Libanon beteiligt sich nicht am Sechstagekrieg zwischen Israel und den arabischen Staaten, durch die Angriffe palästinensischer Guerillas auf Israel von libanesischem Territorium aus wird das Land aber dennoch in den Nahostkonflikt hineingezogen. Nach israelischen Angriffen auf palästinensische Flüchtlingslager im Libanon und dem vergeblichen Versuch der libanesischen Armee, der PLO (Palestine Liberation Organization) Herr zu werden, muß die Regierung 1969 ein Abkommen mit dieser treffen, das einer Anerkennung eines PLO-Staates im Staat gleichkommt.

1970–1975 Jordanien weist seine Palästinenser aus; die meisten gehen in den Libanon. Der Verfall der Staatsmacht führt dazu, daß Armee und PLO 1973 einander auf libanesischem Territorium blutig bekämpfen. Maroniten und

Die Beiruter Altstadt während des Wiederaufbaus

Schiiten, linke Sunniten und andere Gruppen rüsten immer mehr Milizarmeen auf.

April 1975–Oktober 1990 Bürgerkrieg. Der Krieg beginnt mit Kämpfen zwischen PLO und Falangisten, dem bewaffneten Flügel der Maroniten. Das Land wird in kürzester Zeit in kleine und kleinste Territorien aufgeteilt, in denen nur noch die Militärorganisationen der einzelnen Gruppen das Sagen haben. Die Kampfzone zwischen Muslimen und Christen, die ›Green Line‹, quert Beirut. Syrien schaltet sich ein; **1978** dringen israelische Soldaten in den Südlibanon vor, nach dem Abzug werden sie durch eine UN-Friedenstruppe ersetzt. **1982** marschieren die Israelis wieder ein, diesmal erobern sie den gesamten Libanon. Hunderte palästinensische Zivilisten in den Flüchtlingslagern Sabra und Chatila (Südbeirut) werden unter den Augen israelischer Bewacher von maronitischen Freischärlern ermordet. Die weltweite Reaktion auf das Massaker zwingt die Israelis zum Rückzug in den Südlibanon. Als sie **1985** auch diesen verlassen, übernimmt die christliche SLA (Südlibanesische Armee) die Kontrolle dieser ›Sicherheitszone‹, die bis heute nicht an den Libanon zurückgegeben wurde. Kämpfe zwischen Drusen und Christen im Schuf, ›Bergkrieg‹; die Christen ziehen sich nach Norden und Jezzine zurück, ihre Dörfer werden planiert. Die 1982 gegründete schiitische Organisation Hisbollah übernimmt in den schiitischen Gebieten des Landes immer mehr die Kontrolle. Im Februar **1987** besetzen syrische Truppen Beirut. **1988** endet die Amtszeit von Präsident Gemayel, der zu diesem Zeitpunkt nur noch über den Präsidentenpalast gebietet. Keine der kämpfenden Gruppen kann sich über einen Nachfolger einigen. Im saudiarabischen Taif beginnen Verhandlungen zwischen den Bürgerkriegsgegnern, am 5. November **1989** wird das Abkommen von Taif ratifiziert, in dem die Machtverteilung im Parlament leicht zu Gunsten der Muslime verändert wird, die im Staat inzwischen die Mehrheit der Bevölkerung ausmachen.

Ende 1990 Beginn der Nachbürgerkriegszeit. Die Syrer entwaffnen die meisten Milizen, syrische und reguläre libanesische Truppen werden zur Überprüfung der Waffenruhe eingesetzt. **1992** wird Rafiq Hariri (ein Sunnit aus Saida, der in Saudiarabien Dollarmillionär geworden war) Ministerpräsident. Er führt ein Kabinett, in dem die alten Gegner einträchtig vertreten sind. Der Wiederaufbau beginnt. **1994** startet SOLIDERE den Wiederaufbau von Beirut, Straßen und Kommunikationslinien im ganzen Land werden in hohem Tempo wieder instand gesetzt.

1995 Frieden zwischen PLO und Israel. Die Hoffnung auf einen Frieden zwischen Libanon und Israel bleibt unerfüllt, da Israel in der Golanfrage nicht nachgibt.

1996 Beginn der zweiten Amtszeit von Ministerpräsident Hariri. Israelische Treffer töten mehr als hundert schiitische Zivilisten in einem UN-Krankenhaus in Qana.

1997 Papst Johannes Paul II. besucht den Libanon.

1998 Erste Gemeinderatswahlen seit 1963; erstmals nach dem Bürgerkrieg seit 1963 nehmen Christen an Wahlen teil. Ende 1998 wählt das Parlament den maronitischen General Emile Lakoud zum neuen Präsidenten – die drusischen Abgeordneten bleiben der Abstimmung fern.

Architekturgeschichte in Stichworten

Für ein uraltes Kulturland wie den Libanon einen Abriß der Architekturgeschichte zu geben, ohne ein dickleibiges Handbuch zu schreiben, ist nicht möglich. Was folgt, ist eine Auflistung der wichtigsten Bauten des Landes nach historischen Phasen; der Leser findet die Beschreibungen der erwähnten Orte und Objekte im Reiseteil.

Vorgeschichte bis etwa 1000 v. Chr.: Ausgrabungen in *Jbeil (Byblus),* besonders Obeliskentempel; Stadttor des bronzezeitlichen Tell in *Beirut;* Ausgrabungen in *Arqa (Akkar),* besonders ein frühbronzezeitlicher Getreidespeicher; Felsenreliefs von Ramses II. am *Nahr el-Kelb.*

Zeit der phönizischen Stadtstaaten, Assyrer- und Perserzeit (bis ca. 330 v. Chr.): Eschmun-Tempel bei *Saida (Sidon);* Befestigungen und sog. Plattform aus der Perserzeit in *Jbeil (Byblus);* Reste der Befestigung des phönizischen Tell in *Beirut;* Hafenmolen in *Batrun.*

Hellenismus und Römerzeit (bis ca. 300 n. Chr.): römische Stadtanlage von Tyrus: Kolonnadenstraße mit anliegenden Gebäuden, Hippodrom und Gräberstraße in *Sur (Tyrus);* hellenistische Grabpyramide bei *Hermel;* römische Tempel von *Baalbek, Niha, Hosn Niha, Bziza, Ksar Naus, Faqra* und *Deir al-Qalaa (Beit Meri);* römisches Bad in *Beirut.*

Byzantinische Periode (bis 641 n. Chr.): Ausgrabungen der Kathedrale von *Sur (Tyrus);* Einsiedelei *Deir Mar Marun* bei Hermel.

Umaiyaden (bis 750): Stadtanlage, Tore, Kolonnadenstraße, Tetrapylon, Palast von *Aanjar;* Umaiyadenmoschee in *Baalbek.*

Abbasiden und Fatimiden (bis ca. 1100): Stadtmauer und Graben in *Beirut;* außerdem Reste eines fatimidischen Heiligtums in der Burg von *Tripoli.*

Kreuzfahrer und Aiyubiden (bis 1291): Kreuzfahrerburg in *Jbeil (Byblus),* Meeresburg in *Saida* (derzeit nicht zugänglich: Kreuzfahrerburgen *Beaufort* und *Toron* im Südlibanon); Burgen aiyubidischer Vasallen in *Mseilha* und *Akkar al-Aatiqa;* Kreuzfahrerkirchen und Kathedralen in *Sur (Tyrus), Beirut, Jbeil (Byblus), Saida (Sidon);* Kloster der Kreuzfahrerzeit in *Balamand;* Stadtmauern in *Jbeil (Byblus);* Fresken der Kirche in *Maad.*

Mamelucken (bis 1517): Stadtanlage, Moscheen, Medresen, Khane, Hammams und Suks von *Tripoli;* Löwenturm bei *Al-Mina (Tripoli);* Khane, Moscheen und Suks von *Saida (Sidon);* Zawiya al-Dimashqi in *Beirut;* Zitadelle in *Tripoli;* Zitadelle (um den antiken Tempelbereich) in *Baalbek.*

Osmanen (bis 1860): At-Tawbat-Moschee, der Khan as-Sabun sowie der Hammam el-Djedid in *Tripoli;* Stadtpaläste und Moschee in *Deir al-Qamar;* Palast von *Beit ed-Din;* die Klöster *Deir Qannubin, Deir Mar Lisha, Deir Qozhaiya* im Tal

Römische Tempel im Libanon

Der Libanon besitzt viele römische Tempel, und manche sind außergewöhnlich gut erhalten, wie die drei in Baalbek oder die von Niha, Qalat Faqra, Ksar Naba. Etliche, wie der Große Tempel in Baalbek und Majdal Aanjar, gehören zu den größten, die in der Römerzeit überhaupt gebaut wurden; der Venustempel in Baalbek wiederum ist ein Unikat, der Geniestreich eines antiken Architekten. Heute stehen einige in einsamer Landschaft, von zerfallenen Nebengebäuden, den Ruinen hoher Altäre, den Resten der Mauer umgeben, die den Bereich des Heiligtums umfriedeten. In der Antike waren sämtliche Tempel, auch die schlecht erreichbaren in Hosn Niha, Mashnaqa, Dekweh, Zentren der Verehrung alter semitischer Gottheiten, die man in Quellen, wie in Afqa und Baalbek, auf Felsen, wie in Qalat Faqra und Hosn Niha, auf Bergkuppen, wie in Majdal Aanjar oder Ksar Naus, vermutete. Um den **Temenos,** den heiligen Bereich, müssen wir uns zumindest provisorische Bauten vorstellen, wo Pilger und Gläubige behaust und verpflegt wurden. In Hosn Niha hat sich die alte Straße hinauf zum Tempel erhalten; sie wurde teilweise in den gewachsenen Felsen geschlagen.

Die römischen Tempel des Libanon sind durchweg **Podiumtempel,** das heißt, sie stehen nach etruskisch-römischer Manier auf einer erhöhten Plattform, die in Baalbek beim großen Tempel 13,5 m erreicht. Die Plattform ist etwas größer als der Kultraum samt eventuellen Säulen, so daß an der Frontseite eine Freitreppe nach oben geführt werden kann, an deren Wangen sich normalerweise Skulpturen befinden (Kleiner Tempel in Baalbek, Niha, Hosn Niha). Die Götter, die hier verehrt wurden, waren jedoch nicht aus Rom importiert, wenn die Namen auch den römischen angepaßt wurden, sondern es handelte sich um die alten Götter des Landes, Baal-Hadad, Melqart, Astarte, Anat, Adonis und andere. Die römischen Tempel im klassischen, aus griechischen Vorbildern weiterentwickelten Stil des kaiserzeitlichen Rom waren nur Hüllen für den alten Kult. So sah man die **Cella,** den Kultraum, nicht wie in Hellas oder Rom als den Schrein der Gottheit, sondern als ihren Thronraum an, in dem die Gläubigen ihr die Aufwartung machten. Dazu mußte man das Standbild der Gottheit auf einen gesonderten, erhöhten Raumbereich stellen, das **Adyton,** welches über eine Treppe zu begehen war (im griechisch-römischen Bereich ist das manchmal vorhandene Adyton der ›unbetretbare‹ Raum – dies die Übersetzung – der Kultstatue innerhalb

Reste römischer Tempel haben sich im Libanon vielerorts erhalten; hier Ksar Naus im Bergland von Amiun

der Cella), gut erhalten etwa im Bacchustempel von Baalbek und in Niha. Dieses Adyton wurde immer von einem dekorativen Baldachin überdeckt, die tragenden Säulen haben sich in Niha erhalten.

Die beiden gewaltigen Tempel in Baalbek sind **Peripterostempel,** d. h. die gesamte Cella ist von einem Säulenkranz umgeben. Die meisten anderen römischen Tempel des Libanon sind jedoch **Prostylostempel**, z. B. Qalat Faqra, Deir al-Qalaa oder Bziza, also Bauten, deren Cella eine Reihe von (meist sechs) Säulen vorgestellt wurde, die den dreieckigen Giebel trug. Die für kleine Tempel geeignete Form des **Antentempels,** bei dem die Seitenwände vorgezogen und dazwischen zwei Säulen gestellt wurden, kommt ebenfalls vor, so im Ain Harsha im Hermongebirge südlich von Rachaiya (im Reiseteil nicht aufgeführt).

des *Nahr Qadisha;* die Amir-Assaf-Moschee in *Beirut.*

Autonomie und Republik bis ca. 1975: Neu entstehen die Stadtviertel um die Rue Foch, das Rathaus, das Museum Sursock, das Nationalmuseum und die maronitische Kathedrale St. Georg in *Beirut;* das Messe-

Eine Besonderheit sind die **Turmaltäre,** wie sie sich im Hof des Großen Tempels von Baalbek, in Qalat Faqra und Mashnaqa erhalten haben. Man deutet sie als Höhen-Altäre, als Altäre auf künstlichen Berggipfeln. Für den Kult müssen sie große Bedeutung gehabt haben, wie man in Baalbek erkennen kann, wo beim Betreten des Innenhofs der Anblick des Altars zunächst den Blick auf das Heiligtum verdeckt haben muß, aber auch in Qalat Faqra, wo der riesige Turmaltar auf der Kuppe des Hügels thront, wohingegen der Tempel eher unspektakulär unterhalb am Hang liegt.

Im architektonischen und skulpturellen Detail wurden Stilelemente unterschiedlicher Herkunft gefunden. Die ägyptischen Hohlkehlen eines der Altäre von Qalat Faqra und die griechischen Mäander des Frieses des großen Tempels in Baalbek gehören genauso dazu wie die an persische Protome erinnernden Stier- und Löwenköpfe desselben Tempels und die längliche Form vieler Tempel, die als hellenistisches Erbe interpretiert wird. Vor allem hat sich die Kunst des persischen Erzfeindes, die sogenannte parthische Kunst, in den Tempeln der Römer verewigt. Am schönsten sieht man dies in den Reliefs von Niha: dort tragen die Personen, Priester und Beamte des römischen Reiches, parthische Tracht (Pluderhosen, Stiefel, Fes) und sind auf typisch parthische Art dargestellt – stilisiert, frontal und flach, aber mit großem Detail.

Ein gut erhaltenes Ensemble römischer Tempel und Altäre steht bei **Sfireh** in den Bergen östlich von Tripoli. Etwas oberhalb des Dorfes liegt die römische Ruinenstätte Qalat al-Hosn mit vier Tempeln und weiteren Gebäuden teils kultischen Charakters, wie den zugehörigen Altären. Einer von ihnen ist ein großer, besonders gut erhaltener Podiumtempel, dem allerdings die Säulen fehlen. Sein Aufbau erinnert stark an Niha, wo auch die Aufgänge zu den Türmen links und rechts vom gigantischen Portal erhalten sind und sich unter dem rückwärtigen Teil der Cella, dem erhöhten Adyton, eine Krypta befindet. Ein kleinerer Antentempel nebenan, zwei noch schlechter erhaltene Tempel oberhalb und unterhalb des großen Tempels und, wie es heißt, ein fünfter Tempel unter einem Gebäude des Dorfes machen aus diesem Ruinenfeld den ausgedehntesten römischen Tempelbereich des Libanon.

areal (Oscar Niemeyer) und der Uhrturm der Place Tall in *Tripoli.*

Gegenwart: Wiederaufbaugebiet in der *Beiruter Innenstadt;* Kathedrale in *Harissa;* Neubau des Casino du Liban in *Maameltein;* Neubau des Abfertigungsgebäudes des Flughafens in *Beirut.*

Der Libanon heute

Bevölkerung
und Religionsgruppen

Staat und Verwaltung

Handel und Wirtschaft

Kulturelle Vielfalt

Essen und Trinken

Feste von Ashura
bis Weihnachten

Musik und Literatur

An der Corniche von Beirut

Schiiten im Libanon

Der Libanon wurde als autonome Region für die Christen im syrischen Teil des Osmanischen Reiches gegründet. Im heutigen Libanon sind Christen aber nur noch Minderheit, obwohl immer noch so getan wird, als ob die Maroniten, die zahlenmäßig stärkste Fraktion der Christen, auch die stärkste Bevölkerungsgruppe seien. Tatsächlich ist jeder dritte Libanese ein Schiit, nur jeder vierte ist Maronit. Daß der Präsident des Libanon ein Maronit ist und der Ministerpräsident ein Sunnit, daß nur die relativ leichtgewichtige Position des Parlamentssprechers mit einem Schiiten zu besetzen ist, zeigt deutlich, wie sehr herkömmliche Muster, Konventionen und Absprachen die hiesige Politik beherrschen.

Die Schiiten des Libanon sind eine traditionell arme Bevölkerungsschicht, das trägt sicher zu ihrer Unterrepräsentation in den Gremien und generell in der Öffentlichkeit bei. Im Gegensatz zu den reichen griechisch-orthodoxen und maronitischen Unternehmern, zu den weltläufigen Drusen mit ihrer über sämtliche Staaten der Erde verstreuten Verwandtschaft und zu den wohlhabenden städtischen Händlern der Sunniten sind die Schiiten vor allem arme Bauern und kleine Handwerker. Als Flüchtlinge vor der sunnitischen Staatsmacht der Aiyubiden, Mamelucken und Osmanen zogen sich ihre Vorfahren wie Maroniten und Drusen in unzugängliche Gebiete zurück oder begannen, ihren Glauben zu verbergen und sich an der Oberfläche den sunnitischen Nachbarn anzupassen. Die heutigen Schiiten im Libanon können ihren Glauben offen praktizieren, und sie tun das, besonders seit im Iran ein schiitischer Staat errichtet wurde, mit zunehmend aggressivem Grund-

Der Staat der zwanzig Religionen

In einem Staat, der aus der autonomen Region einer religiösen Minderheit hervorging, spielt Religion erwartungsgemäß eine große Rolle. Libanesen sind vorrangig Schiiten oder Maroniten, Sunniten, Griechisch-Orthodoxe oder Drusen; erst im Umgang mit Ausländern werden sie zu Libanesen. Die Religionszugehörigkeit der Familie bestimmt die Zukunft der Kinder. Sie werden nicht *irgendwo* im Libanon geboren, sondern in den Siedlungsgebieten ihrer Religionsgruppe, sie wachsen mit den Normen und Zielen ihrer Religionsgruppe auf, mit ihrem Wirtschaftsverhalten und ihrer Sexualmoral, besuchen entsprechend

ton. Ihr geistiger, geistlicher und politischer Leiter, Scheich Hassan Nasrallah, hat in Qom, an der orthodoxesten Universität des Iran, Theologie studiert, seit 1992 ist er Generalsekretär der militärischen Organisation der Schiiten im Libanon, der Hisbollah (Partei Gottes).

Wer sind diese Schiiten? Schiiten ist die Bezeichnung für jene Muslime, die nicht wie die Sunniten die drei ersten Kalifen nach dem Tode des Propheten anerkennen, sondern erst den vierten, Ali, den Schwiegersohn Mohammeds. Ihn bezeichnen sie als 1. Imam (rechtmäßigen Nachfolger Mohammeds). Sie sind *schi'at Ali,* Anhänger des Ali. Als Nachfolger Alis sehen sie dessen Söhne Hassan und Hussein als 2. und 3. Imam. Beide kamen nicht zur Herrschaft, weil längst die Umaiyaden in Damaskus das Heft in der Hand hatten, eine Herrscherdynastie, die zwar zum Stamm Mohammeds gehörte, aber nicht direkt mit ihm verwandt war.

Über die weitere Nachfolge gibt es unterschiedliche Auffassungen; die Ismailiten kennen nur den 7. Imam, Ismail, der entrückt wurde, weshalb es auch keinen Nachfolger geben kann. Die Zwölfer-Schia ist die größte Gruppe, Schiiten im Iran und Libanon gehören ihr an. Sie kennt zwölf Imame, deren letzter, Hassan al-Mahdi, 873 entrückt wurde und irgendwann wiederkehren wird.

Die Schiiten teilen mit den Sunniten den Koran und den Großteil der Überlieferung, haben aber die Grundlagen des Islam in anderer Weise weiterentwickelt als die Sunniten. An ihren Feiertagen, besonders am Trauertag Ashura, wenn die Schlacht von Kerbela (680) und die Ermordung Husseins und seiner Gefährten beweint wird, zeigt sich die Vermischung mit außerreligiösen Traditionen, die häufig der reinen Lehre widersprechen. Das mit Selbstverstümmelung, Geißelung und viel Blut verbundene Trauerritual nimmt alte Initiationsriten auf, ist im Koran aber nicht verankert.

eine christliche oder islamische Universität, heiraten in ihrer Religion und geben ihre Überzeugungen an ihre Kinder weiter.

Die Siedlungsgebiete haben sich in einem langwierigen historischen Prozeß herausgebildet. Der letzte Krieg hat ihre Lage und Ausdehnung durch Flucht und Zuwanderung verändert, aber auch die räumliche Trennung wieder gefestigt. Klarer als vor dem Krieg zeigt die Religionskarte des Libanon heute wieder das maronitische Herz westlich des Libanongebirges, die sunnitischen Zonen der Küstenstädte und des Nordens, den drusischen Schuf, die Hochburgen der Schiiten, die Beqaa, den Süden und nunmehr auch das südliche Beirut. Überdeutlich spiegelt die Entwicklung in Beirut die Wirkungen dieser Segregation:

die ehemalige Kampfzone der Green Line trennt noch immer und wohl auf Dauer den muslimischen Westen und den christlichen Osten.

Der Gegensatz zwischen islamischen und christlichen Siedlungsgebieten ist im Libanon vielleicht besonders groß, weil die stärksten Gruppen beider Weltreligionen, die Schiiten und die Maroniten, als Minderheiten verfolgt werden. Beide Gruppen waren in die unzugänglichen Berge des Libanon gekommen als Flüchtlinge vor Staatsreligionen, die Schiiten vor den Sunniten, die Maroniten vor der byzantinischen Staatskirche. Wieso sollten sie zu Freunden werden, nur weil sie im selben Boot saßen? Vertraten sie nicht Religionen, die alle anderen als Ungläubige, als Abwegige verurteilten? Waren sie nicht gerade deshalb in die Berge geflüchtet, weil sie sich *nicht* arrangieren wollten?

Minderheit in einem Staat der Minderheiten sind die Drusen, deren Religion eine eigenständige Schöpfung darstellt. Zwar ist sie aus dem islamischen Kulturkreis hervorgegangen, doch bezieht sie sich auf mystische Strukturen des Koran. Daher wurden die Drusen von der islamischen Staatsreligion immer wieder mit Haß verfolgt. Als eine Religionsgruppe, die keine Konversion zuläßt, haben die Drusen auf räumliche Isolierung geachtet, die sie allenfalls mit den Christen zu teilen bereit waren.

Die religiöse Zugehörigkeit hat bei den Volksgruppen immer wieder Veränderungen bewirkt. Während die Christen durch die Kreuzzüge einen enormen Schub an europäischen Einflüssen aufnahmen, schotten sich die Sunniten seit damals immer stärker von christlich-westlichen Einflüssen ab – so sieht es etwa der libanesische Schriftsteller Amin Maalouf. Dasselbe gilt für die Zeit seit dem Eingreifen Frankreichs (1860): während Griechisch-Orthodoxe und in ihrem Gefolge die eher bäuerlichen Maroniten sich der westlichen Kultur französischer Prägung geöffnet haben, Sitten, Kleidung und Überzeugungen der Franzosen übernahmen, suchen die Muslime ihr Heil in der Rückbesinnung auf die gute alte Zeit vor dem Eingreifen der Franzosen. Wenn die Schiiten heute nach Partnern und Gleichgesinnten Ausschau halten, finden sie den schiitischen Gottesstaat im Iran, dem sie nicht nur Geld und Waffen, sondern Ideen, Einstellung den anderen Religionen gegenüber und eine früher nie vorhandene Aggressivität im Umgang mit diesen verdanken. Während libanesische Christen heute vor allem amerikanische und französische, als christlich empfundene Vorbilder nachahmen, ohne mit ihrem Arabertum in Konflikt zu kommen, haben sunnitische Libanesen größte Probleme mit ihrer Einschätzung der Wege, die ihr Land ihrer Meinung nach gehen sollte. Besonders die Jungen sind den Einflüssen westlich-amerikanischer Pop-Kultur ebenso stark ausgesetzt wie ihre maronitischen Zeitgenossen, aber ihre kritische Einstellung zum Christen-

Qana, Gräber der schiitischen Opfer des israelischen Raketenangriffs von 1996. An sie erinnert der Märtyertag

tum, das sie mit dieser Popkultur verbinden, wirkt wie eine mentale Barriere. Ihr Arabertum wird durch ihre Religion noch akzentuiert, sie sehen sich im Gegensatz zu den christlichen Libanesen eher als die Brüder anderer arabischer Nationen, die im epochalen Kampf mit der übermächtigen westlichen Wirtschaft und Kultur stehen.

Besonders das Christentum ist im Libanon stark zersplittert. Zwar kann man leger fünf Gruppen unterscheiden, um dann aber auf Abspaltungen und Minigruppen zu stoßen, die alle mit all den anderen nichts zu tun haben wollen, auch wenn es sich dabei um Kirchen von ein paar tausend Gläubigen handelt.

Römisch-Katholische und Unierte (also mit der römischen Kirche verbundene und den Papst als religiöse Autorität anerkennende Kirchen) sind die beiden ersten christlichen Gruppen. Nur die Römisch-Katholischen haben den lateinischen Ritus Roms, die anderen üben ihre eigenen Riten aus. Die dritte Gruppe sind die Orthodoxen, die aus der byzantinischen Kirche hervorgegangen sind. Die orientalischen Kirchen – als vierte Gruppe – sind alte Kirchen, die sich im Streit um das Wesen Christi schon früh von den anderen Kirchen absprengten. Als Monophysiten, Vertreter der ausschließlich göttlichen Natur Christi, waren sie den Staatskirchengläubigen, die von den zwei Naturen Christi sprachen, der göttlichen

Die Drusen

Die Drusen sind eine Religionsgemeinschaft, die drei bis vier Millionen Menschen in aller Welt umfaßt. Nur jeder vierte wohnt im Libanon, vor allem im Schuf, aber auch im Hermongebiet (Rachaiya), im angrenzenden israelisch besetzten Golan und im südlichen Syrien. In ihre vorderasiatischen Siedlungsgebiete gelangten die Drusen auf der Flucht vor Verfolgern – Libanon, Hermon, Golan, Djebel ad-Druz sind typische Bergzonen, wo sich Verfolgte zurückziehen konnten, wie die Maroniten im Nordlibanon und die Alawiten im syrischen Küstengebirge.

Die Drusen wurden verfolgt, weil sie einer sowohl für Sunniten als auch für Schiiten häretischen Religion anhängen, die vom Islam nicht, wie das Christentum, als im Koran akzeptierte Buchreligion geduldet werden muß, sondern als Abfall vom wahren Glauben, als Ketzerei, als Häresie gebrandmarkt wird.

Was glauben die Drusen? Die Seele kann für sie nur in einem Körper existieren; mit dem Tod wird die Seele in einem anderen Körper wiedergeboren. Nur eine feste Anzahl von Seelen wurde von Gott geschaffen, ihre Wanderung führt nach sukzessiven Inkarnationen zur Vereinigung mit dem Höchsten Wesen, dem einen und einzigen Gott. Der Koran, glauben sie, ist ein heiliges Buch, aber er ist nur die äußere Hülle, er enthält eine innere, transzendente Bedeutung. Wissen über die Bedeutung der Existenz des Menschen enthalten auch die Thora, die Bibel und Kashaf al-Hakaik (›Die Enthüllung der Wahrheit‹) von Hamza Ibn Ali Ibn Ahmad, dem Imam aller Imame. Ihre heiligen Bücher, kollektiv Kitab el-Hikma (Buch des Wissens) genannt, versuchen, diese innere Bedeutung zu erfassen, zu beschreiben und für ›Eingeweihte‹ (erkennbar an ihrer Kleidung, besonders am weißen Tuch um die Kopfbedeckung) zu interpretieren. Sieben Hauptpropheten, darunter Adam, Abraham und Jesus, gelten als Zeugen für den Versuch der Menschheit, die Bedeutung der Existenz zu enträtseln, die aber niemals die allem zugrundeliegende Wahrheit erklären kann, die Gott heißt.

Diese Religion hat, wie unschwer zu erkennen ist, mit dem Islam wenig oder nichts zu tun, zumal die Drusen die fünf Hauptpfeiler des Islam (Glaubensbekenntnis, Gebete, Fasten, Pilgerreisen, Armenspenden) nicht beachten. Sie entstand im 11. Jh. in Predigten des Nashtakin al-Darazy und Schriften des persischen Mystikers Hamza Ibn Ali. Beide gehörten der Siebener-Schia an, die davon ausgeht, daß nach Mohammed

Alter Mann in Drusentracht in einem Dorf der Beqaa

das göttliche Licht bis zum siebten Imam Ismail (gest. 760) weitergegeben wurde. Der schiitische Fatimidenkalif Al-Hakim Bi-Amr Allah (985–1021) wurde von ihnen als eine Inkarnation *(hulul)* des letzten Imams gesehen. Sein Verschwinden (er wurde wahrscheinlich ermordet) nach einem nächtlichen Gang durch Kairo werteten sie als Entrückung. Das göttliche Licht wurde an Hamza Ibn Ali weitergegeben, der so zum ›Imam aller Imame‹ wurde. Die aufsässige Sekte wurde von den schiitischen Fatimiden in Kairo binnen Kürze genauso verfolgt wie von den Sunniten; nur wenige Rückzugsgebiete blieben ihren Gläubigen offen.

Als Druse wird man geboren, Konversion ist nicht erlaubt, sie heiraten unter sich und verteidigen ihre spirituelle Freiheit, wenn es sein muß, mit der Waffe in der Hand – der Libanon hat es ein paarmal erlebt.

Nur im Libanon haben Drusen jemals regionale Macht ausgeübt, nur im Schuf konnten drusische Familien wie die Maan und die Chehab nach der Unabhängigkeit greifen und sie fast erringen. In der Gegenwart sind Mitglieder der Jumblatt-Familie intensiv am Machtklüngel im Libanon beteiligt. Kamal Jumblatt, der Vater des heutigen Drusenführers Walid Jumblatt, konnte laut über einen eigenen Drusenstaat nachdenken – weiter ging der Traum dieser Religionsgruppe von politischer Autonomie jedoch nicht (Informationen über die Drusen in englischer Sprache unter http://druze.com).

und der menschlichen, suspekt und wurden von ihnen verfolgt. Die fünfte Gruppe besteht aus den evangelischen Kirchen.

Die Unierten mit eigenem Ritus umfassen einige Kirchen, die mit der römischen Kirche ursprünglich nicht viel zu tun hatten. Dazu gehören die Maroniten (siehe S. 120), die staatstragende Kirche des Libanon, die erstmals im Mittelalter und verstärkt seit dem 18. Jh. unter römischen Einfluß kam. Sie sind die einzige unierte Kirche weltweit, die sich gegenüber Rom einige Unabhängigkeit bewahren konnte, alle anderen (sechzehn!) wurden von Rom geschluckt gegen die Garantie, ihren Ritus und ihre Kirchensprache behalten zu dürfen. Zu den Unierten gehören aber auch die Melkiten oder Griechisch-Katholischen, die aus einer orthodoxen Gruppierung hervorgegangen sind und Rom wahrscheinlich wählten, weil es eine bessere Schutzmacht war als das unter den Osmanen ohnmächtige christliche Byzanz. Die Armenisch-Apostolische Kirche ist eine monophysitische Richtung, also eine Orientalische Kirche, sie war aber auch immer eine Staatskirche, wie die Griechisch-Orthodoxe. Ein Teil ihrer Gläubigen hat sich heute der Römischen Kirche als Unierte Kirche des armenischen Ritus angeschlossen, beide armenischen Kirchen vertreten dasselbe Patriarchat von Kilikien, das, um die Verwirrung

Glockenzug in Deir Qozhaiya: in den maronitischen Gemeinden darf sich heute auch schon mal eine Frau an das Glockenseil hängen

vollzumachen, gar nicht im Libanon liegt, auch nicht in Armenien, sondern in der Türkei, wo es keine Armenier (mehr) gibt.

Gegen dieses Kuddelmuddel wirken die islamischen Glaubensgemeinschaften regelrecht einheitlich: zwei große Gruppen, die Sunniten und Schiiten (siehe S. 32), nur kleinere Splittergruppen, vor allem die Alawiten (etwa 50 000). Die Drusen müssen als eigene Religion gerechnet werden (siehe S. 36). Die erste der großen monotheistischen Weltreligionen ist durch die Auswanderung ihrer Gläubigen nach Israel und Nordamerika im Libanon nahezu erloschen, nur noch etwa hundert Juden leben heute im Lande, fast alle in Beirut.

Proporz als Prinzip – Staat und Verwaltung

Parteien sind in einem Staat, der sich über seine religiösen Gruppen definiert, nicht unbedingt religiöse Parteien – aber keine Partei kann es sich leisten, die religiöse Spaltung des Landes zu negieren. Eine weltanschauliche Partei, die quer zu religiösen Bindungen ihrer Wähler steht, wäre chancenlos. Tatsächlich sind die Parteien des Libanon die politischen Arme der Religionsgruppen und Clans.

Im Libanon gilt wie in den anderen islamischen Staaten Nordafrikas und des Vorderen Orients das genealogisch-tribale Prinzip, arabisch *nasab.* Dieses Prinzip bindet den einzelnen durch seine Herkunft aus einer bestimmten Familie, Großfamilie, Clan (Sippe) oder Stamm in eine ererbte Schicksalsgemeinschaft ein. Eine Herrscherkaste regiert die Gemeinschaft; der Emir eines Stammes wird nicht gewählt, er wird in die Familie der Emire hineingeboren. Dem traditionellen Führer in einer Gemeinschaft wird Legitimation durch die Taten seiner Vorfahren gegeben, deswegen trägt er auch die Namen seiner Vorfahren im eigenen Namen (Ben ..., Sohn von ...). Die Mitglieder einer Familie schulden ihrem Familienoberhaupt, die des Clans ihrem Clanfürsten, die Stammesmitglieder dem Stammesfürsten Gehorsam. Eine Diskussion über ihren Status ist nicht möglich, da die Stellung des Individuums in der Gesellschaft als eine von Gott gegebene und unverrückbare angesehen wird.

Im Libanon sind die Stämme und Clans als Bluts- und Schicksalsgemeinschaften zusätzlich religiös motiviert. Der drusische Fürst Walid Jumblatt ist nicht nur hereditärer Führer seines Stammes, sondern auch Oberhaupt der Drusen im Libanon. Daß er gleichzeitig Führer einer politischen Partei ist, die moderne Ideen zum Natur- und Umweltschutz propagiert, stößt sich damit nicht im geringsten, sondern erlaubt ihm nur, den Einfluß der Drusen im Parlament geltend zu machen. Ähnlich werden die anderen religiösen Gruppen durch erbliche Scheichs und Emire vertreten, wenn dieses Prinzip auch, besonders bei den Christen, bereits verwässert ist.

Zur Staatsgründung führte 1926 die Idee, den im Libanon etwa zu gleichen Teilen vertretenen Christen und Muslimen je die Hälfte der Parlamentssitze zu sichern. Allerdings hat nie jemand damit ernsthaft gemeint, daß die politische Willensbildung vom Volke ausgehen könnte. Das parlamentarische System ist auf Absprachen aufgebaut, auf a-priori-Übereinkünften der Emire, auf dem Proporz der religiösen und Stammesgruppen. Wahlen dienen der Zementierung dieser Anteiligkeit.

Um diese Machtverhältnisse nicht zu gefährden, wurde die libanesische Verfassung, die religiösen Proporz vorsieht, nach dem Bürgerkrieg nicht angetastet. Es blieb bei der Regel: je eine Hälfte der Sitze für Christen und Muslime (unter letztere fallen auch die Drusen). Der Staatspräsident muß ein Maronit sein, der Regierungschef ein Sunnit, der Parlamentssprecher ein Schiit. Nur in den Gewichtungen veränderte sich die Situation: wo vor dem Krieg der christliche Präsident das Sagen hatte, setzte sich nachher der sunnitische Regierungschef durch. Sonst blieb alles beim alten. Oder doch nicht? Bei den Gemeindewahlen 1998 gab es Zeichen neuer Sichtweisen, Wahllisten mit Kandidaten gänzlich unterschiedlicher Parteien wurden aufgestellt. Die Gegner des Bürgerkrieges beginnen zu begreifen, wenn sie es vielleicht auch noch nicht verinnerlicht haben, daß ein funktionstüchtiger Libanon nur überleben kann, wenn das Clansystem aus der politischen Entscheidungsfindung so weit wie möglich herausgehalten wird.

Wirtschaftsgeist und Vetternwirtschaft – Handel und Wirtschaft

Der Libanon ist ein armes Land, und er lebt auf Pump: den 341 Mio. $, die der Export (1994) wert war, standen 6020 Mio. $ Importe gegenüber. Die wirtschaftliche Lage ist sehr instabil, da sich das Land nach der Öffnung der Märkte noch nicht auf die internationalen Anforderungen einstellen konnte. Wer einen schlichten Supermarkt besucht, wird die enormen Mengen ausländischer Produkte in den Regalen bemerken, nicht anders ist es in anderen Sparten.

Woher kommen die großen Vermögen, wer bezahlt die aufgemotzten Landrover und die brandneuen blitzenden Mercedes, in denen 18jährige mit 120 Sachen zur Disco düsen? In der Industrie, in der immerhin jeder vierte berufstätige Libanese beschäftigt ist (bei 25 % Arbeitslosigkeit und Berufstätigkeit fast ausschließlich der Männer), werden keine Vermögen gemacht. Der Schwerpunkt der libanesischen Wertschöpfung lag schon vor dem Bürgerkrieg auf dem Dienstleistungs-

Warum Brot im Libanon häufig mit einem Loch gebacken wird, erklärt dieses Bild

sektor: im Banken- und Versicherungsgewerbe, das den gesamten Vorderen Orient bedient, im Gast- und Beherbergungsgewerbe und im Kommunikationssektor. Die Landwirtschaft, heute nur noch mit 7 % am Bruttoinlandsprodukt beteiligt, kann nicht der Devisenbringer sein, das zarte Pflänzchen Frühgemüseanbau bringt einigen wenigen Investoren ein Einkommen, der Rest ist Selbstversorgung. Hanf- und Mohnanbau gehören der Vergangenheit an, die Hanffelder in der Beqaa sind gerodet, die Mohnfelder überpflügt. Immer noch kommt genügend Drogengeld in ein Land, das traditionell auf dem Transportweg zum Mittelmeer und zu den Abnehmern in Europa liegt. Waffenhandel und Schmuggel, Vermögensbildner während des Bürgerkriegs, sind ebenfalls nicht versiegt, die heutigen Handelspartner sind aber nicht mehr die Bürgerkriegsparteien, sondern Interessenten in anderen Staaten des Vorderen Orients. Investitionen aus aller Welt, auch die zurückkehrenden Vermögen emigrierter Libanesen, stellen eine vorläufige Einkommensquelle dar, auf die man keine Zukunft bauen kann. Ein Großteil der flüssigen Gelder wird in den Wiederaufbau des Versorgungs- und Kommunikationsnetzes (Straßen, Kanalisation, Wasser-, Strom- und Telefonleitungen) sowie der Innenstadt von Beirut gesteckt, auch hieraus kann man im Anfangsstadium keine Vermögen machen.

Wie der Premierminister und Dollarmilliardär Rafiq Hariri nichts dabei findet, sich an Unternehmen zu beteiligen, die sein Kabinett vorher ins Leben gerufen hat und die durch Staatsgelder mitgetragen werden, ist auch anderswo in der libanesischen Öffentlichkeit die Trennung von wirtschaftlichen Interessen und politischen Aspirationen kein Tabu. Für die Verquickung politischer und wirtschaftlicher Interessen ist die Situation des libanesischen Fernsehens ein gutes Beispiel. Um, wie es hieß, die »anarchische Situation« (Innenminister Murr) Dutzender Fernsehstationen (und Radiosender) in den Griff zu bekommen, wurde 1996 ein Mediengesetz erlassen, das neben den beiden staatlichen Sendern nur noch vier private TV-Sender zuließ. Diese vier waren Future TV, im Besitz des Premierministers, Murr TV, im Besitz des Bruders des Innenministers, NBN, ein Projekt des Parlamentssprechers Nabih Berri, und LBCI, an dem mindestens zwei Abgeordnete beteiligt waren. Nach Protesten kamen Télé-Lumière der Katholiken und Al-Manar der Hisbollah hinzu.

Das Beispiel zeigt, daß Vetternwirtschaft, das Zuschanzen lukrativer Aufträge und die politische Absicherung exklusiver Nutzungsrechte nicht unbedingt innerhalb der religiösen Gruppe erfolgen müssen. Die öffentliche Reaktion auf das Mediengesetz war übrigens sehr typisch: von den meisten Berichterstattern wurde nicht etwa die Vetternwirtschaft angekreidet, sondern daß der Proporz der religiösen Gruppen nicht eingehalten worden sei, was durch die Zulassung der beiden zusätzlichen Sender dann nachträglich korrigiert wurde.

Die traditionellen Unterschiede zwischen den religiösen Gruppen hinsichtlich ihres ›Wirtschaftsgeistes‹ sind geringer geworden, wenn sie auch keineswegs verschwunden sind. Früher waren es vor allem die Griechisch-Orthodoxen, die zu ihren Glaubensbrüdern in anderen Ländern des Ostmittelmeeres hinübersahen, die einen modernen, Reinvestitionen und Gewinnoptimierung anpeilenden Wirtschaftsgeist aufwiesen, während die Schiiten, die Ärmsten im Lande, im traditionellen Rentenkapitalismus der arabischen Welt steckengeblieben waren, der den Arbeiter in die absolute Abhängigkeit des Unternehmers zwingt, Neuerungen unterdrückt und Investitionen, wenn überhaupt, nur in Form von Erweiterung des Grundbesitzes vornimmt. (Der Begriff Rentenkapitalismus hebt darauf ab, daß der Reiche in diesem Wirtschaftssystem die abgeschöpften Erträge nicht wieder anlegt, wie im ›produktiven Kapitalismus‹, sondern parasitär davon lebt.) Diese theoretische Polarisation der religiösen Gruppen in bezug auf ihren Wirtschaftsgeist hat sich immer mehr abgeschwächt, je intensiver der Libanon westlichen Einflüssen ausgesetzt war, die sich natürlich auch auf die islamischen Staatsbürger auswirkten. Dabei werden die Schiiten genauso wie die anderen religiösen Gruppen in den unaufhaltsamen Strudel der Laizisierung des Staates gezogen, die die zukünftige Entwicklung des Landes maßgeblich bestimmen wird.

Einheit in der Vielfalt – gibt es eine libanesische Kultur?

Gibt es eine libanesische Kultur? Die Frage wird ausschließlich von Ausländern gestellt, die Libanesen beantworten sie bis auf eine kleine Minderheit emphatisch mit »ja«. Wieso wird die Frage eigentlich gestellt? Der Grund sind die vielen Gemeinsamkeiten mit Syrien und anderen Nachbarstaaten. Früher ist der Libanon meist ein Teil des syrischen Kulturkreises gewesen, zu dessen Formung er beträchtlich beigetragen hat; nicht nur in phönizischer Zeit. Aber ist die Zuordnung zu einem Kulturkreis ein Kriterium für die Nicht-Eigenständigkeit einer spezifischen Kultur? Sind Österreich und die deutschsprachigen Kantone der Schweiz ein Teil Deutschlands, weil beide in den historischen deutschen Kulturkreis hineingehören?

Von innen her, aus dem Libanon heraus, sieht es ganz anders aus. Nur ein Syrer kann Libanon als einen Teil Syriens bezeichnen. Die Geschichte des Libanon ist nur im überregionalen Rahmen die Geschichte Syriens, im Sinne des Libanon ist sie eine Folge von Kämpfen um Eigenständigkeit, von Fluchtbewegung verfolgter Religionsgruppen, die aus ganz Vorderasien hierher kamen, von erfolgreichen und erfolglosen Versuchen des Zusammenlebens unterschiedlichster Religionen und Volksgruppen. Der Held des Libanon ist nicht ein Damaszener oder Halepiner, er ist der Druse Fakhr ed-Din II., der für einen historischen Augenblick ein freies Land Libanon schuf, das sehen Drusen, Christen und Muslime ganz ähnlich.

Eine Kultur ist nicht nur die Summe ihrer vorzeigbaren und berührbaren Objekte, ihrer Alltags- und Kunstprodukte, sie ist auch und vor allem der Kanon ihrer Einstellungen, Wertmuster und Zielvorstellungen. Der Wille aller libanesischen Volks- und Religionsgruppen, nach den unvergessenen Greueln des Bürgerkrieges weiterhin in einem Land zusammenzuleben und die eigenen Fehler zu verantworten, ist das vielleicht stärkste Argument für die eigenständige Kultur des Landes.

Essen und Trinken

Gemeinsames Essen ist der wichtigste soziale Akt im Land zwischen Meer und Zedern. Essen ist nicht nur Nahrungsaufnahme, sondern vor allem Gelegenheit zum Gespräch mit Familie und Freunden, die Zubereitung ist nicht lästige Arbeit, sondern eine schöpferische Tätigkeit. Bei

Christen und im muslimischen Mittelstand speist die Familie gemeinsam, was in den Ländern ringsum nicht üblich ist, wo die Frauen ausgeschlossen bleiben. Man ißt wenn möglich in anregender Umgebung, in einem schönen Restaurant, das für eine bestimmte Speise berühmt ist oder für seine Lage, möglichst an fließendem Wasser, was den Genuß besonders im Sommer durch die kühle Atmosphäre der Umgebung noch steigert. Man speist nicht abgeschlossen von den anderen, Freunde und Bekannte werden an den Tisch gebeten, ebenso die neugierigen Fremden, die zufällig bei einem Picknick vorbeikommen.

Eine der Grundregeln der Essenszubereitung ist die Verwendung von Landesprodukten, obwohl sich die Regale der Supermärkte mehr und mehr mit Importware füllen. Bisher gab es das nicht und man verwendete das jahreszeitlich Vorhandene. Gurken, Salat, Auberginen gab es nur im Sommer, im Winter behalf man sich – wie ehemals in Mitteleuropa – mit getrockneten Hülsenfrüchten, mit Kichererbsen, Saubohnen, einer Sorte kleiner brauner Bohnen, Linsen und mit eingelegten Gemüsen wie Weißkohl und Roten Rüben. An Fleisch wird Hammel,

Vorspeisen, einfach, aber delikat: Petersiliensalat *tabbuleh* mit Tomatenwürfeln, frischer Romaine-Salat *chass,* Kichererbsenpaste *hummus* mit gekochten und in Öl eingelegten Kirchererbsen, und last not least Teigröllchen mit Käse- oder Mangoldfüllung *fataiyer sbanikh*

jahreszeitlich Lamm und viel Huhn gegessen, Schweinefleisch ist auch unter Christen nicht üblich, Rindfleisch ein teures und seltenes Vergnügen, die kleinen, roten und sehr pikanten Mergez-Würstchen bestehen aus Eselsfleisch. Auch Milch, Joghurt, Weißkäse sind jahreszeitlich unterschiedlich gut und reichlich, Ziegenkäse wird deshalb zu Kugeln geformt und eingelegt. Fisch wurde traditionell nur an der Küste gegessen, denn ein Transport kam bei den schlechten Verkehrsverbindungen nicht in Frage; Einsalzen oder Räuchern zur Konservierung kannte man nicht.

Hauptstärketräger sind traditionell Fladenbrot und Weizen. Eine Mahlzeit ohne Fladenbrot ist undenkbar, es kommt möglichst warm zu Tisch, da es kalt schnell zäh wird. Weizen ißt man vor allem in der Form von *bulgur,* vorgekochtem und gedarrtem Hartweizenschrot, der Fleischspeisen und Salaten beigegeben wird, aber auch in Eintöpfe kommt.

Ebenfalls aus Weizen besteht *kischk,* ein trockenes Gemisch aus Sauermilch und Bulgur, das mit Wasser und Olivenöl angerührt wird und in einem Pitabrot zum Frühstück oder im Schälchen als *mezze* (Vorspeise) gegessen wird. Kischk war in den Bergen des Libanon und des syrischen Küstengebirges eines der wichtigsten Nahrungsmittel der Bauern.

Hauptfett ist das Olivenöl, das von der Küste bis zu den Dörfern der Maroniten erzeugt wird. Für viele feine Gerichte zum Backen wird *samna* genommen, geklärte Butter aus Schafsmilch. Daneben wurde früher Fett von Dickschwanzschafen verwendet, wovon man heute fast gänzlich abgekommen ist. Hammelfett in Fleischgerichten ist aber nach wie vor eine wichtige Energiequelle. Mandeln, Pistazien und Pinienkerne sind in salzigen und süßen Speisen sehr beliebt, Walnüsse aus den Bergen werden vor allem für Backwerk verwendet.

Das vielfältige Backwerk des Libanon entspricht in etwa dem Syriens und Jordaniens. Im Gegensatz zur Türkei und den anderen arabischen Ländern mit ihren sirupgetränkten Filo- und Grießteigen dominieren wenig gesüßte Mürbteige mit Nuß- und Trockenfruchtfüllungen (Aprikose, Pistazie, Walnuß, Cashew, Dattel, Feige). Süßes ißt man üblicherweise am Nachmittag oder bei einer Feierlichkeit als kleine Mahlzeit, bei Besuchen wird es dem Gast mit einem Glas kaltem Wasser serviert.

Traditionelles Getränk ist der Kaffee, während Tee als russischer oder Pfefferminztee gegenüber anderen arabischen Ländern geringere Bedeutung hat. Der Kaffee ist schäumig aufgekochter Mokka mit oder ohne Kardamom, der meist sehr süß getrunken wird. Süße Nachspeisen sind erst in Nachahmung französischer Sitten üblich geworden, der klassische Abschluß des Essens ist Obst, gefolgt von einem Schälchen Kaffee.

Mezze, geliebte Versuchung

Die libanesische Küche, eine der großen Küchen der Welt, ist die höchstentwickelte arabische Küche des nahen Ostens. Ihr Stolz sind die Vorspeisengerichte, die Mezze, die ursprünglich mit Fladenbrot, *chubz,* aufgetunkt oder mit Blättern des länglichen Romaine-Salates, die man wie Löffel verwendete, gegessen wurden. Mezze heißt nicht ein, zwei Vorspeisen, sechs bis acht sollten es schon sein, ein gutes Restaurant serviert bis zu vierzig davon.

Der Genuß des Anblicks eines Tisches mit Mezze ist schon das halbe Vergnügen: um eine große Glasschale, in der Gemüse, Pfefferschoten und ein besonders schöner Romaine-Salat, *chass,* aufgetürmt wurden, stehen Schälchen mit kalten Vorspeisen, die allmählich abgetragen und durch warme Vorspeisen ersetzt werden, sowie diese fertig sind. Die Pasten und weichen Dips, die mundgerechten Happen in diesen Schälchen werden nicht einfach eingefüllt, sie werden dekorativ eingestrichen, mit Öl überglänzt, mit grünem oder rotem Gewürz oder mit Kräutern dekoriert, nie überdekoriert, das Dekor muß zur Speise passen. Ein paar gegarte Kichererbsen in Olivenöl auf eine Kichererbsenpaste, *hummus,* eine schwarze Olive auf die Sesamsauce, *tahini,* gehackte Petersilie auf den cremigen Frischkäse, *labneh,* ein Koriandersträußchen zu den gebackenen Lammfleischbällchen, *kubba bi shamija,* ein paar Granatapfelkerne auf die Spinatpastetchen, *fataiyer sbanikh,* eine Zitronenscheibe zum rohen Kibbeh, *kibbeh naiye,* Libanons Nationalspeise aus bestem Lammfleisch, Bulgur, Zwiebeln, Gewürzen und Olivenöl.

Man freut sich schon auf das Essen, während man den Tisch bewundert, auf die cremige Konsistenz des Kichererbsenpürees *hummus* und den rauchigen Geschmack des Auberginenmuses *mutabbal (baba rhanush),* auf die pikante Ziegenkäsenote der Käsebällchen *shanklich* und die delikate Verbindung von Sesam, Mangold und Zitronensaft im *silq bi tahinah.* Zwischendurch ein Stück vom Rettich, *lift,* den man in Roterübensaft eingelegt und dadurch rot gefärbt hat, Säure und Schärfe regen den Appetit an, ein Arrak bewirkt dasselbe.

Alkoholische Getränke sind Bier und Wein, die im Lande hergestellt werden. Die Beqaa ist das Zentrum des kommerziellen Weinanbaus, zwei der bekannteren Güter sind Kefraiya und Ksara. Aber auch überall in den maronitischen und griechisch-orthodoxen Dörfern westlich

Die Teigtaschen *burek* aus blättrigem Buttermürbteig mit Fleischfüllung oder mit Weißkäse wollen gekostet werden, das Fleisch ist leicht mit Zimt und Muskat gewürzt, die Pinienkerne geben ihm zusätzliche Geschmacksnuancen. Unbedingt sollte man den Salat aus gehackter Petersilie und Bulgur, *tabbuleh,* probieren, er wird mit Olivenöl und Zitronensaft angemacht und mit ganz wenig Minze abgeschmeckt – eine von Libanons köstlichsten Küchenkreationen. Marmorweißes gekochtes Lammhirn, *nakha,* und Hirnomlett, *iggit an nakhaat,* kalte Zunge, *lisanat,* und aufgeschnittene Lammnierchen, *kelaaui,* in kalter Knoblauchsauce, *tarator bi zada,* Stränge weißen ausgelösten Rückenmarks, die man mit einem Tropfen Zitrone und einem Körnchen Salz ißt, cremiger frischer Joghurt, *lebenn,* milchsauer eingelegte und gefüllte Weißkrautblätter, *silq maashi bizeit,* mit Reis, Minze und Pinienkernen gefüllte Weinblätter, *djabra (waraq inab),* sind andere Mezze-Köstlichkeiten.

An der Küste kommen fritierter Fisch, *samak makli,* und in Öl und Korianderkraut eingelegte Fischfilets, *samkeh harrah bil kozbarah,* dazu, sowie süß-saure Fisch-Kibbeh, *kibbeh samak,* und Zitronenhälften, die man mit kaltem Sardinensalat füllt, *hamid mahshi wa sardin,* und gekochte Krusten- und Schalentiere, warm in Öl und Zitrone eingelegt, mit Petersilie und Koriander serviert.

Vom folgenden Hauptgang sollte man etwas kosten, das gebieten dem Gast die guten Sitten und der Anstand. Kein Gastgeber wird sich wundern, wenn der Gast jetzt nicht mehr so richtig zulangt. Auch er freut sich schließlich schon auf den Kaffee. Und die Gespräche danach, wenn die Nargilehs herangeschafft werden und der Abend gemütlich zu werden verspricht.

Bücher zum Thema: den besten Überblick über die Küche des Nahen Ostens gibt Tess Mallos ›Middle East Cookbook‹, London (Peter Ward). Zur libanesischen Küche in Deutsch: Susan Ward ›Libanesische Küche‹, Köln (Könemann) 1995, und, einfach aber brauchbar, Mariman Zeitun, ›Arabische Küche; Essen wie bei Mutter in Beirut‹, Hamburg (Asfahani) 1989. Im Internet findet sich unter http://soar.berkeley.edu.recipes/ethnic/middle-east.html eine Fülle von Rezepten, die von libanesischen Hausfrauen überall in Nordamerika stammen.

des Libanongebirges wird Wein für den Eigenverbrauch hergestellt. Arrak, der mit Anis versetzte Tresterbrand, ist ein weiteres Produkt der Traube – ein Volksgetränk, diente er doch früher zur Sterilisierung des oftmals recht suspekten Wassers, mit dem er vermischt wurde.

Feste und Feiertage von Ashura bis Weihnachten

Geburt, Taufe, Beschneidung, Hochzeit und Begräbnis sind die wichtigsten privaten Feiern libanesischer Familien im Lebenslauf. Im Jahresverlauf kommt eine Reihe von Festtagen hinzu, wie die international üblichen staatlichen Feiertage Neujahr (1. Jan.) und Maifeiertag (1. Mai) und zwei nationale Feiertage, die im Prinzip von allen Religionsgruppen begangen werden, der Unabhängigkeitstag, der den Abzug des letzten französischen Soldaten im Jahre 1946 feiert (22. Nov.), und der Märtyrertag (6. Mai), an dem der Opfer des israelischen Überfalls (am 6. Mai 1996) auf ein UN-Krankenhaus im südlibanesischen Qana gedacht wird. Darüber hinaus gibt es eine Reihe konfessioneller Feiertage, die von den religiösen Gruppen der Katholiken, Orthodoxen, Sunniten und Schiiten gefeiert werden.

Die christlichen Feste sind mit langen Gottesdiensten verbunden, und besonders Mariä Himmelfahrt beginnt schon am Vortag. Marienwallfahrtsorte sind am 15. August von Pilgern überlaufen; man feiert schon am Vorabend, ißt, trinkt, unterhält sich, schläft oft unter freiem Himmel, denn es gibt keine Hospize. Wenn der Pilgerort ein Kloster ist, hat der Abt Behelfsunterkünfte zur Verfügung gestellt, nach Ge-

Der Bauchtanz gehört zumindest bei Hochzeiten einfach dazu...

schlechtern getrennt, selbstverständlich. Der Festtag des hl. Maro, der am 9. Februar gefeiert wird, ist ebenfalls ein Tag langer Gottesdienste in den zu dieser Zeit klammen und ungemütlichen Kirchen. Weitere Heilige werden an ihren Kalendertagen dort gefeiert, wo sie die Kirchenpatrone sind, besonders gilt dies für die beliebte hl. Marina.

Die islamischen Feste, die sich nach dem Mondkalender richten, sind für Sunniten und Schiiten gemeinsam Id al-Adha, das Opferfest, und Id el-Fitr, das Fastenbrechen. Geringere Bedeutung hat der Geburtstag des Propheten, und der islamische Neujahrstag ist kein kanonisches Fest. Das Opferfest oder Hammelfest wird am siebten Tag des Wallfahrtsmonats gefeiert. Jede Familie, die es sich leisten kann, schlachtet einen Hammel, an den Tagen vorher herrscht bei Hammelhändlern im Bazar hektische Betriebsamkeit. Das Fest des Fastenbrechens nach dem entbehrungsreichen Monat Ramadan ist zwar das kanonisch weniger bedeutende Fest, es hat sich aber in der Praxis zum Hauptfest entwickelt (wie Weihnachten auf Kosten von Ostern bei den Christen). Drei Tage lang wird in geselliger Runde und, wenn es die Jahreszeit zuläßt, nicht nur in der Familie und im Restaurant, sondern auch draußen gefeiert, wird gebrutzelt, gegessen und beschenkt.

Das schiitische Fest schlechthin ist Ashura, der Tag, an dem man Husseins und seiner Gefährten ge-

...was die Herren in traditioneller Kleidung sicher bestätigen können

Kleiner Libanon-Knigge

Was Sie tun sollten:

– ein paar Brocken Arabisch lernen, Grußformeln, danke schön, bitte sehr, ich heiße ... Ihr Gesprächspartner beherrscht sicher Englisch oder Französisch – der Libanon ist ein polyglottes Land –, aber freut sich dennoch über ein paar Worte in seiner Sprache.

– bei Essen und Einladungen die Etikette beachten: immer noch sitzt und ißt der Älteste zuerst, Frauen – wenn überhaupt – zuletzt. Solange noch gegessen wird, nibbeln Sie weiter, wenn Sie aufgegessen haben, wird man Ihnen nachservieren, lassen Sie also lieber etwas auf dem Teller liegen. Die Kenntnis europäischer Sitten in gebildeten Kreisen bedeutet nicht, daß man diese auch angenommen hat.

– Kirchen und Moscheen in züchtiger Kleidung besuchen, Arme und Beine sollten bis unter die Knie bedeckt sein, kurze Hosen und Miniröcke sind off limits.

– auch wenn Sie keiner Religion angehören, im Libanon als Christ auftreten; in christlichen Gebieten wie in muslimischen erwartet man es von Ihnen. Daß jemand keiner Glaubensgemeinschaft angehören könnte, ist undenkbar und wird als schweres Manko gewertet.

denkt, die in Kerbela getötet wurden. In Nabatiyeh findet an diesem Tag – wie auch an vielen Orten im Iran – eine stark ritualisierte Aufführung statt, die Husseins Tod zum Inhalt hat. Die mit ihrem eigenen Blut verschmierten Köpfe der jungen Männer, die den blutigen Tod des dritten Imam symbolisieren, haben darüber hinaus auch eine deutliche anti-sunnitische Aussage: es waren schließlich die sunnitischen Umaiyaden, die diesen Nachkommen des Propheten umbrachten. Das Fest wird von Sunniten wie von Christen mit Mißtrauen betrachtet: Fremde und besonders Touristen sind nicht erwünscht, wenn auch nicht explizit ausgeschlossen (Nabatiyeh liegt in der no-go-area für Fremde und ist kein Ausflugsziel).

Musik und Literatur: Fairuz & Co.

Noch haben westliche Popsender die komplizierten Rhythmen der arabischen Musik nicht verdrängt, aber das unisone Wummern, das aus den Zimmern der Jugendlichen, aus den Diskos und aus den heruntergedrehten Fenstern der Landcruiser dringt, gibt wenig Hoffnung: *Ud* und *tablah*

Was Sie keinesfalls tun sollten:

– politische Diskussionen oder Gespräche über Religion führen. Insbesondere das Thema Israel ist tabu.

– den Süden des Libanon, also den von Israel und der Südlibanesischen Armee SLA kontrollierten Bereich besuchen. Es gibt zwar (über UNIFIL in Beirut) die Möglichkeit, Passagierscheine (und Begleitung) zu bekommen, da es aber immer wieder Opfer auch unter der Zivilbevölkerung gibt, sollte man das Gebiet derzeit nicht besuchen. Die Routenvorschläge dieses Buches bewegen sich sämtlich außerhalb des von Israel und der SLA kontrollierten Gebietes.

– in der nördlichen Beqaa (nördlich Baalbek) von den Hauptstraßen und hier beschriebenen Reiserouten abfahren. Dieses Gebiet steht nicht unter der Kontrolle des libanesischen Staates, die schiitischen Milizen, die das Gebiet beherrschen, haben ihre eigenen Gesetze. Wie im Südlibanon können die diplomatischen Vertretungen ausländischer Regierungen bei einem Vorfall in dieser Zone keine Hilfe leisten.

– Ihren aus Mitteleuropa stammenden Fahrstil hier einführen zu wollen. Die Libanesen fahren, was das Zeug hält – wenn Sie nicht in Gefahr kommen wollen, dann müssen Sie mit den Wölfen heulen und ebenfalls aggressiv fahren. Noch besser ist es, nicht selbst zu fahren; ein Fahrer mit Mietwagen und Taxi kostet etwas mehr, spart aber Nerven.

stehen auf der Roten Liste wie hierzulande Zither und Klampfe.

Arabische Musik unterscheidet sich stark von der Musik europäischer Tradition, die Rhythmen sind anders, die Melodiebögen oftmals sehr lang, Variationen für den Uneingeweihten nur gering und langatmig. Die Instrumente selbst sind in anderer Form auch in Mitteleuropa bekannt, eines hat sogar den deutschen Namen gegeben: *al-ud,* die Laute. Im arabischen Orchester gibt es verschiedene Lauten, *ud,* darunter – vor allem in der maghrebinisch-andalusischen Musik – die mehrsaitige Spießgeige *rabab.* Andere Instrumente sind die Handtrommel *tablah,* das Tamburin *daff,* die Längsflöte *nay* und *qanun,* ein zitherähnliches Instrument mit 81 Saiten; sein Name hängt mit unserem Lehnwort Kanon zusammen und bedeutet dasselbe: Gesetz, Regel.

Diese Musikinstrumente, besonders *ud* und *qanun,* waren häufig kostbare Kunstwerke, mit Einlegearbeiten aus edlen Materialien wie Elfenbein verziert. Heute bauen nur noch wenige Lautenmacher neue Instrumente. Die *ud* hat auch als Soloinstrument Tradition, etwa bei Rabih Abou-Khalil, einem vielseitigen Musiker, der Kontakte zur westlichen E- und U-Musik keineswegs scheut.

Die Musiker singen zu ihrer Musik, die manchmal Improvisationscharakter hat wie Jazz. Ein eigener Sänger war früher nicht üblich, ist heute aber die Norm. Die Singstimme hat in unserem Jahrhundert das Orchester immer stärker in den Hintergrund gedrängt, und Stars der arabischen Musik haben längst ein Fanpublikum wie westliche Popsänger. Der libanesische und arabische Star der Stars ist die aus Beirut stammende Sängerin Fairuz, die in Musikaufführungen, auf Platten und in den für sie geschaffenen Rahbani-Musicals ihr Publikum verzaubert. In Baalbek sang sie 1957 zum ersten Mal unter freiem Himmel ›Lubnan ya akhdar hilo‹, Oh grüner, süßer Libanon, es wurde ein unvergeßlicher Erfolg. Ihr erster großer Bühnenauftritt war 1962 im Musical ›Jisr al-Qamar‹ (Mondbrücke) beim Festival von Baalbek. Die Brüder Rahbani schrieben Text und Musik, führten Regie und schufen so nebenbei ein eigenes musikalisches Genre, eine Art arabische Pop-Operette (von den Brüdern Rahbani lieber als Musikdrama bezeichnet). 1997 und 1998 kehrte Fairuz nach langen Jahren der Abwesenheit nach Baalbek zurück und gab umjubelte Abende, zuletzt mit Auszügen aus ihrem ersten großen Erfolg in Baalbek, ›Jisr al-Qamar‹.

Die traditionelle arabische Literatur existiert im Libanon wie auch anderswo im arabischen Raum nicht mehr, der Kontakt mit der westlichen Kultur hat die alten Formen praktisch ausgelöscht. Daher kämpfen die heutigen Schriftsteller mit einem doppelten Problem – weder können sie in ihren Werken, wie westliche Schriftsteller, auf die gewachsenen Formen ihrer eigenen Literatur zurückgreifen, noch eignet sich das Hocharabische, weit entfernt und abgehoben von der Alltags- und Umgangssprache, für ihr Ziel, etwas über die Welt auszusagen, in der sie leben. Libanons bekanntester Dichter Khalil Gibran (1883–1931, siehe S. 152) ist dabei keine Ausnahme, seine Werke schrieb er in Englisch, sein Thema ist das der Symbolisten seiner Zeit. Die junge Schriftstellerin Hoda Barakat hat ihren Erstlingsroman zwar auf Arabisch geschrieben, doch erst die englische Ausgabe, ›The Stone of Laughter‹, die Geschichte des bisexuellen Khalil im Wahnsinn des Bürgerkriegs im halb zerstörten Beirut, brachte ihr den Erfolg (Rabih Abou-Khalil: The Sultan's Picnic; Enja ENJ-80782. Fairuz: Ya Rayeh; Dab Kat; beide Bellaplan. Hoda Barakat: The Stone of Laughter; London [Garnet] 1995, als Taschenbuch [Interlink] 1997).

UNTERWEGS IM LIBANON

Beirut –
fünf Spaziergänge

Drei Routen
zwischen Beirut und
dem Libanongebirge

Jbeil (Byblus)

Tripoli und der
Norden

Baalbek und
die Beqaa

Der Süden –
Schuf, Saida (Sidon)
und Sur (Tyrus)

BEIRUT TRADE CENTE

Beirut – fünf Spaziergänge

Stadtgeschichte

Beirut Central District (BCD) – die Altstadt

Westbeirut – die Rue Hamra

Die Corniche von AUB (American University Beirut) bis UNESCO

Durch den Süden Westbeiruts zum Nationalmuseum

Ostbeirut

Heruntergekommene Wohnquartiere flankieren die zerstörte Beiruter Altstadt. Mit der Wiedereröffnung des Beirut Trade Center werden auch sie den Abrißbirnen zum Opfer fallen

Beirut – fünf Spaziergänge

Alt- und Neubauten, Ausgrabungen und Postmodernes im historischen, oft zerstörten und demnächst wiederaufgebauten Herzen der Stadt. Die pulsierende Shopping- und Cafémeile Rue Hamra. Rund um die Halbinsel Ras Beirut zwischen Amerikanischer Universität, Taubenfelsen und UNESCO. Das Nationalmuseum mit Schätzen aus fünf Jahrtausenden und das christliche Ostbeirut

Wer von Norden her auf dem Beiruter Flughafen landet, überquert in geringer Höhe die Halbinsel, auf der sich der größte Teil der Millionenstadt ausbreitet. Während die Maschine weiter sinkt, wird man sich der faszinierenden Lage der Levante-Metropole zwischen Meer und Gebirgsketten bewußt: die Schneefelder des Libanonkamms stehen wie eine unwirkliche Kulisse über dem grünen, im Sommer und Herbst rotbraunen Küstenstreifen, der an ein stahlblaues, inselloses Meer grenzt. Man meint fast, die höchsten Stockwerke der Hochhauslandschaft Beiruts zu streifen, bis die Maschine noch einmal auf das Mittelmeer hinaussteuert, um dann in einem engen Bogen auf die Rollbahn einzuschwenken, wo sie vor dem modernen Empfangsgebäude zum Stehen kommt.

Die Funktionalität des Flughafens ist nur Fassade, das wird dem Besucher klar, sowie er den Zufahrtsbereich betritt: Halteverbote sind zweispurig zugeparkt, Taxifahrer verlangen Phantasiepreise (aber es gibt Anbieter ohne Konzession, die den halben Preis fordern), Polizisten wedeln mit den Armen, was die Umstehenden desinteressiert als Gymnastik interpretieren, ein Flughafenbus existiert nicht. Telephonieren? Mieten Sie ein Handy, alle anderen haben eines. Rauchverbot? Eine Aufforderung, sich eine Zigarette anzuzünden. Vergessen Sie alle Gebote und Verbote von zu Hause, hier gewichtet man anders, die fremden Gewichtungen zu erkunden ist ein Teil der Faszination eines Aufenthalts in Beirut und im Libanon.

Stadtgeschichte, kurz gefaßt

Die Ausgrabungen, die 1993 bis 1998 in der Altstadt vorgenommen wurden, haben Feuersteinwerkzeuge ans Licht gebracht, die aus der Altsteinzeit stammen: bereits vor mindestens 50 000 Jahren besuchten erstmals Menschen die Halbinsel, die heute Beirut trägt. Maximal 7400 Jahre alt sind Werkzeugfunde aus der Jungsteinzeit vor der Erfindung des Tongefäßes. Ganz wenig Keramik aus der späten Jungsteinzeit wurde entdeckt, nichts aus der Zeit des Übergangs zur Bronzezeit.

Erst Ende des 3. Jt. v. Chr. begann die Entwicklung Beiruts städtische Formen anzunehmen, und gegen Ende der Bronzezeit war Beruta, wie die Siedlung in den Tafeln von Tell al-Amarna (Ägypten) und in der Korrespondenz von Ugarit genannt wird (um 1400 v. Chr.), eine bedeutende Hafen- und Handelsstadt, die sich aber nicht mit Ugarit oder Byblus messen konnte. Der Tell aus der folgenden Eisenzeit (1200–300 v. Chr.) umfaßte eine kleine, aber bedeutende Stadt: neben Tyrus, Sidon, Byblus und Aradus war Beirut eine Haupt-Handelsstadt der phönizischen Küste. Der Handel mit dem Inneren Vorderasiens und dem Ostmittelmeer lief so gut, daß der Tell während der Perserzeit zu eng wurde und erstmals außerhalb des alten Tells gesiedelt wurde, was Funde in verschiedenen Bereichen der heutigen Innenstadt beweisen.

Das hellenistische und römische Berytus war größer, als man bis vor kurzem gewußt hatte. Der lukrative Handel über den Freihafen Delos und mit Italien, der die ständig steigende Gier Roms nach Produkten aus dem Orient befriedigte, brachte Beirut eine Epoche der Prosperität. Unter Augustus wurde Beirut römischer Besitz – Colonia Julia Augusta Felix Berytus. Die Stadt leistete sich prächtige Straßen (der Cardo maximus wurde teilweise ausgegraben), ein Hippodrom, im 3. Jh. florierte eine überregional anerkannte Rechtsschule, die sich mit Athen und Alexandria messen konnte. Bis im Juli 551 ein schweres Erdbeben mit Flutwelle die Stadt zerstörte.

Die arabischen Truppen fanden keinen Widerstand, als sie die nur teilweise wiederaufgebaute und geschwächte Stadt 639 n. Chr. eroberten. Die ›römischste Stadt des Orients‹ wurde mit Neubürgern aus Persien und dem Zweistromland besiedelt und nahm bald wieder ihre alte Bedeutung ein: Brückenkopf zwischen Ost und West, Mittelmeer und Vorderasien. Kaufleute aus Damaskus und Kairo waren zunächst die wichtigsten Handelspartner, bald stießen Händler aus Amalfi, Pisa, Genua und Venedig hinzu. Um die Stadt und einen großen Hain von Maulbeerbäumen, auf denen Seidenraupen für die lukrative Seidenproduktion gezüchtet wurden, zog man einen Verteidigungswall, dessen äußerer Graben westlich der ehemaligen Suks aufgedeckt wurde.

975 n. Chr. hatten die Byzantiner die Stadt kurzfristig erobert. 1099 kamen wiederum Christen, diesmal die Kreuzritter, die aber die Stadt zunächst umgingen; erst 1110 nahmen sie Beirut ein. Eine Stadtburg für die Ritter der Grafschaft Tripolis, zu der Beirut nun gehörte, wurde errichtet,

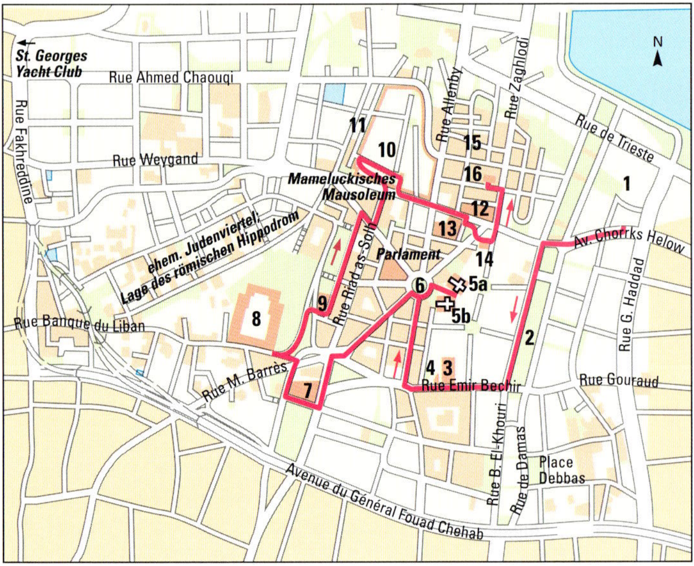

Beirut, Plan der Innenstadt (BCD) 1 Bronze- und eisenzeitlicher Tell 2 Place des Martyrs 3 Kathedrale des hl. Georg 4 Antike Säulen 5 Grabungsgebiet zwischen den Kathedralen des hl. Elias (5a) und des hl. Georg (5b) 6 Stern der französischen Mandatsstadt 7 UN-Gebäude 8 Großer Serail 9 Römische Badeanlage 10 Ehemaliger Sukbereich 11 Fatimidische Stadtmauer 12 Rathaus 13 Al-Omari-Moschee 14 Amir Assaf-Moschee (Brunnenmoschee) 15 Stadtviertel aus der Mandatszeit 16 SOLIDERE-Informationsbüro

ein lateinischer Bischof eingesetzt, die Hospitaliter bauten eine Kirche des hl. Johannes, die heutige Moschee Al-Omari. Zweimal ging die Stadt verloren, zweimal wurde sie von den Kreuzrittern wieder erobert, bis sie 1291 endgültig an die Truppen des mameluckischen Sultans Al-Malik fiel.

Unter Mamelucken (bis 1517) und Osmanen war Beirut wieder der wichtigste Ausfuhrhafen für Damaskus. Zeitweise sah es unter den drusischen Emiren Fakhr ed-Din II. und Bechir II. so aus, als ob sich die Hafenstadt zur Hauptstadt eines unabhängigen Reiches entwickeln würde, in beiden Fällen kam es zu Rückschlägen und Zerstörungen durch Truppen der osmanischen Oberherren. 1773 wurde Beirut von einer russischen Flotte bombardiert,

1840 von Österreichern, Engländern und Türken. Der Bausubstanz und dem Handel tat das nicht gut. Als 1860 die Massaker an den Christen begannen, flüchteten viele Maroniten nach Beirut, das sich seit damals ein zunehmend christliches Bild zulegte. Die autonome osmanische Provinz Mont Liban wurde wie das gesamte französische Mandatsgebiet im Vorderen Orient und seit 1943 die Republik Libanon von Beirut aus verwaltet. Die Stadt sprengte alle Mauern und dehnte sich über die gesamte Halbinsel Ras Beirut aus; Vororte an der Küste im Norden und die nahen Bergdörfer wurden allmählich verstädtert.

Der Bürgerkrieg (1975–1990) hat Beirut von innen nach außen gekrempelt. Die Demarkationslinie, meist Green Line genannt, die jahrelang Muslime im Westen und Christen im Osten trennte, verlief nordsüdlich quer durch die Stadt: jedes Haus an ihr war zerstört, darunter die gesamte Alt- und Innenstadt. Die Christen flohen aus Westbeirut und zogen in den Ostteil, in die Hügel über der Stadt, die Küste entlang nach Maameltein und Junieh, wo die grüne Landschaft von einem unkontrollierten Bauboom verschandelt wurde. Westbeirut wurde zum islamischen Beirut, der Osten zur fast reinen Christenstadt.

Die Nachkriegszeit sah ein allmähliches Verheilen der Wunden, aber noch immer zögert mancher Westbeiruti, den christlichen Osten aufzusuchen. Entlang der Green Line hat der Wiederaufbau eingesetzt, die Altstadt soll nach einem Regierungsplan durch die Gesellschaft SOLIDERE wiederaufgebaut werden. Der Energie nach zu schätzen, mit der das Vorhaben vorangetrieben wird, wird das auch bald der Fall sein. Das Leben in Beirut geht nach Zerstörungen und Wiederaufbau weiter in den alten Bahnen: die Stadt schickt sich wieder einmal an, zum kommerziellen, Banken-, Versicherungs- und Tourismuszentrum des Vorderen Orients zu werden.

Beirut Central District (BCD) die Altstadt

Beirut wurde so oft und so gründlich zerstört und wiederaufgebaut, daß sich kaum ältere Bauten erhielten. Vor dem Bürgerkrieg bestand die Altstadt aus Gebäuden, die maximal 100 Jahre alt waren, der Trümmerhaufen, der hier noch Mitte der 90er Jahre zu sehen war, soll in eines der modernsten Stadtzentren der Welt verwandelt werden. Die Leitung hat die dafür gegründete Gesellschaft SOLIDERE. Archäologen aus aller Welt konnten die kurze Phase zwischen Zerstörung und Wiederaufbau nutzen, um aus dem Boden die Reste von fünf Jahrtausenden kaum erforschter Siedlungsgeschichte herauszuholen. Die wichtigsten Funde sollen in einen Archäologischen Weg eingebunden werden. Dieser wird leicht zu finden sein: spezielle Pflasterung, Platten mit Delphin und Dreizack als Wegweiser im Boden, Hinweisschilder mit Erklärungen.

Markenzeichen des eleganten Beirut: Place des Martyrs vor dem Bürgerkrieg

Erste Teile wurden 1997 eröffnet, wie das Bad aus der Römerzeit. Der Spaziergang folgt in etwa dem zukünftigen Archäologischen Weg (Planungsstand Sommer 1998).

Man beginnt am besten dort, wo die erste Siedlung gegründet wurde, auf dem heute eingeebneten felsigen Vorgebirge nordöstlich vom Platz der Märtyrer, dem Standort des bronze- und eisenzeitlichen **Tell** (1). Ein Informationszentrum für den Archäologischen Weg wird hier die nach 1993 ergrabenen Funde erklären, die man *in situ* erhalten will: ein Stadttor der späten Bronzezeit und Teile des Glacis der phönizischen Stadtbefestigung (6. Jh. v. Chr.). Nordwestlich des Tell wurden die Fundamente der Kreuzfahrerburg ergraben, wie andere Burgen der Zeit bestehen sie aus bossierten Steinen und quer gelegten antiken Säulentrommeln (ob sie *in situ* erhalten bleiben werden, ist nicht sicher).

Um die langgestreckte **Place des Martyrs** (2), den Märtyrerplatz, lag vor dem Bürgerkrieg eines der lebendigsten und modernsten Viertel. Die Planung sieht den Platz als Teil eines breiten, von Straßen flankierten Grünstreifens vor, der im Norden bis zum künftigen Hafen reicht. Das von Einschüssen zersiebte Denkmal gilt den Opfern eines antitürkischen Aufstands vor 1914. Nördlich und südlich des Denkmals gruben vor allem Franzosen und Tschechen einen Teil der hellenistisch-römischen Stadt aus, deren exakt rechtwinklige Bauweise die Gründungsstadt des Seleukidenreiches (nach 180 v. Chr.) widerspiegelt. Die Kleinfunde dieser Zeit sprechen für die Handelsbeziehungen von Beirut zu den anderen Mittelmeeranliegern.

Die **maronitische Kathedrale des hl. Georg** (3) ist einer der wenigen Bauten, die den Krieg in dieser Gegend ziemlich intakt überstanden haben, sie wurde 1888 nach (wie es heißt) dem Vorbild von Santa Maria Maggiore in Rom errichtet. Links von ihrem Portal stehen unter dem heutigen Straßenniveau mehrere **antike Säulen** (4), die zum Cardo Maximus gehören, der Hauptkolonnadenstraße der römischen Colonia in nord-südlicher Richtung.

Die Fortsetzung des Cardo sieht man vom **Grabungsgebiet zwischen den Kirchen** (5) aus. Es ist das Gelände zwischen der **Kathedrale des hl. Elias** (5a) der Griechisch-Katholischen und der **Kathedrale des hl. Georg** (5b) der Griechisch-Orthodoxen (Mitte 19. Jh. und zweite Hälfte 18. Jh.). Beide sehen weder wie Kathedralen aus noch weisen sie interessante Relikte aus besseren Zeiten auf. Spannender sind die viel tiefer gelegenen Reste der Kolonnadenstraße, der begleitenden Abwasserkanäle, der Bauten aus hellenistischer und römischer Zeit, die hier *in situ* erhalten bleiben werden.

Der **Stern** (6) der französischen Mandatsstadt mit Art-Deco-Uhrturm und runderneuertem Parlament ergab unter dem ehemaligen Gebäude des Banco di Roma hervorragend skulptierte Arkaden des römischen Forums, die in den Neubau inkorporiert werden sollen. Leider waren die Fundamente des Bankgebäudes tief in den Grund getrieben worden und hatten große Teile der Vorgängerbauten unwiderruflich zerstört.

Uhrturm am Stern; Bauten der französischen Mandatszeit wie das Parlament (rechts) flankieren den Platz

Am Rand des BCD liegt das **UN-Gebäude** (7), ein postmoderner Neubau, der das Hauptquartier der Wirtschafts- und Sozialkommission für den Nahen Osten beherbergt. Die nach Süden weisende Glasfront läßt für das sommerliche Arbeitsklima nichts Gutes erwarten.

Auf dem Hügel westlich davon steht das **Große Serail** (8). Es entstand ab 1853 als Nachfolger eines Bauwerks, dessen Fundamente im Norden des Märtyrerplatzes ausgegraben wurden, ursprünglich Kaserne, dann seit 1943 Regierungssitz. Der Uhrturm von 1897 ist das bekannteste Denkmal dieses Komplexes. Davor, und in den Archäologischen Weg integriert, stehen in einem kleinen Park die Reste einer **Römischen Badeanlage** (9) mit gut erhaltener Unterbodenheizung, Wasserbecken und Steinmosaik.

Folgt man der Rue Riad as-Solh nach Norden zur heutigen West-Ost-Hauptachse der Altstadt, der Rue Weygand, erreicht man den **ehemaligen Sukbereich** (10). Er wurde fast vollständig abgetragen, nur das letzte mameluckische Bauwerk der Stadt, das Mausoleum (Zawiya) des Religionsgelehrten Ibn Iraq al-Dimashqi aus dem Jahre 1517, und die Majidiya-Moschee von 1844 blieben übrig. Ausgrabungen brachten byzantinische Läden hinter den römischen Portiken ans Licht, ein spätrömisches Haus mit wunderschönem Eßzimmer-Bodenmosaik, Reste von Dutzenden weiterer Häuser aus hellenistischer, römischer und byzantinischer Zeit, deren Kleinfunde entnommen wurden und die alle von den neuen Suks samt Goldsuk, Einkaufszentrum, Großkaufhaus, Multiplexkino und anderen Einrichtungen überbaut wurden.

Die romanischen Apsiden illustrieren die Entstehung der Al-Omari-Moschee als Kreuzfahrerkirche

Auch ein Teil der **fatimidischen Stadtmauer** (11) samt Graben, die von den Kreuzrittern wiederverwendet worden war, wurde gefunden und soll – irgendwie – in die neuen Suks integriert werden. Was allerdings den 1998 veröffentlichten Plänen von SOLIDERE nicht zu entnehmen ist.

Die Rue Weygand führt nach rechts zum gut renovierten und dank Sandstrahlung cremefarben leuchtenden **Rathaus** (12), das mit seinen Anklängen an die Architektur der Zeit Fakhr ed-Dins den Stil eines griechischen Architekten der Mandatsperiode aufgreift. Gegenüber steht Beiruts Freitagsmoschee, die **Al-Omari-Moschee** (13). Sie wurde

Die römische Badeanlage wird Teil des geplanten Archäologischen Pfades

Archäologen gegen Planer

Der Kampf um Beiruts Untergrund

Seit sich Archäologen mit der phönizischen Geschichte beschäftigen, wurde beklagt, daß es in Phönizien selbst keine Möglichkeit gibt zu graben, da die alten Städte Sidon, Tyrus und Berytus völlig überbaut wurden. Die Ausgrabungen in Byblus waren niemals wissenschaftlich einwandfrei publiziert, diejenigen in Baalbek von den deutschen Ausgräbern nie auf das phönizische Niveau getrieben worden. Fast alles, was die Archäologen über die phönizische Kultur ans Licht brachten, stammte aus den Kolonien, aus Kition (Zypern), Karthago (Tunesien), Lixus (Marokko), Motya (Sizilien), Sulcis (Sardinien) oder Cádiz (Spanien). Die Ausgrabungen im syrischen Ugarit deckten eine vorphönizische Stadt auf und stellten so viele Fragen über die Ursprünge der phönizischen Kultur, daß nur weitere Funde in den drei noch nicht ergrabenen phönizischen Mutterstädten Licht auf die Zusammenhänge zu werfen versprachen.

Die Zerstörung der gesamten Innenstadt von Beirut und die Entscheidung, die Ruinen abzutragen und einen großzügigen Wiederaufbau vorzunehmen, ließ die Archäologen in der ganzen Welt hoffen, daß nun endlich die Gelegenheit gekommen sei, der phönizischen Kultur auf den Zahn zu fühlen. Berytus war eine der fünf oder sechs wichtigsten Städte der Phönizier gewesen, die Ausgrabung einer vollständigen phönizischen Stadt würde das Wissen um diese bedeutende Kultur immens vergrößern. Wo die Stadt gelegen hatte, wußte man bereits, bei Fundamentbauten der Vor-Bürgerkriegszeit hatten Archäologen entsprechende Funde gemacht.

Es gab ein böses Erwachen. Der erste staatliche Plan (1991) wies gerade mal 2 % der Altstadt als Zonen für archäologische Grabungen aus. Der Aufschrei der Archäologen wurde von den staatlichen Planern, hinter denen private Interessen standen, ignoriert. Im Februar 1992 gründete die Regierung die Gesellschaft SOLIDERE und beauftragte sie mit dem Wiederaufbau (bis 2018). Daß die Legislative eng in die Leitung von SOLIDERE verflochten war und ist, bedarf kaum einer Erwähnung. Noch bevor der Entwicklungsplan überhaupt veröffentlicht war, begannen Bulldozer mit dem Planieren des osmanischen Sukgebietes.

Die UNESCO war bereits 1991 eingeschaltet worden, doch hatte die regionale Vertretung der Weltorganisation wenig Interesse an der archäologischen Erschließung des Beiruter Untergrundes vor dem Wiederaufbau. Ministerpräsident Hariri unterzeichnete 1993 einen mit der UNESCO abgesprochenen Plan, der die bereits genehmigten Anteile archäologischer Erschließung am Gesamtareal noch einmal beschnitt. Die Archäologen sollten, wenn überhaupt, den Bulldozern folgen, an planmäßige Ausgrabungen im großen Stil war nicht mehr zu denken. Während die Ausgrabungen in den zugewiesenen Zonen begannen – die AUB und Helga Seeden arbeiteten in den Suks, die Lebanese University und Sana Aboul Hosn (und andere) im Bereich des Cardo, IFAPO und Catherine Aubert am Märtyrerplatz –, wandten sich zahlreiche libanesische und ausländische Archäologen, vor allem aber Albert Naccache, ein Semitologe der Lebanese University, an die Weltöffentlichkeit. Die Reaktion war, wie Naccache feststellte, »kosmetisch«: die im Winter 1994/95 grabenden Teams bekamen ihren Arbeitszeitraum um ein paar Monate verlängert, einige weitere Teams wurden eingeladen und konnten, immer nur für wenige Wochen, kleinere Areale ausgraben. Nachdem Bulldozer mehrmals Teile der eben ergrabenen Stadtmauer des phönizischen Tell zerstört hatten, trat der von der UNESCO zur Kontrolle der Aktivitäten von SOLIDERE eingesetzte Archäologe zurück; er wurde durch den Holländer Hans H. Curvers ersetzt, der bis dato die verbliebenen Ausgrabungen leitet.

Restaurierungsarbeiten imViertel um die Rue Foch;
im Hintergrund die frühosmanische Moschee Amir Assaf

Auf 122 Parzellen wurde von Archäologen gegraben, die meisten von ihnen sind schon wieder aufgefüllt, zubetoniert, überbaut. Die Funde wurden in hektischer Eile entfernt, nur wenige Zonen werden eine ausreichende Dokumentation erhalten (wie sie für Suks, Märtyrerplatz, Teile des Tell und ein paar andere Grabungsgebiete bereits vorliegt in: BAAL = Bulletin d'Archéologie et d'Architecture Libanaises 1, 1996, hrsg. v. d. Direction Générale des Antiquités im Libanon, Beirut 1997; ein zweiter Band ist in Vorbereitung). Während SOLIDERE in Hochglanzprospekten seine Bemühungen um die archäologische Erschließung Beiruts rühmte, begannen Bulldozer 1994/5 mit der Planierung der Altstadt. Bilder, wie man sie auf der Broschüre bewundern kann, wird man in Wirklichkeit nicht mehr sehen können, die Fundorte wurden zugeschüttet und sollen überbaut werden. Viele Versprechen sind nicht eingehalten worden: die mit Mosaiken geschmückten Läden in der römischen Kolonnadenstraße unter dem Suk sollten *in situ* erhalten werden: die Mosaiken wurden entfernt, die Läden zugeschüttet.

Inzwischen wuchs die neue Altstadt, wurde das Viertel um die Rue Foch bis 1998 fast völlig renoviert, warten Großbauten der öffentlichen Hand, des Handels, Banken und Einkaufszentren, Hotels und Apartmenthäuser auf den Startschuß für den Baubeginn (die Vorstellungen von SOLIDERE sind im Annual Report 1997, hrsg. v. SOLIDERE, Beirut 1998, zusammengefaßt; Infos über http://www.solidere.com.lb). Beiruts neue Altstadt soll eine moderne Innenstadt werden, praktisch und trendgerecht, post-postmodern und so individuell wie ein Hamburger von McDonald's. Böse Zungen sagen, auf weitere Ausgrabungen müsse man wohl bis nach der nächsten Katastrophe warten.

ab 1115 von den Hospitalitern als Kirche des hl. Johannes errichtet und enthält heute noch eine verehrte Reliquie des Täufers, der auch zu den Propheten des Islam gehört. Die Hauptapsis und Nebenapsiden sind, besonders von außen, noch ganz in der romanischen Bausubstanz erhalten, das Innere als Kreuzritterbau zu erkennen fällt dem ungeübten Auge schon schwerer.

Einen Steinwurf entfernt steht ein frühosmanischer Bau mit mehreren Kuppeln, die **Amir Assaf-Moschee** (14; auch Brunnenmoschee genannt). Im Hof sieht man acht römische Säulen.

Das größte erhaltene und vorbildlich renovierte **Stadtviertel aus der Mandatszeit** (15) liegt zu beiden Seiten der Rue Foch. Hier kann man sich im **SOLIDERE-Informationsbüro** (16) über den neuesten Stand der Arbeiten am BCD erkundigen oder einfach die ausliegenden Pläne und Modelle studieren.

Westbeirut – Rue Hamra

Westbeiruts geschäftigste Gegend liegt im Viertel Hamra um die Rue Hamra. Westbeirut hat kaum Sehenswürdigkeiten, aber kein anderes Viertel Großbeiruts kann sich mit Hamra messen, wenn es ums großstädtische Leben geht. In Hamra wird eingekauft, sitzt man in den Straßencafés und unterhält sich oder spielt mit dem Handy, besucht man in einem der zahlreichen Kinos den Film, der gerade in der Zeitung besprochen wurde, die man bei einem der gut sortierten Buch- und Presseläden erworben hat. Hier liegen dicht an dicht Hotels, Restaurants und Kaffeehäuser, Fast-Food-Buden, Buchläden, Boutiquen, Banken, Läden für alles und für alle. Die Klientel sitzt, schlendert oder fährt: ein nicht endender Autostrom wälzt sich durch das Einbahnstraßensystem. Hier lag das ›Paris des Vorderen Orients‹ der Vor-Bürgerkriegszeit; der Vergleich war wohl nie sonderlich passend und bezog sich damals wie heute auf die Straßencafés. Während des Bürgerkriegs entmischte sich die Bevölkerung des Viertels wie die Klientel; die meisten Botschaften zogen sich in den christlichen Osten oder gar (wie die deutsche) in die Berge zurück, inzwischen plant man allenthalben die Rückkehr. Unvergessen sind die Bomben, die den Alkohol verkaufenden Händlern in den Laden geworfen wurden, aber niemand würde heute ernsthaft daran denken, ein Café in die Luft gehen zu lassen, weil dort Alkohol ausgeschenkt und sogar – undenkbar noch vor einem Jahrzehnt – öffentlich konsumiert wird!

Ein Spaziergang durch Hamra könnte am Gebäude des **Ministeriums für Tourismus und Information** (17) beginnen, wo sich auch Touristenpolizei und Touristeninformation befinden. Der Bummel über die Rue Hamra führt an der nur zu Gottesdienstzeiten geöffneten römisch-katholischen **Franziskuskirche** (18) vorbei und am Vorkriegs-Café de Paris. Unbedingt besuchenswert ist die **Librairie Antoine** (19) auf derselben Straßenseite, Beiruts Buch- und Zeitschriftenladen mit der größten

Auf der folgenden Doppelseite: **Beirut,** Plan des Stadtgebiets 17 Ministerium für Tourismus und Information 18 Franziskuskirche 19 Librairie Antoine 20 Leuchtturm 21 Goethe-Institut 22 American University of Beirut (AUB) 23 Griechisch-orthodoxe Marienkirche 24 Hotel Bristol 25 Concorde-Complex 26 Amtssitz des Premierministers 27 Park Sanaiyeh 28 Museum der AUB 29 Avenue de Paris 30 Kap Ras Beirut 31 Arus al-Bahr 32 Stadtviertel Rausheh 33 Traubengrotte 34 UNESCO 35 Verdun 36 Rue Mar Elias 37 Rue Basta 38 Griechisch-katholische Kathedrale 39 Französisches Kulturinstitut 40 Nationalmuseum 41 Rue Gouraud 42 Sursock-Hügel 43 Musée Nicolas Ibrahim Sursock 44 Außenministerium

Mittelmeer
Corniche (Avenue de Paris)
RAS BEIRUT
I.C.
AIN EL-
MREISSEH
Rue Bliss
Rue Sidani
Rue Sourati
Spital
Rue de Rome
JONBLAT
Banque
du Liban
Rue Banque de
MANARA
Rue Sadat
Rue Ramra
Rue Jeanne d'Arc
Rue Omar Ben Abdel Aziz
L.A.U.
KOREITEM
SANAIYEH
P.C.
RAUSHEH
SNUBRA
Friedhof
TALLET
AD-DROUZ
Rue Taky ed-Din es-Solh
AIN ET-TINE
Rue de l'Independance
S.S.I.
Rue
Mozart
UNRWA
DAR AL-
FATWA
Rue de l'Australie
Corniche (Avenue de Général de Gaulle)
Rue Verdun
Rue ar-Rachidin
Rue Mama
Rue Mar Elias
VERDUN
T.V.
Rue Mazraa
RAMLET
AL-BAIDA
TALLET
AL-KHAYAT
Rue de l'Unesco
Boulevard Saeb Salam
UNESCO
Avenue Rafic al-Hariri
Rue Habib Abi Chahla
Rue Mossaitbé
UNESCO
Rue de la Republique
N
0
500 m
17
18
19
20
21
22
23
24
25
26
27
28
29
30
31
32
33
34
35

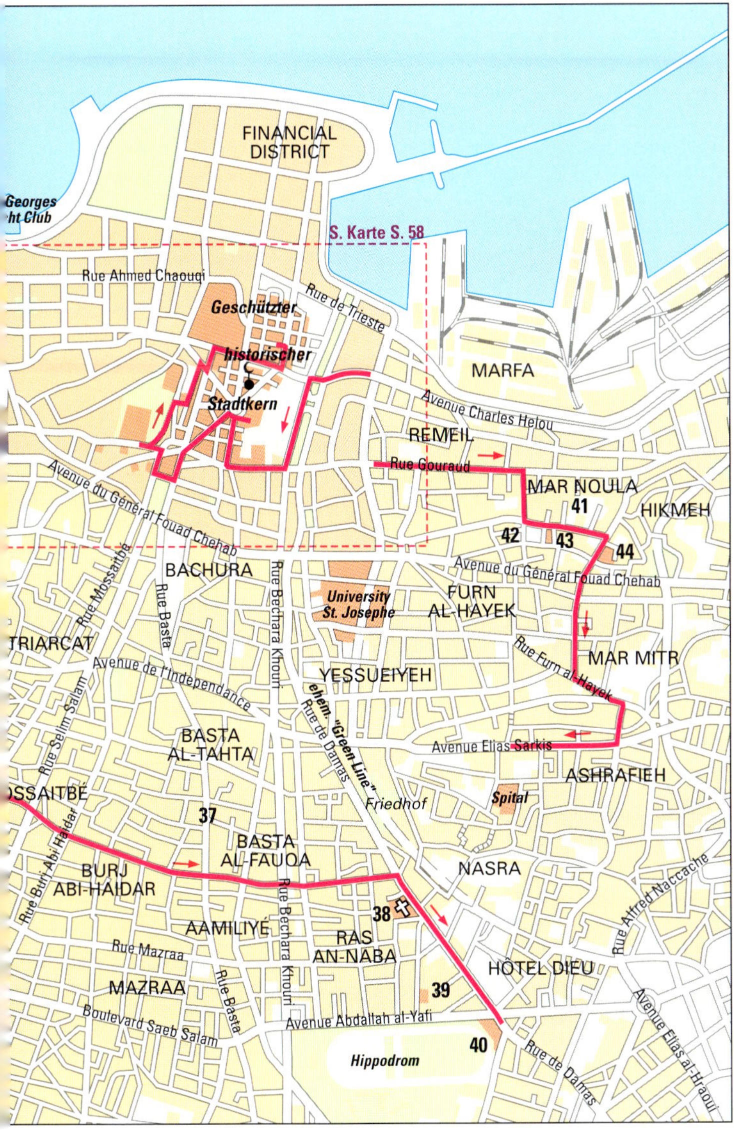

FINANCIAL DISTRICT
Georges
ht Club
S. Karte S. 58
Rue Ahmed Chaouqi
Rue de Trieste
Geschützter historischer Stadtkern
MARFA
Avenue Charles Helou
REMEIL
Rue Gouraud
MAR NOULA
41
HIKMEH
42
43
44
Avenue du Général Fouad Chehab
BACHURA
Rue Bechara Khouri
Rue Basta
Rue Mossaitbe
University St. Josephe
FURN AL-HAYEK
TRIARCAT
Avenue de l'Independance
YESSUEIYEH
MAR MITR
Rue Furn al-Hayek
ehem. "Green Line"
Rue de Damas
Rue Selim Salam
BASTA AL-TAHTA
Avenue Elias Sarkis
ASHRAFIEH
OSSAITBE
Friedhof
Spital
37
BASTA AL-FAUQA
NASRA
Rue Burj Abi Haidar
BURJ ABI-HAIDAR
38
Rue Alfred Naccache
AAMILIYÉ
RAS AN-NABA
Rue Mazraa
HÔTEL DIEU
MAZRAA
39
Avenue Elias al-Hraoui
Boulevard Saeb Salam
Avenue Abdallah al-Yafi
40
Hippodrom

Auswahl nichtarabischer Titel. An der Rue Sadat empfiehlt es sich, nach rechts zur Rue Bliss zu gehen und über diese das westliche Ende der Halbinsel Beirut zu erreichen, den **Leuchtturm** (20) am Ras Beirut (so heißt der Stadtteil rechts der Rue Bliss, links heißt er Manara, was Leuchtturm bedeutet). Das **Goethe-Institut** (21) und die Deutsche Schule liegen im Bogen, in dem die Rue Bliss zur Küstenstraße hinunterführt.

Zurück auf der Rue Bliss bis zur Rue Jeanne d'Arc, links verläuft die Mauer der American University of Beirut AUB, (22; siehe nächster Spaziergang). In der schmalen Rue Makhoul, die parallel zur Rue Bliss verläuft, steht eine **griechisch-orthodoxe Marienkirche** (23) mit großem Vorplatz, dessen Bäume und Bänke einen willkommenen Ruhepol in der Hektik und dem Lärm von Hamra bilden. Die Ikonostase enthält einige ältere Ikonen, der Marientod (2. v. li.) ist ein besonders schönes altes Stück. Während des Krieges wurde die Kirche, eine Enklave im islamischen Westbeirut, von mehreren christlichen Konfessionen genutzt. Rundum leben wie eh und je, trotz Krieg und Religionskämpfen, Christen und Muslime neben- und miteinander. In ihrem Mikrokosmos des Viertels um die Kirche fühlen sie sich trotz ihrer unterschiedlichen Konfession zusammengehörig. An Orten wie diesem lernt man, so seltsam es in diesem Lande klingt, gleichberechtigtes Zusammenleben.

Durch die Rue Abd al-Aziz erreicht man das südliche Hamra. Das **Hotel Bristol** (24) an der Rue Madame Curie brüstet sich, während des Krieges »nicht einen einzigen Tag geschlossen« gehabt zu haben, was in der Westbeiruter Hotellerie sicher einen Rekord darstellt. Um die Ecke hat sich eines der populärsten Unterhaltungszentren von Beirut entwickelt, der **Concorde-Komplex** (25) mit Kinos, Shopping, Restaurants. Jenseits der Straße liegt der protzige Glaskasten der Banque du Liban et d'Outre Mer. An der Rue Eddé angekommen, liegt links der offizielle **Amtssitz des Premierministers** (26), rechts der große, leider etwas vernachlässigte **Park Sanaiyeh** (27). Die kleine Grünanlage zwischen Rue Eddé und Rue Banque du Liban (Fortsetzung der Rue Hamra) ist der Campus der Fakultät für Rechts- und Politwissenschaften der Universität des Libanon, einer von vier Universitäten, die in Beirut angesiedelt sind.

Durch die Rue Banque du Liban kommt man zurück zum Ausgangspunkt des Spaziergangs; das schöne alte Haus aus der Mandatszeit neben dem Bau der **Nationalbank** (Banque du Liban) sollte man dabei nicht übersehen!

Die Corniche von AUB (American University Beirut) bis UNESCO

Dieser Spaziergang rund um das Vorgebirge, auf dem Westbeirut liegt, ist der konkurrenzlos schönste der Hauptstadt. Das Meer und die felsige Küste hat man eigentlich immer im Blick, im ersten Teil gibt es sogar einen Fußgängerboulevard, der das Bummeln erleichtert, Lokale mit Terrasse und Meeresblick bieten sich für auffrischende Unterbrechungen an. Grün am Anfang und am Ende: der gepflegte Campus der AUB und die Halbinsel südlich der Taubenfelsen. Abends, sonn- und feiertags mit Zehntausenden Beirutis, die im Familienclan oder als Liebespaar die Aussicht genießen, täglich morgens mit heftig pustenden Joggern, Einsamkeit stellt sich zu keiner Stunde ein. Christen, Muslime, Drusen, Alt und Jung, Arm und Reich strömen zur Corniche. Strömen Sie ruhig mit, nirgendwo anders wird man schneller integriert und erfährt mehr über ein Volk, das dem Ausländer mit Interesse und Freundlichkeit begegnet.

Der **Campus der American University of Beirut** (22; Kontrolle am Tor, Ausweis mitnehmen; man gibt am besten das Museum als Grund des Besuchs an!) ist sicher der attraktivste im vorderen Orient und kann sich mit seinen Vorbildern in den USA durchaus messen. Als Syrian Protestant College wurde die Universität bereits 1866 von amerikanischen Missionaren gegründet, 1922 erhielt sie ihren heutigen Namen. Die älteren Gebäude des großen, von Mauern umgebenen Grüngeländes liegen, wie der Rest von Westbeirut, auf einem Plateau etwa 70 m über dem Meer. Ein alter Park, Waldstücke und Rasenflächen ziehen sich hinunter zur Küstenstraße, den neueren Gebäuden und den Sporteinrichtungen. Die Universität, eine der renommiertesten Einrichtungen des nahen Ostens, wird von Studenten aus fast allen arabischsprachigen Ländern besucht. Der Stil ist amerikanisch und cool, die Umgangssprache ist amerikanisch gefärbtes Englisch.

Einige Gebäude der renommierten AUB stammen noch aus der Zeit vor dem Ersten Weltkrieg

Das **Museum der AUB** (28) bietet eine außergewöhnlich interessante und attraktive Sammlung, die im Libanon nur von der des Nationalmuseums übertroffen wird.

Im Ersten Saal stehen rechts die Terrakotta-Figurinen der Zeit von

2300–1900 v. Chr., es sind vor allem Tierfiguren mit aufgesetztem Trichter und Ausguß, die man für Öl- oder Weinopfer am Altar der Gottheit verwendete. Einige von ihnen haben zwei Köpfe, auch ein Dr. Dolittle'sches ›Stoßmich-Ziehdich‹ ist dabei. Frühbronzezeitliche Ware aus Byblus (3100–2900 v. Chr.) fällt durch seine rote Farbe und die einfachen, ›klassisch‹ anmutenden Formen auf. In der Mitte des Saals ist die Vitrine mit Ketten verschiedenen Materials und ebenso verschiedener Herkunft eher eines Heimatmuseums würdig, doch hebt die spätbronzezeitliche Bronzestatuette eines jungen Gottes (darüber) diesen Eindruck wieder auf; sie könnte auch in den berühmteren Sammlungen in Damaskus oder Paris stehen. Eine Vitrine informiert über die Ret-

Grotte aux pigeons, Taubengrotte, heißen die von Klippen und Höhlen zerfressenen Kalkfelsen vor der Küste bei Rausheh

tungsexpedition eines AUB-Teams, die 1974 Shams ed-Din am Euphrat (Syrien) ausgrub, weitere Vitrinen zeigen Metallobjekte und das Modell eines Hauses in Tell al-Amarna (Ägypten). An der linken Wand bewundert man bichrome spätbronzezeitliche Keramik aus Sarepta (1400–1200 v. Chr.), ein schönes Bronzegefäß mit zwei Henkeln aus derselben Zeit und Funde aus Palästina, Ägypten und dem Irak.

Im Zweiten Saal ist die Orientierung etwas erschwert, da zum Teil nach Sammlern und nicht nach Objekttypen ausgestellt wurde. Am besten arbeitet man sich nach rechts zu der Vitrine zwischn den großen Fenstern vor und bewundert die Statuetten mit phönizischen Göttinnen (900–600 v. Chr.), vor allem Nr. 46, zwei nackte Frauen vor einem Schrein. Aus Amrit (Syrien), aber auch aus dem Libanon stammen Funde der Perserzeit, deutlich von griechischer Kunst beeinflußt, die links davon gezeigt werden. Nr. 17, ein weiblicher Kopf (5./4. Jh. v. Chr.), ist ein gutes Beispiel dafür. Klassische griechische, hellenistische, römische und byzantinische Funde bilden den Großteil der weiteren Ausstellungsstücke. Eine römische Goldmaske, Vitrinen mit römischem Glas und spätbyzantinischen wie frühislamischen Fayencen sind neben den insgesamt 81 Bleifigürchen des Jupiter und Merkur aus Heliopolis-Baalbek die bedeutendsten Objekte dieses Saales.

Vom Museum kann man durch den Campus zur Corniche hinuntergehen. Die hier **Avenue de Paris** (29) genannte Corniche führt am sündteuren Riviera-Hotel mit privatem Yachthafen vorbei und wendet sich beim **Kap Ras Beirut** (30) nach Süden. Hier beginnt eine Reihe von felsigen Vorsprüngen und tiefen Meereseinschnitten, auf denen sich zum Teil nicht öffentlich zugängliche Bauten (Privatklubs, Armeebad) befinden. Nachdem man den hoch oben links liegenden Leuchtturm des Hamra-Spaziergangs passiert hat, erreicht man einen Vergnügungspark, vor dessen Eingang rechts die schmale Landzunge **Arus al-Bahr** (31) mehrere Restaurants und Cafés trägt. Hier zu unterbrechen und Luft, Meeresblick, Arrak und Mezze oder auch nur einen Kaffee zu genießen, ist praktisch Pflicht.

Die Küstenstraße steigt nun durch unbebautes Gelände zum Stadtteil **Rausheh** (32) an, einem teuren Viertel mit zahlreichen Apartmenthäusern, das sich hier hoch über den lotrechten Klippen als Restaurant- und Caféмeile darstellt. Der Blick auf die Bucht ist zauberhaft, liegen doch in dem blauen Halbrund die Felsen der **Taubengrotte** (33), zwei hohe Felseninselchen, die von der Brandung unterhöhlt wurden, so daß es aussieht, als wollten sie jeden Moment einstürzen. Die Halbinsel südlich davon ist unverbaut, am Abend und am Wochenende sind hier viele Menschen unterwegs, um sich zu entspannen, den Booten zuzusehen, die um die Taubenfelsen kreisen, und den Jungen, die ein

Mannbarkeitsritual abwickeln, indem sie auf den sehr engen parallelen Sandsteinbänken, aus denen die Felsen aufgebaut sind, möglichst hoch hinaufturnen. Von den Straßencafés und Fast-Food-Gaststätten oben an der Corniche sieht man diese Seite der Felsen nicht.

Südlich der Taubenfelsen ebbt die Corniche ab, was ihr weltstädtisches Äußeres betrifft, sie wird bald zur reinen Schnellstraße. Das südlich gelegene Viertel **Unesco** (34), so nach der regionalen UNESCO-Behörde benannt, mit seinen Hotels und Fakultäten der Universität des Libanon, sollte man eher per Taxi besuchen.

Quer durch den Süden Westbeiruts zum Nationalmuseum

Dieser Spaziergang zeigt beispielhaft, wie scharf die Grenzen der ethnisch-religiösen Mikrokosmen sind, aus denen Beirut besteht. Doch unabhängig von ihrer Religion und kulturellen Zugehörigkeit werden die Beirutis jeden Besucher willkommen heißen, oft so freundlich wie die mit Kopftuch und langem grauen Kleid verhüllte Verkäuferin, die in der Patisserie Mozart Croissants und Mürbteigplätzchen mit Pistazien verkauft.

Der Spaziergang könnte im Stadtteil **Verdun** (35) beginnen, wo schikke Wohntürme an der Rue Verdun und der Rue Mazraa, eine Filiale des Pariser Patissiers Lenôtre oder das Café ›Pain de Paris‹ in der Rue Mama französisches Vorbild beschwören und den Reichtum der Bewohner förmlich riechen lassen. Die **Rue Mar Elias** (36) in diesem Bereich ist eine der schicksten Einkaufsstraßen ganz Westbeiruts, und sie ist ohne jeden Zweifel christlich.

Die parallelen Straßenzüge Rue Mossaitbé und Rue Burj Abu Haidar sind ein ethnisch-religiöses Übergangsgebiet; östlich dominieren Muslime. Aber auch im islamischen Westbeirut gehen keineswegs alle Frauen verschleiert, gibt es Hosenanzüge und schicke Kleider und im Supermarkt dasselbe Warenangebot wie im christlichen Osten, es fehlen nur die Alkoholika und die französischen Importprodukte am Metzgerstand. Viele Balkone sind verhängt; gerade die schiitischen Familien haben traditionelle Vorstellungen über die Rolle der Frau in der Gesellschaft. Hier und dort sieht man Frauen, sie sind völlig in Schwarz gekleidet und tragen auch über dem Gesicht einen dichten Schleier. Jenseits der **Rue Basta** (37) haben sich einige schöne ältere Bauten aus der Zeit vor dem Ersten Weltkrieg erhalten, die noch die osmanischen Holzbalkone besitzen (auf halber Strecke die oben erwähnte Patisserie Mozart!).

Jenseits der Rue Bechara Khouri ändert sich das Bild wieder schlagartig. Man betritt ein christliches Viertel, das bis zur Rue de Damas reicht, wo sich die **griechisch-katholische Kathedrale** (38) befindet. Die Rue de Damas bildete über fast

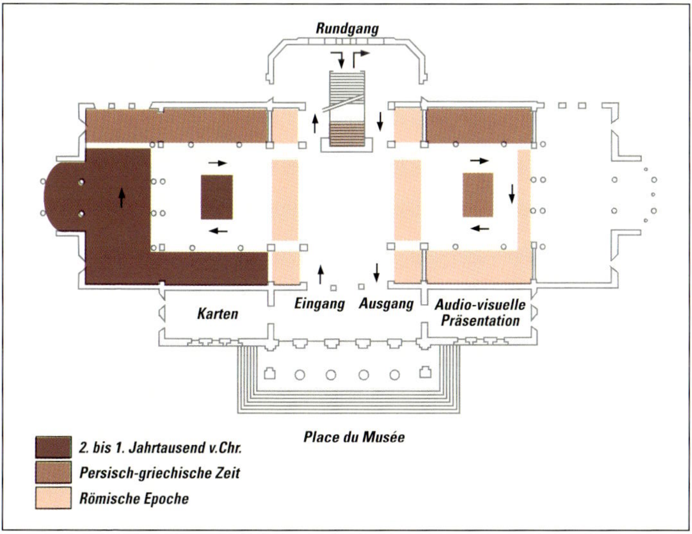

Erdgeschoß des Nationalmuseums

ihre gesamte Länge die Green Line. Nahezu alle ihre Häuser wurden zerstört, und nicht bei jedem ist Wiederaufbau geplant. (Banken geben kaum Privatkredite, da das öffentliche Kreditvolumen enorm ist.) Etwas weiter südlich liegt das **Französische Kulturinstitut** (39). Von dort sieht man schon das Ziel dieses Spaziergangs: das Nationalmuseum.

Die ägyptisierende Fassade des **Nationalmuseums** (40) verbirgt eine der bedeutendsten Sammlungen der Welt zur vorderasiatischen Kunst. Während des Bürgerkriegs war das Museum geschlossen, die Bestände wurden zum Teil ausgelagert und zumeist einbetoniert – das Gebäude lag unmittelbar an der Green Line! Nach 1995 wurde der Bau umfassend renoviert und 1997 teileröffnet, allerdings sind bis jetzt nur Erdgeschoß und Untergeschoß zu besichtigen.

Der Mittelsaal, den man zuerst betritt, ist wie der Großteil des rechten Flügels der römischen Epoche gewidmet, das großflächige Mosaik der ›sieben Weisen‹ aus Baalbek nimmt die Mitte ein. Sarkophage aus Tyrus (besonders reizvoll jener der ›trunkenen Eroten‹!) und ein Steinmodell des Tempels von Niha stehen (u. a.) links, rechts hinten befindet sich noch ein Steinmodell, ein römisches Theater aus Baalbek. Rechts ziehen weitere Prunksarkophage aus Tyrus (alle 2. Jh. n. Chr.) den Blick auf sich, besonders Nr. 2054, auf dem über einem Relief zur Achilleslegende die Skulpturen eines älteren Ehepaares in typisch römischer Porträtgenauigkeit auf dem Sarkophagdeckel lagern.

Im Saal rechts vom Mittelsaal stehen weitere Objekte aus der römischen Epoche, auffallend die in der Mitte freistehende Tribüne aus dem Eschmun-Heiligtum bei Sidon, ein übermannsgroßer Göttersitz auf einem Postament, dessen Seiten mit Reliefs der Götterversammlung, von Tänzern und Musikern geschmückt sind. An der Wand rechts davon stehen Grabstelen, Brandaltäre und, besonders eindrucksvoll, der ›Kopf des Dionysos‹, eine Plastik aus Tyrus, die wegen der deutlich erkennbaren Hörneransätze im Haar wohl eher einen Satyr darstellen dürfte. Die linke Seitenwand ist der persischen und hellenistischen Periode gewidmet; die bedeutendsten Funde sind die unterlebensgroßen Votivplastiken kleiner Jungen, die mit Tieren (Taube, Schildkröte) spielen, aus dem Eschmun-Heiligtum bei Sidon.

Im Raum zur Linken des Mittelsaals konzentriert sich das Interesse zunächst auf den freistehenden Sarkophag des Ahiram aus Byblus (jetzt als aus dem 10. Jh. v. Chr. stammend angegeben), der von seinem Sohn Ithobaal in Auftrag gegeben wurde. Das Reliefbild zeigt den thronenden König, dem von einem Priesterzug

Knabe mit Vogel. Die Skulptur des 4. Jh. verbindet in typisch phönizischer Weise ein stereotypes Gesicht vorderasiatischer Tradition mit der Individualisierung des Körpers, die man von frühhellenistischen Kunstwerken her kennt

Opfer gebracht werden; an der Basis vollplastische Löwen: eine eindrucksvolle Darstellung, doch noch bedeutender ist die frühphönizische Inschrift (der Sargdeckel wird an der Wand dahinter gesondert gezeigt). Auf der linken Seite stehen Stelen und Reliefs ägyptischen Einflusses aus Byblus und Tyrus, darunter eine schön gearbeitete Stele Sethos' I. (13. Jh. v. Chr.), auf der er, vom Falkengott Horus beschützt, seine Feinde schlägt. Auf der rechten Seite sind Sarkophage und Astarte-Throne aus der Perserzeit ausgestellt, aber auch der riesige Thron des Eschmun (4. Jh. v. Chr.).

Durch den linken Saal gelangt man in einen Raum, der von dem direkt gegenüber dem Eingang stehenden Koloß aus Byblus, einer 3,70 m hohen, plumpen, ägyptisierenden Statue, dominiert wird. Links von ihr ist ein Steinanker aus Byblus (19./18. Jh. v. Chr.) aufbewahrt, neben Grabstelen aus Tyrus mit Gesichtsdarstellungen (8./7. Jh. v. Chr.) und zwei ägyptisierenden (oder ägyptischen) Sphingen des 2. Jt. v. Chr. Rechts beeindruckende Funde des Eschmun-Tempels bei Sidon aus der Perserzeit, Stierprotomen, Kapitelle und riesige Säulenbasen wie steinerne Kissen, Meisterwerke persischer Reichskunst.

Im Untergeschoß liegen 27 menschenähnlich geformte Sarkophage aus Sidon, die seit 1901 gefunden wurden. Nur die Gesichter der Sarkophage sind beleuchtet, die steinernen Augen scheinen durch die Dekke in die Unendlichkeit zu starren.

Ostbeirut – Mar Nqula und Ashrafieh; Burj Hammud

Ostbeirut ist das christliche Beirut, was weder heißt, daß es ausschließlich von Christen bewohnt ist, noch, daß Christen nicht auch (wieder) in Westbeirut wohnen. Trotz dieser Einschränkungen: Ostbeirut gibt sich kosmopolitischer, internationaler, sprachenkundiger (was aber nicht zutrifft) und lockerer als der Westen, die Autos sind größer und die Häuser teurer, die Frauen tragen kürzere Röcke und die Männer modischere Anzüge. Die Wegwerf-Mentalität ist in beiden Teilen Beiruts gleichermaßen verbreitet, was sich auch auf die Häuser und die Denkmäler der Vergangenheit bezieht: was man nicht mehr braucht, reißt man ab, läßt es vom Bulldozer planieren und baut neu darauf, auch und gerade im übertragenen Sinne.

Lassen Sie sich vielleicht zum Collège Sacré-Cœur in der Rue Gouraud bringen, das kennen die meisten Taxler. Das **Viertel Mar Nqula** (hl. Nikolaus) ist von der Bausubstanz her eines der ältesten von Beirut, viele Häuser stammen noch aus der Zeit vor dem Ersten Weltkrieg. Ein Bummel durch die **Rue Gouraud** (41) und ihre Nebengassen zeigt dies deutlich. Eine steile Treppe führt hinauf zum **Sursock-Hügel** (42), einem von Villen der Gründerzeit, Gärten und kleinen Privatparks locker bestandenen Hügel mit (von der Beletage der Villen) schönem Blick auf die Bucht von Beirut. Den Namen hat der Stadtteil von einer Händlerfamilie, die im Krimkrieg ihr Vermögen machte und hier oben im damals noch unverbauten Gebiet eine Villa errichtete, die heute besichtigt werden kann, das Museum Sursock.

Das **Musée Nicolas Ibrahim Sursock** (43), wie sein vollständiger Name lautet, ist ein großbürgerliches Stadthaus des frühen 20. Jh., dessen Architektur und Innenausstattung eine gelungene Synthese aus französisch-westeuropäischen Einflüssen der damaligen Zeit und syrisch-libanesischer Tradition darstellt. Die dreistöckige Anlage mit geschwungener doppelter Freitreppe liegt in einem mit antiken Skulpturen geschmückten Garten. Sie ist zweifellos französischen Vorbildern nachempfunden, die Bauausstattung aber zitiert maurische und syrische Vorbilder, besonders in den Hufeisenbögen über Fenstern und Türen. Drinnen ist besonders der zentrale Aufenthaltsraum mit seiner Damaszener Decke zu bewundern, die maurische Stuckierung, die Holzeinlegearbeiten und insgesamt die auch hier frappante und ästhetisch akzeptable Kombination orientalischer und europäischer (barocker) Stiltraditionen. Das Museum wird für städtische und private Ausstellungen genutzt.

Geht man die Rue Sursock, an der das Museum liegt, weiter nach Osten, passiert man eine der größten Villen mit Privatpark in diesem Viertel, bevor man unvermittelt die geschäftige Zone um das **Außenministerium** (44) erreicht. Geht man nach Überquerung der Avenue du Général Fouad Chehab auf der Rue Zahrat el-Ihsan nach Süden weiter, wird die Umwelt zunehmend schikker, besonders am Hügel **Ashrafieh;** dort sieht man teure Wohnbauten, Hotels (z. B. Le Gabriel) und Banken (z. B. der Neubau der Byblos-Bank mit 21 Stockwerken) an der Avenue Elias Sarkis. Auch an guten Restaurants ist hier kein Mangel, so wenig wie an Fast-Food-Lokalen, Bars und Discos.

Rein administrativ gesehen gehört **Burj Hammud** ebenso wenig zu Beirut wie die östlichen und nordöstlichen Vororte, die den Berg hinaufklettern und die Küste entlang wuchern. Die Grenze Beiruts verläuft nämlich entlang des Nahr Beirut, alles, was östlich liegt, gehört in die Provinz Mont Liban. Tatsächlich ist Burj Hammud so sehr ein Teil von Beirut wie Altona von Hamburg vor der Eingemeindung. Das Viertel ist äußerlich wenig reizvoll, doch haben ihm seine vorwiegend armenischen Bewohner eine Atmosphäre verliehen, die es für ausländische Besucher interessant macht. Sie zu beschreiben ist kaum möglich, sie setzt sich aus Eindrücken zusammen, die so unterschiedlich sind wie die Menschen, die hier wohnen: armenische Beschriftungen, armenische Kirchen und kleine Glaskästen vor den Häusern, in denen Puppen von Heiligen aufgestellt sind; ungewohnte Lebensmittel in den Läden und Gesichter, die anders geschnitten sind als im sonst arabischen Libanon; Gerüche, die

Das Museum Sursock wurde in der Privatvilla eines reichen Kaufmanns eingerichtet; der orientalisierende Bau stammt aus der Gründerzeit

an Zentralasien erinnern, eine eher neutrale als freundliche Gestimmtheit, die den Fremden auf Distanz hält, ohne ihn zu verletzen.

Die Vorfahren der etwa 150 000 hier lebenden Armenier kamen nach den türkischen Massakern an ihren Landsleuten als Flüchtlinge in den Libanon, als ihnen die französische Mandatsregierung 1924 diese Möglichkeit gab. Während des Bürgerkrieges blieb die armenische Gruppe neutral, notfalls mit Waffen Einmischungen abwehrend, was sich in der Erhaltung der Bausubstanz bezahlt machte. Mehrere Tageszeitungen erscheinen in armenischer Sprache, eine Radiostation sendet für die Volksgruppe, in mehreren Schulen wird in der Sprache von Burj Hammud unterrichtet; die Leute sind besonders gebildet, fast jeder hier spricht mehrere Sprachen: Armenisch, Arabisch, Englisch und Französisch.

Information: Das Hauptbüro der Touristeninformation befindet sich im Parterre des Tourismusministeriums, auf demselben Stockwerk wie die Touristenpolizei: 550 Rue Banque du Liban, Hamra, ✆ (01) 34 30 73, Fax (01) 34 09 45/43 32 79.

Nach Beirut zu kommen ist relativ leicht, viel schwerer ist die Fortbewegung in der Stadt und die Fahrt in andere Teile des Landes. Es gibt keinen zentralen Busbahnhof, von festen Fahrplänen ganz zu schweigen.

Innerstädtischer Verkehr: Offizielle innerstädtische **Busse** fahren auf 27 Linien, eine Liste der Linien mit den Haupthaltepunkten gibt es in der Touristeninformation. Alle Halte sind fakultativ, man muß also wissen, wohin man will. Routen können sich, auch wegen der ständig neu eröffneten und geschlossenen Straßen, jederzeit ändern. Das Personal spricht normalerweise nur Arabisch, man kommt also mit der Frage nach ›Bain militaire‹ (dem Ausgangspunkt von fünf Buslinien) nicht weit, da der Fahrer nur die Bezeichnung ›Hammam askari‹ kennt, was im übrigen dasselbe bedeutet. Die Fahrten sind spottbillig, zwischen LL 250 und LL 500 müssen Sie rechnen. Die Busse verkehren auch über die Stadtgrenze hinaus, etwa nach Junieh oder von Burj Hammud nach Baabda. Parallel zu den offiziellen Buslinien fahren noch billigere private Minibusse, zu erkennen an den Ausrufern, die während der Fahrt in der offenen Tür hängen und den Namen des Zieles rufen; für Touristen kommen sie kaum in Frage, weil man selten den Ruf versteht.

Die offiziellen **gelben Taxen** vom Flughafen in die Stadt haben Tarife, die maßlos überteuert sind (derzeit US$ 25,–), man hat aber keine Wahl, will man sich nicht einem der Illegalen anvertrauen, die etwa die Hälfte fordern. Allenfalls kann man samt Gepäck etwa 250 m in Richtung Stadt laufen, dort liegt die Haltestelle der Linie 7, die zum Bain Militaire führt, wo man gut in ein normales Taxi umsteigen kann.

Innerhalb Beiruts und seiner Vororte kosten Fahrtabschnitte mit dem **Linientaxi** zwischen LL 1000 und LL 2000. Knotenpunkte im Beiruter Raum sind die Plätze Cola und Barbir im Süden Beiruts und Dora (Daura) in Burj Hammud an der Strecke nach Junieh.

Von Beirut in den Libanon: Reguläre **Busse** gehen in fast alle größeren Orte, sie sind meist klimatisiert, die Plätze werden nach Nummern vergeben und sind sehr billig. Leider gibt es keinen zentralen Busbahnhof, obwohl im Gare Charles Hélou ein großer, neuer Busbahnhof für diesen Zweck bereitsteht. Die meisten Busse gehen vom Cola-Platz ab, die Tripoli- und Damaskusbusse jedoch vom Busbahnhof Charles Hélou. **Servicetaxen** nach Tripoli gehen vom Barbir-Platz ab, solche nach dem Süden und in die Beqaa von Cola, nach Damaskus von Dora. **Tip:** Wenn Sie nach dem Norden, dem Nordosten oder nach Damaskus wollen, ist Dora der beste Ort, weil dort alle Busse und Servicetaxen, die irgendwo in Beirut abgefahren sind, noch einmal halten.

Alle paar Tage eröffnet in Beirut ein neues Hotel, die Überkapazitäten sind so groß, daß kaum jemand den offiziellen Preis bezahlt. Bis auf den Sommer, wenn Gäste aus den Vereinigten Arabischen Emiraten und vom Golf ganze Stockwerke mieten, ist ein ›Special Price‹ fast immer zu haben – und der kann schon mal nur 50 % des offiziellen Tarifs betragen!

In Hamra: ****A **Commodore,** Rue Commodore, zentral gelegener Luxus: japanisches, französisches und libanesisches Restaurant, Schallschutzfenster und Top-Service, zwei Minuten von der Hamra-Straße, im Bürgerkrieg *die* Journalistenhochburg, ✆ (01) 35 04 00, Fax (01) 34 58 06/7; ***A **Marble Tower,** Rue Makdissi, für die internationalem Standard angemessene Qualität preiswert, amerikanische Saloon-Bar, ✆ (01) 35 45 86/34 62 60, Fax (01) 34 62 62; **A **Mushrek,** Rue Makdissi, einfach, sauber und billig, ✆/Fax (01) 34 57 73; (o. Kat.) **West House Residence,** Rue Sidani/Rue Abd al-Aziz, Apartments mit Kochnische/TV/Klimaanlage für einfache Ansprüche, sauber, zentral, billig, ✆ (01) 35 04 50/1, Fax (01) 35 24 50.

Ain el-Mreisseh war schon immer ein Luxusviertel; hier das InterContinental

In Ain el-Mreisseh: ****A **Le Vendome InterContinental,** Rue Minet al-Hosn, erst kürzlich zur InterContinental-Kette gestoßen, mit allen Schikanen und Zimmer – mit Aufschlag – mit Blick aufs Meer, hohe Nebenkosten, ✆ (01) 36 92 80, Fax (01) 36 01 69.

In Manara und Rausheh: (o. Kat.) **The Lancaster,** Rue de l'Australie, brandneues ›englisches‹ Hotel der Golden-Tulip-Gruppe, von Südzimmern Meeresblick, Service und Ausstattung werden wohl die Einstufung ****A ergeben, ✆ (01) 79 08 10, Fax (01) 79 08 20; ****B **Riviera,** Corniche in Manara, überschaubares

Hotel internationalen Standards direkt an Corniche mit eigenem Yachthafen – wer wollte da an den Preisen mäkeln? ✆ (01) 37 32 10-9, (03) 61 75 91/2, Fax (01) 60 22 72; ***B **Searock Rotana,** Rue Caracas, sehr gutes Preis-Leistungs-Verhältnis in seiner Klasse, Thai-Restaurant, Zimmer mit Meerblick, ✆ (01) 78 84 88/78 85 88, (03) 26 99 91/3, Fax (01) 80 85 95.

In Snubra: ****A **Bristol,** Rue Madame Curie, eine Institution, *posh* und sehr würdevoll, Klientel mit viel überschüssigem Geld, ✆ (01) 35 14 00/34 63 90, Fax (01) 60 24 51.

Im Süden: INT Summerland, Jnah, kein Hotel, sondern eine Art Clubdorf internationalen Stils mit mehreren schicken Restaurants, Sportanlagen und der Garantie, niemandem zu begegnen, der nach dem Preis fragen muß, ✆ (01) 31 30 30, Fax (01) 31 92 13; **INT Mariott,** Rue Adnan Al-Hakim, Jnah, Nähe Flughafen, deshalb gerade vor Rückflug günstig, wenn man für die frühen Flüge nach Europa nicht unbedingt um vier aus den Federn will. Alle Einrichtungen eines Luxushotels inkl. Kino und Dachschwimmbad, ✆ (01) 84 05 40, (03) 71 10 00, Fax (01) 84 03 45.

In Ashrafieh: (o. Kat.) **Le Gabriel,** mit ****A zu klassifizieren, sehr komfortabel, sehr guter und freundlicher Service, individuell eingerichtete Zimmer, beste Adresse im christlichen Beirut, ✆ (01) 20 37 00/20 38 00, Fax (01) 32 00 94.

Eine überwältigende Auswahl bei überwiegend hervorragender Küche. Die großen Hotels bieten – was nicht selbstverständlich ist – meist sehr gute Restaurants, so das (Kat. 1) **Roof du Bristol** mit französischer Küche. (Kat. 2) **Al-Dar,** Av. du Gen. de Gaulle, Rausheh, eines der besten Mezze-Restaurants der Stadt, etwas abgestandener Schick, Aussicht auf Taubenfelsen, ✆ (01) 86 31 73; (Kat. 3) **Le Rétro,** Rue Sursock, Ashrafieh, französische Küche in einer Villa des Sursock-Viertels, Terrasse und Kellerlokal, ✆ (01) 21 83 94/20 21 18; (Kat. 3) **City Café,** Rue Sadat/Rue Hussein, Koreitem, Meeresfrüchte international mit libanesischem Touch, Terrasse und Straßencafé, ✆ (01) 8 02 28; (Kat. 4) **Anadoli,** Rue Makdissi, Hamra, traditionelle Mezze im ersten Stock unter skurriler Stuckdekoration, ✆ (01) 34 00 51/2; (Kat. 4) **Arus al-Bahr,** Bain Militaire, Ras Beirut, Lokal auf Halbinsel vor Ras Beirut, Mezze auf der Terrasse mit der Nase im Wind; (Kat. 4–5) **Flying Pizza,** Rue Khalidi, Hamra, für Pizza-Fans, Nähe AUB mit entsprechendem Publikum.

Café de Paris, Rue Hamra, und Mövenpick-Wimpy an der Kreuzung Rue Hamra/Rue Abd al-Aziz sind zwei der angenehmsten Boulevardcafés in der Stadt, das letztere serviert exzellenten Cappuccino. Internet-Zugang bietet das Web Café in der Rue Khalidi, ✆ (01) 34 88 80/1, außerdem eine enorme Drinks-Auswahl mit denkwürdigen Tequilas. Live-Jazz hohen Anspruchs bietet das Blue Note in der Rue Makhoul, ✆ (01) 74 38 57, das sehr populär ist und schon mal vom Goethe-Institut für dessen Programm gewählt wird. Zwei konkurrierende Hard Rock Cafés bieten preislich gehobene Imbisse und Musik, in Ain el-Mreisseh, ✆ (01) 36 90 79/37 12 47, und im Commodore-Center, Rue Rachid Karameh, ✆ (01) 78 34 43, (03) 65 80 07. An der Stelle, wo die Boote zu den Taubenfelsen abfahren, liegt ein schlichtes Open-Air-Café, wo Sie auch ein Bier bekommen können: Atmosphäre inklusive!

Patisserien: Zeina, Rue Marie Eddé, Al-Sanayeh, schickes Ambiente, klassische syrisch-libanesische Süßigkeiten, ✆ (01) 35 41 59/35 15 87; al-Hallal Fils, traditionell, 1881 gegründet, gegenüber

Taubenfelsen; Lenôtre, Rue Er-Rachidine, Tallet el-Khayat, Niederlassung des Patisserie-Zaren aus Paris, ✆ (03) 65 24 51.

Das Angebot an Discos und Nachtclubs quillt über und wird ständig erweitert, besonders laut geht es in Sinn el Fil (südlich Burj Hammud) im B-018 zu, ✆ (03) 80 00 18/81 06 18, besonders *soigné* und teuer im ›Super Night Club‹ Farid al-Atrach in Rausheh, ✆ (01) 80 14 41/2; Bauchtanzshows in diversen Lokalen, das Hotelpersonal weiß Bescheid (die Shows beginnen spät, meist erst nach 23.00 h!).

Die zahlreichen Beiruter Kinos zeigen Filme zumeist im Originalton, wer Englisch und Französisch beherrscht, wird also gut durchkommen. Theateraufführungen an mehreren Bühnen finden in arabischer oder französischer Sprache statt. Die Termine und Orte, auch von Konzerten mit klassischer oder Popmusik, finden Sie in der Tageszeitung L'Orient-Le Jour. Kulturinstitute europäischer Nationen bringen ihr eigenes Programm, das Goethe-Institut in der Rue Bliss, P.B. 113–5159, ✆ (01) 74 05 24/74 50 58, Fax (01) 60 35 48, ist diesbezüglich vorbildlich.

Antiquitäten sind teuer und meist aus Europa eingeführt, Trödel-Schnäppchen sind selten. Goldschmuck findet man im Viertel um den Barbir-Platz (am gleichnamigen Krankenhaus) und bei den armenischen Schmuckhändlern in Burj Hammud. Antiquitätenhändler in Hamra, Rausheh und Ashrafieh bieten Einlegearbeiten und Kleinmöbel aus Holz und vielfarbige Hängelampen aus Bronze und Glas an, die z. T. heute noch im Libanon gefertigt werden, aber auch aus anderen arabischen Ländern kommen. Moderne Supermärkte gibt es in fast allen Stadtteilen, in Hamra etwa Bayoud in der Rue Yafat, Ecke Rue Makdissi, mit einer guten Auswahl an importierten Wurstwaren. Alkoholika in Westbeirut in speziellen Läden, in Hamra z. B. Commodore Store in der gleichnamigen Straße Nähe Rue Yafet, in Ostbeirut führen alle Lebensmittelläden Alkohol. Bücher und Zeitschriften in zahlreichen Buchhandlungen an der Rue Hamra und in der Nähe der AUB; die Librairie Antoine in der Rue Hamra, Nähe Rue Jeanne d'Arc, hat die größte Auswahl.

Beiruts einziger freier Strand ist der Abschnitt entlang der Avenue Rafiq Hariri zwischen Rausheh und dem Summerland-Resorthotel. Strandeinrichtungen gibt es keine. Wer schwimmen möchte, besucht einen Privatstrand, der Eintritt kostet ab US$ 5,–, so im Bain Long Beach an der äußersten Landspitze von Ras Beirut. Private Strände besitzen das Hotel Riviera (s. Unterkunft) und der St. Georges Yacht Club in Ain el-Mreisseh, ✆ (01) 36 02 22, die beiden letzteren mit privatem Yachthafen. Für längere Aufenthalte lohnt sich eine befristete Mitgliedschaft, anders kommt man hier nicht hinein.

Geldwechsler gibt es entlang der Rue Hamra, die Kurse entsprechen den Bankkursen; großzügige Öffnungszeiten.

Hauptpostamt in der Rue Riadh al-Solh, in Hamra Postamt Rue Makdissi, beide Mo–Sa ca. 8.00–14.00 Uhr geöffnet.

Einen guten Ruf hat das Krankenhaus der AUB in Hamra, Rue du Caire, ✆ (01) 34 04 60.

Drei Routen zwischen Beirut und dem Libanongebirge

Metn: Beit Meri, Brummana und die Klöster

Das Tal des Nahr el-Kelb und die Jeita-Grotte

Zu den Tempeln von Faqra und zur Afqa-Quelle

Unsere Liebe Frau vom Libanon beschützt die maronitischen Christen des Libanon (Harissa, über der Bucht von Junieh)

Drei Routen zwischen Beirut und dem Libanongebirge

Maronitendörfer und Sommerfrischen, Klöster und Römertempel zwischen Beit Meri und Mtein. Inschriften aus 3500 Jahren am Hundsfluß, Karst um Qlaiaat und in der fantastischen Jeita-Grotte. Der Tempel von Faqra in grandioser Berglandschaft, die Quelle des Adonisflusses in Afqa. Casinokultur in der Bucht von Junieh unter der Marienstatue von Harissa

Metn: Beit Meri, Brummana und die Klöster

Dieser Tagesausflug ab Beirut erschließt die scharf zerschnittene Hügel- und Berglandschaft Metn. Ein schmaler Bergrücken trägt alte Dörfer mit Kirchen und Klöstern, die heute im allgemeinen von Siedlungen des nahen Beirut umgeben sind. Die Klöster Deir al-Qalaa und Mar Chaaya sind Hauptziele einer kurvenreichen, aber auf relativ guten Straßen verlaufenden Fahrt.

In **Jdeideh** sind von den Häusern der alten Ortschaft, die von der Ausbreitung des christlichen Beirut überrollt wurde, nur noch wenige vorhanden. Zu ihnen gehört der Bau, in dem das private **Museum zur Meeresbiologie** der Ozeanographin Jeanine Yazbeck untergebracht ist (Mo–Fr 8.30–13.30 Uhr, Sa/So 15.00–19.00 Uhr, Juli und August Sa/So geschlossen; ✆ (01) 89 15 48, (03) 62 60 69). Die Sammlung zeigt das Leben im Mittelmeer an der Küste des Libanon, selbstverständlich sind auch die Murex, die Purpurschnecken Phöniziens, vertreten.

Die Straße schraubt sich nun auf einen langen Bergrücken hinauf, er trägt die Dörfer des Caza Metn (*caza* ist eine Verwaltungseinheit, die in etwa mit den deutschen Kreisen verglichen werden kann). **Beit Meri** ist eine ausgedehnte Sommerfrische, die man quert, um zum maronitischen **Kloster Deir al-Qalaa** zu kommen. Das Kloster des 18. Jh. steht auf der Kuppe eines Hügels, von dem aus man fast die gesamte Umgebung sehen kann. Das Podium eines großen römischen Prostylostempels bildet das Fundament, die sehr massiven Tempelsäulen flankieren das Portal. Zwei tiefer gelegene Terrassen tragen Gebäudereste, auf der untersten sind ein kleinerer Tempel und Arkaden zu erkennen. Auf der anderen Seite des Zugangssträßchens befindet sich ein größerer Bereich mit weiteren Bauten, u. a. den mit Mosaiken geschmückten Resten einer byzantinischen Kirche.

Zurück auf der Hauptstraße, erreicht man den Bergrücken und durchquert die beliebte Sommerfrische **Brummana,** deren Boutiquen, Supermärkte, Cafés, Discos kilometerlang die Aussicht beherrschen. Das **Kloster Mar Chaaya** liegt etwas abseits der Hauptstrecke, auch dieses Kloster wurde auf einem heidnischen Tempel errichtet. Christliche Mönche aus Mossul (heute Irak) zerstörten 675 den Tempel und bauten ein einfaches Kloster, das ab 1696 durch den heutigen Bau ersetzt wurde, der erst im späten 19. Jh. fertiggestellt wurde. Der älteste Teil des Klosters, die Kapelle des 7. Jh., ein einfacher, tonnengewölbter Raum, ist leider nicht zu besichtigen.

Kiefern begleiten die Straße bei der Weiterfahrt nach Baabdat und (nach dem Erreichen der Straße Antelias–Zahleh) Dur ech-Chueir. Hier und im nahen **Chueir** dominieren schöne alte Steinhäuser das Ortsbild, das in Chueir durch drei Kirchen (katholisch, griechisch-orthodox und protestantisch) zusätzlich betont wird. Von hier ist der Ausblick auf den Kamm des Libanongebirges überwältigend, der Djebel Sannin jenseits des tief eingeschnittenen Tals des Nahr Hardun ist aber noch eindrucksvoller vom Kloster Mar Elias Chueir zu sehen, das etwa 2 km weiter nördlich an einer Nebenstraße liegt. Das Kloster unterhält heute ein staatliches Musikkonservatorium.

Weiter auf der Bergstraße über den immer schmaleren Rücken zur Sommerfrische **Bolonia** (oder ›Bois de Boulogne‹) und weiter nach **El-Mtein.** Den Dorfplatz schmücken zwei Paläste mit Fassaden im drusisch-christlichen Stil des 17. Jh. Es handelt sich um die Stadthäuser lokaler Emire, eines Christen und eines Drusen (ein kleinerer Palast steht in einer Nebengasse). Wunderschön die aus verschiedenfarbigen Steinen zusammengesetzten Portale! Beide Paläste werden derzeit restauriert. Durch weitgehend unberührte Kiefernwälder geht es nun im Tal des Nahr al-Qattara nach Bzibdin. Über Qornaiyel und Ras el-Metn erreicht man wieder Beit Meri und die Straße zurück nach Beirut.

Servicetaxis ab Beirut (Cola) nach Beit Meri und Brummana sowie ab Antelias nach Bikfaiya und Dur ech-Chueir.

In Beit Meri: INT **Al-Bustan,** das Feinste vom Feinen, man gibt sich very british, ✆ (04) 97 23 26, (03) 7 52 00, Fax (04) 97 24 39, die anderen Hotels nur für Langzeitgäste. **In Brummana:** INT **Printania Palace,** alles, was Sie bei einem Hotel der Luxusklasse erwarten dürfen, plus im Sommer die betagtere Beiruter Schickeria, ✆ (04) 96 04 16-9, Fax (04) 96 04 15; **A **Belvedere Hnoud,** einfache Mittelklasse,

✆ (04) 96 11 03. **In Chueir:** ***A **Kassouf,** ✆ (04) 99 05 01.

In Beit Meri: (Kat. 3/4) **Kasr Fakhr ed-Din,** libanesische Küche vom Feinsten, auch auf der aussichtsreichsten Terrasse, ✆ (04) 96 04 07. **In Chueir:** Hauptplatz, (Kat. 4) **Carnaval,** ein geschmackvoll italienisch eingerichtetes Café-Restaurant mit perfektem Espresso und sehr guten Patisserien, ✆ (04) 39 00 78. **In El-Mtein:** (Kat. 4) **Kharallah,** Terrassenrestaurant mit herrlichem Blick, Mezze, Ausflugsziel.

Das Tal des Nahr el-Kelb und die Jeita-Grotte

Auch dieser Ganztagsausflug führt in die Bergdörfer von Metn, dann aber in das Tal des Nahr el-Kelb, des Hundsflusses, und zur unterirdischen Wunderwelt der Jeita-Grotte.

Antelias, das man auf der nach Tripoli führenden Autobahn erreicht, ist der Ausgangspunkt der Straßenverbindung über Bikfaiya nach Zahleh, von der im ersten Ausflugsvorschlag im mittleren Teil ein Stück befahren wurde – sie bildet übrigens eine akzeptable Alternative zur meist verstopften Hauptstraße von Beirut nach Chtaura (bei Zahleh) und weiter nach Damaskus.

In Antelias steht zwischen den zahllosen Hochhausneubauten die alte Kirche des hl. Elias und direkt davor die osmanische Brücke (bei der Auffahrt nach Bikfaiya passiert man die armenisch-orthodoxe Kathedrale).

Man fährt auf der Autobahn in Richtung Norden weiter, hält sich nach dem folgenden Tunnel und der Brücke scharf rechts und erreicht eine ältere Brücke, sie quert das **Tal des Hundsflusses,** des Nahr el-Kelb. Der Standort hat strategische Bedeutung: Truppen, die entlang der Küste vorrücken, werden von der Felsnase südlich des Nahr el-Kelb aufgehalten, durch die heute der Autobahntunnel führt, zwischen Felswand und Meer gab es früher keine Passage. Erst die Eroberer des 2. Jt. vor Chr., die Ägypter des Mittleren Reiches, bauten einen Weg, der ihren Ansprüchen einigermaßen entsprach. Ihre Nachfolger, die Assyrer, Perser, Griechen, Römer, Araber, Engländer und Franzosen, erhielten und verbesserten den Weg, den man heute noch, über der Autobahn auf einer an den Fels gelehnten Brücke, begehen kann. Über ihre Taten ließen sie Dokumentationen in den Felsen meißeln, ließen sich und ihre Siege verewigen. Den Namen hat der Fluß, der im Altertum Lykos, also Wolfsfluß hieß, von einer Wolfsstatue, die an der Mündung gestanden haben soll und deren Grollen und Heulen Feinde verscheuchte. Für Wolf und Hund gibt es im Arabischen nur das eine Wort, *kelb,* so wurde in der Rückübersetzung in europäische Sprachen der Hundsfluß daraus.

Das hier beginnende Sträßchen passiert die osmanische Brücke, dann ein Terrassenrestaurant, durch

Das maronitische Dorf Beit Chebab

das beruhigende Grün des Tales geht es weiter aufwärts und nach rechts, wo bei einer maronitischen Kirche die Höhe der Dörfer erreicht wird. In **Mazraat Yachuaa** liegt links eine Glockengießerei, es ist die einzige des Libanon. Über die Ortsmitte mit schönen alten Häusern geht es weiter nach Beit Chebab und **Bikfaiya,** einer ausufernden Sommerfrische, die immer noch für das Wasser der heißen Quelle Ain Fawar und ihre Kirschen berühmt ist. Fährt man vom langgezogenen Hauptplatz nach Nordosten hinaus, erreicht man die Straße in Richtung Raifun (sehr schlecht beschildert), die durch Seitentäler im Oberlauf des Hundsflusses zieht. Dabei durchquert sie unzersiedelte Landschaft, verkarstete Wände, mit Macchie überzogene Hänge, steil eingekerbte Täler, in denen Oleander und Kiefern wachsen. Durch zahlreiche Steinbrüche, die tief in den Berg hineingesprengt werden, läuft sie Gefahr, binnen kurzem völlig zerstört zu werden.

Man verläßt diese pittoreske Landschaft bei Daraiya und erreicht eine noch pittoreskere: um **Qlaiaat** erstreckt sich die Landschaft der **Geisterhäuser**, wie sie lokal genannt werden. Dies ist eine verkarstete Dolomitlandschaft mit spitzen Gesteinstürmen und bis zu einem Meter tiefen Kluftkarren, mit Scherbenkarstzonen, wo lockere Steine als letzter Rest der chemischen Verwitterung den Boden bedecken, und

Ramses was here

Die Stelen am Nahr el-Kelb

Die Stelen am Nahr el-Kelb sind ein einzigartiges Dokument ausländischer Einflußnahme auf die Geschicke des Libanon. Insgesamt 17 (von 21) haben sich einigermaßen gut erhalten:

1: Stele Nebukadnezars II., des neubabylonischen Eroberers von Ägypten und Syrien, ca. 604 v. Chr. **2:** Stele Emir Bechirs II. (1809) als Ersatz für eine Stele des mameluckischen Sultans Al-Ashraf Khalil (1290–1293); unter diesem in Ägypten residierenden Herrscher wurden die Kreuzritter (1291) endgültig besiegt und aus dem Lande geworfen. **3:** Stele des Marcus Aurelius Antoninus (Caracalla); sie nennt die III. Gallische Legion als Erbauer der Straße während seiner Regierungszeit (211–217). **4** (über Stele 3): Obelisk, der (Wieder-) Befreiung des Libanon durch französische und alliierte Truppen 1942 gewidmet. **5:** die Stele von 1941 feiert die Befreiung des Libanon.

6: Stele General Gourauds, Einmarsch französischer Truppen im Libanon am 25. Juli 1920. **7** (oberhalb Stele 6): Stele von 1946, die den Abzug französischer Truppen aus dem Libanon feiert. **8:** Reste einer Stele mit einem ägyptischen Herrscher und dem Gott Ptah. **9:** Expedition der französischen Armee in den Libanon 1860, in Stele 8 eingetragen. **10:** assyrischer Herrscher (stark zerstört). **11** (oberhalb Stele 10): Oktober 1918, Einnahme von Aleppo, Homs und Damaskus durch die Franzosen. **12** und **13:** assyrischer Herrscher(stark abgewittert). **14:** Stele von 1918 mit Bericht über britisches 21. Bataillon und französisches Palästinakorps.

Anschließend Brücke über die Autobahn und jenseits Anstieg. **15** und **16:** griechische Stelen. Bei Stele 16 geht die in der Römerzeit angelegte Straße in gleicher Höhe weiter (nicht mehr begehbar), hier befand sich auch die Wolfsstatue. Ab hier wieder steilerer Anstieg.

17: assyrischer Herrscher. **18:** Stele des ägyptischen Herrschers Ramses II., wohl nach 1275 v. Chr. entstanden, sie zeigt den Pharao, wie er dem Sonnengott Re Harachte (?) einen Gefangenen weiht. **19:** assyrischer Herrscher. Vom Plateau, das kurz darauf erreicht wird, nach rechts hinunter zu den beiden letzten Stelen. **20:** Stele Ramses II., der dem Gott Amun einen Gefangenen weiht. **21:** Stele Assarhaddons, des assyrischen Thronfolgers, errichtet nach seinem Sieg 671 v. Chr. über die Ägypter.

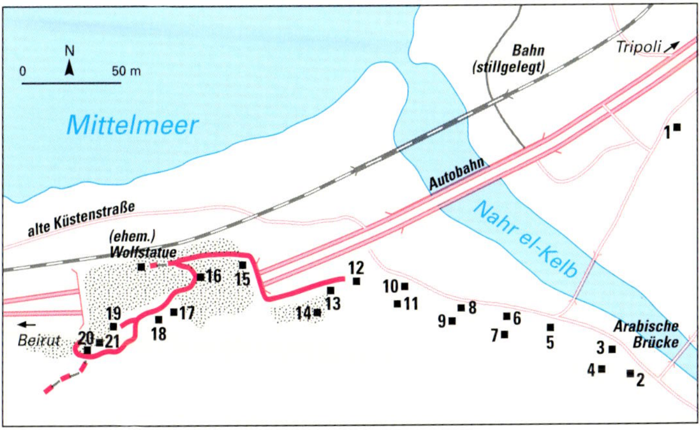

Lage der Stelen am Nahr el-Kelb

mit Rillenkarrenfeldern, die in feinen Fächern die Oberkanten von Gesteinsblöcken überziehen. Zwischen den Steinen blüht eine besonders reiche Flora. Die Bauern haben die Fruchtbarkeit des Bodens zu nutzen gewußt und eine intensive Fruchtbaumwirtschaft entwickelt: Wein, Japanische Mispel, Walnuß und Pfirsich finden sich hier. Von starken Quellen oberhalb werden Bewässerungsrinnen herangeführt, die alten Zisternen braucht man nicht mehr.

In Raifun wendet man sich nach links und erreicht über Aajaltun und Jeita die Abzweigung zur **Jeita-Grotte.** Diese ausgedehnte Tropfsteinhöhle mit unterirdischem See wurde bereits 1836 entdeckt, aber erst 1958 stolperten Speläologen erstmals in den oberen Saal, der sich mit seinen riesigen Ausmaßen und der hervorragenden Akustik gelegentlich zur Konzerthalle verwandelt. Eine deutsche Firma baute nach dem Bürgerkrieg einen aufwendigen Zugang zur Höhle (Sessellift und Straße), was die Eintrittspreise unmoralisch anschwellen ließ; wegen der Schönheit der beiden Höhlen ist ein Besuch dennoch zu empfehlen. Die obere Höhle betritt man durch einen künstlichen Zugang, Vogelzwitschern aus der Konserve im Ohr. Der hervorragend ausgeleuchtete Tropfsteinsaal dahinter entschädigt für den Disneylandcharakter des Zugangs. Die untere Höhle wird mit dem Boot auf dem schwarzen Höhlensee befahren, ein beeindruckendes Erlebnis. – An Suk Mosbeh vorbei geht es hinunter zur Autobahn und zurück nach Beirut.

Diese Tour ist bis auf den Besuch von Nahr el-Kelb und Bikfaiya, die

Spektakulär: die Jeita-Grotte

beide mit Servicetaxen erreichbar sind, nur mit Taxi oder Privatauto zu machen.

In Antelias (Kat. 5) Patisserie-Snack **Farid Mrad,** kleines Mezze-Buffet mit traditionellen Speisen, nicht touristisch verändert, hervorragende libanesische und französische Patisserie, neben osmanischer Brücke, ✆ (01) 40 30 26; drei sehr unterschiedliche Restaurants **an der osmanischen Brücke** über den Nahr el-Kelb, das (Kat. 3/4) **Tazka,** Terrasse über dem Fluß am rechten Ufer, gute Mezze, an Feiertagen Buffet, ✆ (09) 21 68 30, ist wohl das beste.

Feste: Blumenfest in Bikfaiya im August.

Zu den Tempeln von Faqra und zur Afqa-Quelle

Der dritte Ausflug ab Beirut führt in den Caza Kesruan, den Landstrich zwischen Nahr el-Kelb und Nahr Ibrahim, Mittelmeer und Libanongebirge. Bis auf den z. T. von Schwerfahrzeugen beeinträchtigten Abschnitt zwischen Mairuba und Afqa sind die Straßen gut, als Tagesausflug ist ein strammes Pensum zu erledigen!

Fahren Sie auf der Autobahn bis über den Nahr el-Kelb und dann die Straße über Aajaltun bis Raifun wie in Vorschlag 2, nur umgekehrt. Nach Raifun führt die Hauptstraße nach Mairuba und in den Talschluß von **Faraiya.** Der bei Beirutis beliebte Sommerfrischen- und Ausflugsort ist trotz Quellen, Bäumen und Terrassencafés wenig ansprechend, so daß man gerne der Straße weiter folgt, die über das Libanongebirge in die Beqaa führt. In fast 2000 m Höhe liegt der **Skiort Faraiya Mzaar,** einer wie viele andere, von dem aus Lifte bis auf den 2465 m hohen Dôme du Mzaar führen. Noch vor Beginn des Ortes zweigt rechts eine Nebenstraße nach Faqra ab, die nach wenigen Kilometern die **Naturbrücke Jisr al-Hadjar** passiert, einen riesigen Felsenbogen, unter dem der Bach durchfließt. Noch etwas weiter – man fährt durch den privaten Skibereich des Faqra Club – liegt in 1700 m Höhe der römische Tempel- und Nekropolenkomplex **Faqra.**

Links unterhalb der Straße steht der Große Tempel von Qalat Faqra, ein gewaltiger Tempel der semitischen Gottheit Atargatis, die Cella ist in und auf den lebenden Fels gebaut, in senkrecht stehenden Säulen nackten Karstes. Ganz eindeutig war der Untergrund, waren die Gesteinszacken und -säulen das Element, an dem sich die Heiligkeit des Ortes festmachte. Ein großer Altar steht vor dem Komplex, ein Säulenportikus öffnet sich in einen Vorraum mit gedecktem Umgang und einem weiteren Altar, die Seitenwände des Vorraums setzen sich in den Zacken und Säulen des Karstfelsens seitlich der Cella fort. Es ist, als ob sie die Säulen eines von der Natur gebauten Peripteros darstellen sollten. Stufen führen zum etwa 2,5 m höheren Podium, auf dem der Tempel steht. Dieser ist ein Prostylostempel, die

Der Tempelkomplex Faqra

Der Adonismythos

Zwei Tage braucht die Prozession von Byblus zur Quelle des Adonisflusses. Weinend, schreiend, sich die Haare raufend, sich immer wieder bis aufs Blut peitschend, ziehen die Pilger in langer Schar bergan. In den Tagen vorher haben die Frauen des Ortes Schalen mit Salatsamen in die pralle Sommersonne gestellt, am ersten Tag haben sie gegossen, am zweiten nicht mehr, die gekeimten und gleich wieder verwelkten Pflanzen hat man mitsamt den irdenen Töpfen in die Quellen geworfen. Adonis ist tot, das Wasser in den Brunnen ist am Versiegen, nur noch der Adonisfluß führt Wasser – ein dünnes Rinnsal. An der Quelle des Flusses angekommen, dem gähnenden Eingang zu einem Reich unter der Erde, unermeßlich und unerforschbar, drängen die Pilger in den Hof des Tempels der Astarte-Atargatis, der Göttin der Fruchtbarkeit, aber auch des Kampfes und des Todes. Adonis ist ihr Gefährte und Geliebter, und nur sie kann ihn wieder zum Leben erwecken – in der Unterwelt. Wenn die Gebete der Pilger erhört werden, wird es wieder Regen geben, werden die roten Anemonen, die ersten Blumen der Regenzeit, zu blühen beginnen, die Astarte-Atargatis aus den Blutstropfen des Adonis hervorgehen ließ, wird sich das anschwellende Wasser des Flusses mit dem Blut des toten Gottes rot färben und neue Fruchtbarkeit bringen.

So oder ähnlich mag vor 3500 Jahren verlaufen sein, was uns erst Berichte aus viel späterer Zeit überliefern. Historisch gesichert ist nur, daß es in Byblus und Afqa einen Adoniskult gab, dessen Inhalt in etwa dem alten semitischen Mythos des Baal-Hadad in Ugarit entsprach, wo er zum ersten Mal aufgezeichnet wurde: der Fruchtbarkeitsgott oder Halbgott wird erschlagen und als Gott der Unterwelt neu geschaffen, es gab also keine Wiederauferstehung im christlichen Sinne. Christliche Schriftsteller dürften versucht haben, den sehr starken und auch noch im 4. Jh. lebendigen Kult umzuinterpretieren, Origenes und Hieronymus, die von Freudenfesten am dritten Tag der Adonai, der Adonisfeste, berichten, geben möglicherweise eine Änderung wieder, die auf christlichem Einfluß beruhte und dem alten Kult nur aufgestülpt wurde – in älteren Quellen ist nur von Trauer und Verzweiflung die Rede.

Was aus dem Mythos selbst bekannt ist, wurde von der griechisch-römischen Mythologie überformt, die rekonstruierbaren Reste westsemitischen Glaubens sind wie sandgestrahlte Fassaden, wir sehen nur noch die allgemeinen Formen, keine Details. Der Syrer Lukian hat in seinem Werk ›De Syria Dea‹ über die Adonai von Byblus geschrieben; die Auseinandersetzung darüber, wieweit er neutral berichtet und ob er etwa polemisch überzeichnet, geht nach wie vor weiter.

Ein griechisch-römischer Teilmythos lautet so: die Göttinnen Aphrodite (Astarte/Venus) und Persephone (Göttin der Unterwelt) streiten um das Kind Adonis. Zeus entscheidet, das Kind solle ein halbes Jahr in der Unterwelt, ein halbes auf dem Olymp verbringen. Ein anderer, Ovid hat ihn in den Metamorphosen beschrieben, läßt Adonis durch einen Eber sterben, in den sich der eifersüchtige Ares-Mars verwandelt hat, Aphrodite eilt zum Leichnam ihres Geliebten und beweint ihn, aus dem Blut des Toten läßt sie Anemonen erstehen. Die Rotfärbung des Flusses wurde bereits im Altertum rational damit erklärt, daß zu Beginn der Regenzeit die rote Erde des Gebirges abgetragen und in die Wasser gespült wird, die als Adonisfluß bei Afqa aus der Felsenhöhle quellen.

sechs riesigen Säulen der Vorhalle wurden teilweise wieder aufgestellt, die Cella selbst ist verstürzt. Im Gelände unterhalb des Tempels sieht man Reste einer byzantinischen Kirche, ihr schmaler Narthex ist an den Wirtschaftsraum einer römischen Villa angelehnt.

Links oberhalb der Straße steht eine eindrucksvolle Ruine; es handelt sich um einen großen Altarturm, ebenfalls aus römischer Zeit. Der Turm kann von außen oder durch die alten Treppenaufgänge bestiegen werden. Weitere Monumente finden sich verstreut im ganzen Umfeld.

Zurück über Faraiya nach Mairuba und von dort auf die schlechte, aber langsam und vorsichtig auch für PKW befahrbare Straße nach Afqa. Die Blicke nach Norden und Süden entschädigen für die schlechte Straßenqualität. Das Tal im Norden wird vom Nahr Ibrahim, dem Adonisfluß, durchflossen. Er entspringt in der **Grotte von Afqa,** im Talschluß hinter dem Örtchen Afqa mit seinen Kirschen, Äpfeln, Aprikosen und Walnüssen.

Die riesige Höhle in der senkrechten Felswand, aus der ein Fluß herausquillt und in Kaskaden herunterstürzt in den grünen Talschluß, ist überwältigend. Kein Wunder, daß sich mit diesem Naturschauspiel in der Antike mythische Vorstellungen verbanden! Bei niedrigem Wasserstand im Sommer und Herbst kann man die Höhle betreten. Jenseits des Sträßchens, das unterhalb der Quelle eine Brücke quert, liegt, was vom Tempel der Astarte-Aphrodite übriggeblieben ist. Kaiser Konstantin ließ den Tempel zerstören, nur spärliche Fundamente sind erhalten.

Über die Brücke weiter und zum nächsten Ort Al-Majdel, von dort auf besserer Straße nach links in Richtung Küste (ein Abstecher in das herrlich gelegene Aqura bietet sich an). Auf dieser Straße ist am Sonntag mit ziemlichem Verkehr zu rechnen, da die Beirutis von hier nach Afqa fahren, um dort zu picknicken! Man passiert das hübsche, aussichtsreich gelegene Dorf Qartaba, erreicht dann nach einer einsamen, bergigen und kurvenreichen Strecke **Machnaqa**, wo sich südlich auf der Kuppe Shir el-Meidan ein in den Felsen geschnittener römischer Tempel befindet. Verstreut liegen weitere römische Altertümer und ein monumentaler Altar.

Die Straße mündet knapp nördlich des Nahr Ibrahim in die Küstenautobahn. Diese bietet bald den Anblick der Bucht von Junieh mit den Orten Maameltein, Junieh, dem größten Ort von Kesrouan, und Kaslik. **Maameltein** ist für das **Casino du Liban** bekannt, das zehn Jahre nach dem Krieg wiedereröffnet wurde, es steht etwas unterhalb der Autobahn, nicht mehr die beherrschende Einrichtung der Bucht wie vor dem Krieg, sondern ein eher bescheidenes Bauwerk in einem Meer von Hochhäusern. Die **Bucht von Junieh** (Jounié) ist stark zersiedelt; der Ort zieht sich die Hänge hinauf und läßt nur die steilsten Stellen mit ihren dichten Erdbeerbaumbeständen aus. Das alte Junieh steht noch, aber es dient längst dem Kommerz, die kubischen Häuser mit den roten Zeltdächern, den dreifachen Fenstern im Ober-, den Arkaden im Untergeschoß sind heute Boutiquen. Der gesamte Strand im Norden der Bucht ist in Parzellen abgeteilt, die Restaurants, Cafés, Nachtklubs gehören. Südlich von Junieh und um Kaslik, am anderen Ende der Bucht, dominieren Wasserskiklubs, Yachthäfen und Privatmolen. Nach Kaufen und Verkaufen, Anbieten und Konsumieren riecht alles, was an der Küste unter Mißachtung irgendwelcher ästhetischer Regeln oder Baunormen, aber mit jeder Menge Geld errichtet wurde.

Über der Bucht steht in **Harissa** die neue maronitische **Basilika Unsere Liebe Frau vom Libanon** (N. D. du Liban) mit einer überdimensionalen Statue der Gottesmutter auf einem kegelförmigen Podest. Die Kathedrale ist ein schifförmiger Bau mit einem gerippten Dach; von außen wirkt sie wie eine Festung, innen wie eine Höhle – man muß an die Geschichte der syrischen hl. Thekla denken, für die sich eine Höhle in der Wand auftat, um sie vor dem Zugriff der Heiden zu schützen. Die byzantinisch-russisch inspirierte Paulskathedrale steht etwas unterhalb der neuen Kathedrale. Eine Gondelbahn mit anschließender Standseilbahn führt von Junieh hinauf zur Basilika, es gibt aber auch eine moderne Straße.

Zurück nach Beirut? Gnadenlos wieder die Autobahn – zwischen Kaslik und Antelias gibt es keine Alternative!

Stadtbus 7 von Beirut ab Dora (Burj Hammud), auch die Fernbusse ab Beirut halten in Junieh, aber nur entlang der Autobahn! Sinnvoller ist ein Servicetaxi (in kurzen Abständen ab Beirut–Barbir und Dora). Die Orte abseits der Küste sind im Regelfall nur mit dem Taxi (ab Junieh) zu erreichen.

In Faraiya: ***A **Saint Giorgio,** bestes Haus am Platz, im Winter und Hochsommer meist voll, ✆ (09) 72 07 20; ***B **Tamerland,** intim und freundlich, preiswert, aber nicht unbedingt ein Schnäppchen ,✆ (09) 32 12 68/ 95 18 13. **In Faqra:** INT **L'Auberge de Faqra/ Faqra Club,** perfekter Resort mit allen Schikanen, herrliche Lage, exklusiv und entsprechend teuer, ✆ (09) 71 02 91-3, Fax (01) 88 42 64. **In Junieh:** ***A **Aquarium,** an der Stadtseite der Uferstraße, mit Privatstrand, gehobene Mittelklasse mit schönen Blicken nach allen Seiten, in Fußentfernung Dutzende Restaurants, ✆ (09) 91 14 67, Fax (09) 93 50 98; ****B **West House,** im dicht verbauten Gebiet, aber preiswerte, korrekt geführte Mittelklasse, Zimmer im 5. oder 6. Stock verlangen!, ✆ (09) 93 65 80/91 82 87, Fax (09) 93 68 18. In Kaslik: (o. Kat.) Portemilio Suite Hotel, INT-Standard, direkt am Meer mit großzügigen Zimmern und Suiten, Swimmingpools und Bootshafen, ✆ (09) 93 33 00/1.

In Junieh, Maameltein und Kaslik gibt es eine kaum zu überbietende Auswahl an Restaurants und Schnellimbissen, auf dem Rest der Strecke hingegen muß man sich meist an die Restaurants der genannten Hotels halten, nur noch in Faraiya ist die Auswahl nennenswert. **In Faraiya:** (Kat. 4) **Wadi el-Nil,** gro-

Die Buch von Junieh mit der Marienstatue und der Basilika von Harissa

ße Terrasse, Mezze, ✆ (09) 91 78 13, (03) 34 63 46. **In Afqa:** (Kat. 5) **Ashalal,** Kaffeehaus mit einfachen Mezze unter freiem Himmel unter den Fällen bzw. unter der Brücke, nur im Sommer; mehrere offene Terrassenrestaurants am Unterlauf des Nahr Ibrahim. **In Maameltein:** (Kat. 4) **Khaymat al-Samaka,** Meeresfrüchte und Mezze, schöner Blick auf die Bucht, Nähe Casino du Liban. **In Junieh:** (Kat. 3/4) **La Crêperie,** altes Haus in wunderschöner Lage über der Küstenstraße, klassische Crêpes, sehr beliebt, ✆ (09) 91 24 91/91 48 86.

In Maameltein: Casino du Liban, nach Wiederaufbau ist die alte Exklusivität raus, wirkt wie ein weniger phantasiereicher Zockertempel in Las Vegas, Nostalgie führt dennoch in die eher niedrigen Hallen; mehrere Restaurants, ✆ (09) 93 29 32. (Kat. 2/3) Excalibur Show, Nightclub mit Shows, ✆ (01)

48 07 68, (03) 63 68 70; eine ganze Reihe von Restaurants bietet abends eine Tanz-Show. **In Kaslik:** (Kat. 2) Alecco's, Bauchtanz zur Lud, aber auch Bigband-Sound, ✆ (09) 22 09 00/22 06 69.

Boutiquen und nochmals Boutiquen zwischen Maameltein und Kaslik, in Suk Mikhael südlich Kaslik sollte man das Marzipan probieren. Sehr gut Pain au Chocolat, Backwerk und Brot im ›Le Roi du Pain‹ direkt an der Autobahn (Ostseite) in Maameltein, *tout le monde* kauft hier ein.

Keine offenen Strände; die Strandhotels bieten Nichtgästen Zutritt ab US $ 5 – mehrere Yacht- und Bootshäfen, z. T. integriert in Resort-Hotels wie dem Portemilio in Kaslik; Wasserskiklub Lagon, ✆ (09) 91 63 42 in Kaslik. Paragliding von Harissa hinunter zum Strand wäre sicher phantastisch, derzeit noch nicht möglich – aber warten Sie mal ab!

Jbeil (Byblus)

Der Hafen von Jbeil, dem alten Byblus, war der älteste Ausfuhrhafen Phöniziens

Jbeil (Byblus)

Kreuzfahrerbauten und Ausgrabungen in Byblus, einer der ältesten Städte der Welt. Das Kloster des hl. Charbel in Annaiya, Skifahren in Laqluq und der ursprüngliche Zedernwald von Tannurin im Libanongebirge

Jbeil, das alte Byblus

Von der Mündung des Hundsflusses ist man in wenigen Minuten in der langgestreckten Bucht von Jbeil, das besser unter seinem antiken griechischen Namen bekannt ist, Byblos, oder unter der lateinischen Version Byblus – eine Verballhornung des ursprünglichen semitischen Namens: Gubla.

Zeitgenössische architektonische Schandtaten ziehen sich die fruchtbaren Hänge hinauf und verdecken die alten Dörfer und deren Fruchtbaumhaine. Jbeil selbst ist eine positive Überraschung, der Küstenort hat eine intakte Altstadt aus osmanischer Zeit. Sie schließt sich unmittelbar an das ausgedehnte Ausgrabungsgelände der Vorgängerstädte an, das sich oberhalb des alten Hafens befindet. Bauten aus der Kreuzritterzeit akzentuieren dieses einmalige Ensemble: die hervorragend erhaltene Festung im Grabungsbereich, die romanische Johanneskirche mit ihrer fein skulptierten Taufkapelle, der Hafenturm.

Jbeil liegt auf einer Landzunge, die als Kalkplateau etwas über die nördlich und südlich anschließenden Sandstrände hinausragt. Der felsige Abfall des Plateaus zum Strand, zwei geschützte Buchten und eine Karstquelle bedeuteten für die frü-

Jbeil (Byblus), Plan der mittelalterlichen Stadt und des Ausgrabungsgebiets 1 Kapelle Unserer Lieben Frau von der Pforte 2 Festung der Kreuzfahrerzeit 3 Römisches Nymphaeum 4 Älteste Befestigungen 5 Plattform mit Bau ungeklärter Funktion 6 Rechteckige Befestigungsanlage 7 L-förmiger Tempel 8 Obeliskentempel 9 Chalkolithische Siedlung 10 Quellsenke 11 Heiliger Teich 12 Wohnhaus der frühen Bronzezeit 13 Haus der Amoriterzeit 14 Hütten der Jungsteinzeit 15 Archäologenhaus 16 Fischerhütten der Mittelsteinzeit 17 Gebäude der frühen Bronzezeit 18 Steinbruch der Amoriterzeit 19 Römisches Theater 20 Königsgräber 21 Römische Säulenreihe 22 Tempel der Herrin von Byblus 23 Mauer aus der Mitte des 3. Jt. v. Chr. 24 Blockpackungen der Hyksoszeit

N
0
50 m
Stadtmauer der Kreuzritterzeit
Byzantinische Kapelle
Hafen
MITTELALTER-LICHE STADT
Kirche Johannes des Täufers
SUKS
Mittel-meer
1
2
3
4
5
6
7
8
9
10
11
12
13
14
15
16
17
18
19
20
21
22
23
24
AUSGRABUNGSGEBIET

hen Siedler an dieser Küste einen entscheidenden Vorteil: wer hier wohnte, konnte sich gut gegen Angreifer schützen, die vom Meer her kamen, seine Boote lagen sicher vor widrigen Winden in einem Hafen und nicht auf einem flachen Sandstrand, und in der Siedlung selbst gab es Wasser.

Schon vor 9000 Jahren nutzten steinzeitliche Fischer die Gunst dieser Stelle, es entstand eine erste Siedlung, die heutige Großstadt Jbeil kann sich damit zu den ältesten kontinuierlich bewohnten Siedlungen der Menschheit zählen. Die gute Lage aber macht allein noch keinen bedeutenden Ort, andere Faktoren müssen dazukommen: um 2700 v. Chr. entwickelte sich der Ort sprunghaft zur Stadt – denn er lag in der Nähe der Zedernwälder. Von hier aus konnte man Holz und Harz der Zedern nach Ägypten verschiffen, wo das Holz für den Bau von Schiffen, Tempeln, Gräbern und Palästen benötigt wurde, das Harz für die Einbalsamierung der Toten.

Auf der Landseite war Byblus ab der Mitte des 3. Jt. v. Chr. durch einen Befestigungswall geschützt, nicht sehr solide zunächst, aber mit der Zunahme der Handelsbeziehungen zu Ägypten konnte man sich bald Besseres leisten. Auch an die Götter wurde gedacht, das alte Heiligtum der Baalath, der ›Herrin von Gubla‹ wurde wohl zum ersten Mal aus Hausteinen errichtet, weitere Tempel entstanden, wie der sogenannte L-förmige Tempel für eine uns unbekannte Gottheit. Neue Häuser wurden gebaut, mit rechteckigen Grundrissen, die Räume zum Innenhof hin geöffnet.

Gublas weitere Entwicklung wurde durch die Belagerung eines Fremdvolks, der Amoriter, unterbrochen (um 2200). Ein paar Hausfundamente haben sich aus dieser Zeit erhalten, sonst nichts. Erst um 2000 v. Chr. ging es wieder aufwärts. Gubla wurde zum wichtigsten Hafen und größten Handelsplatz an der Küste Syriens. Das Bronzehandwerk blühte; die Kunst der Goldschmiede lockte Kunden aus Ägypten und Mesopotamien. Neuer und schöner als zuvor wurden die Tempel, darunter der Balaath-Tempel, wieder aufgebaut. Die Ummauerung des heiligen Bezirks um die Plateauquelle wurde ausgebessert, auf den Ruinen des L-förmigen Tempels wurde der sogenannte Obeliskentempel errichtet, geschmückt mit obeliskenförmigen Symbolen der Gottheit.

Nach der Phase der Okkupation durch die Hyksos (um 1650) kam Gubla zunächst unter hethitischen Einfluß, dann unter ägyptischen, wie die gesamte Küste bis hinauf nach Ugarit: Thutmosis III. war um 1450 v. Chr. mit einem Heer gelandet und hatte ganz Südsyrien unter seinen Einfluß gebracht. Gubla konnte das nur recht sein, das bedeutete gute Handelsbeziehungen mit Ägypten, dem Hauptabnehmer seiner Waren und des kostbaren Zedernholzes, ungestörter Handel mit Kreta und Zypern, woher man das Kupfer bezog, und besonders nach der Schlacht von Kadesch (ca. 1275

v. Chr.) Handel mit der Südküste Anatoliens und dem Hethiterreich. Es war wahrhaft die goldene Zeit der Stadt, der Höhepunkt ihrer städtischen Bedeutung; nach heutigen Maßstäben nur vergleichbar mit den Weltstädten New York, London, Paris oder Berlin.

Nach dem Seevölkersturm war Gubla nur noch eine von mehreren phönizischen Städten, immer noch eine bedeutende Handelsmacht, aber jetzt gemeinsam mit Sidon, Tyrus, Berytus, später Tripolis. Für die Griechen, ein Volk am Nordrand des Handelsbereichs der Kaufleute aus Gubla, wurde der Name der Stadt zum Synonym für ›Buch‹, die Alphabet-Schrift, die deren Händler verwendeten, übertrugen sie auf ihre eigene Sprache. Ahiram, einer der Könige der Stadt in ihrer Zeit der Unabhängigkeit vor der assyrischen Unterjochung, ist uns vor allem bekannt, weil in seinem Grab ein Sarkophag mit einer Inschrift gefunden wurde, die zu den ältesten Texten gehört, die mit dem phönizischen Alphabet geschrieben wurden.

Die Assyrerherrschaft hinterließ wenige Spuren, während unter den Persern sehr viel gebaut wurde, anscheinend öffnete der Anschluß an das riesige Reich entsprechende Chancen. Es waren ja phönizische Schiffe, die für die Perser den Mittelmeerhandel trieben, das Monopol warf gute Positionen ab.

Die hellenistische, römische und frühchristliche, byzantinische und frühislamische Zeit hinterließen Spuren; aber was sich erhielt – verstärkte Mauern, ein Theaterchen, Säulenreihen, Teile der Fundamente der mittelalterlichen Burg – verweist auf die Provinzialität der Siedlung. Das sollte sich auch in der Kreuzfahrerzeit nicht ändern, als man die Burg erweiterte und eine Kathedrale baute: Byblus blieb Nebenschauplatz der Geschichte. Unter Mamelucken und Osmanen durfte es vor sich hindämmern, langsam, aber stetig verfallend, um erst in unserer Zeit wieder Leben zu bekommen – im Schatten der großen Nachbarin Beirut.

Beginnen Sie Ihren Spaziergang am Großparkplatz über der Küste nördlich der Stadt, er grenzt direkt an die **Stadtmauer der Kreuzritterzeit.** 250 m landeinwärts gelangt man durch ein Tor in die Altstadt. Das Sträßchen führt geradeaus bis zum Platz vor der Kathedrale der Kreuzritter, der heutigen **Bischofskirche Johannes des Täufers.** Die Kathedrale ist neben der Grabeskirche in Jerusalem eine der wenigen Kirchen aus der Kreuzfahrerzeit, die heute noch diese Funktion haben, die meisten von ihnen wurden zu Moscheen umgewandelt, so etwa in Beirut. Die Kathedrale wurde 1115 begonnen und nach einem schweren Erdbeben 1170 wiedererrichtet, dabei wurde die Länge der drei Schiffe auf die Hälfte verkürzt: wo links (nördlich) der offene quadratische Bau mit der Kuppel ansetzt, das Baptisterium, war ursprünglich die Mitte der Kathedrale. Dieses **Baptisterium** ist außergewöhnlich fein skulptiert, besonders der feine Zakkenfries in der Wölbung der Arkaden verdient aufmerksame Inspektion. Wegen ihrer Verkürzung ist die Kathedrale schlecht proportioniert, zumal das rechte (südliche) Seitenschiff nach dem Erdbeben völlig neu errichtet werden mußte und nicht sehr gut an die verbliebene Baustruktur angepaßt wurde. Das macht jedoch der Chorbereich wett, die drei Apsiden mit ihrer präzisen Steinmetzarbeit und der ernsten, würdigen Bauplastik bilden ein eindrucksvolles Ensemble.

Noch bevor Sie das Ausgrabungsareal besuchen, sollten Sie jetzt vom Kirchenvorplatz über die Treppen zum **Hafen** (Abb. S. 100f.) hinuntergehen. Es ist der kaum veränderte Hafen der steinzeitlichen Siedlung; Industrie- und Tourismusentwicklung haben ihn bisher verschont. Auf der nördlichen Mole ist der Nordturm der Hafenbefestigung als Ruine erhalten, auf antiken Resten steht ein Turm der Kreuzritterzeit, der später von den Mamelucken und Osmanen verstärkt wurde. Wo heute der Leuchtturm steht, befand sich sein südliches Gegenstück. Die beiden konnten durch eine Kette verbunden werden, so daß der Hafen gegen unerwünschte Besucher abgesichert war. Wenn Sie hier eine Pause machen wollen, bieten sich mehrere Lokale an, von denen Sie einen guten Blick auf das Treiben am Hafenhalbrund haben.

Vom Hafen führt ein Sträßchen bis zur **Kapelle U. L. Frau von der Pforte** (1) vor dem Eingang zum

Die Kreuzfahrerburg in Jbeil

Grabungsareal. Man betritt das Grabungsgebiet (geöffnet täglich 8.00 Uhr bis Sonnenuntergang) über eine Treppe und Brücke, die zur **Festung der Kreuzfahrerzeit** (2) führt. Sie gehört zu den eindrucksvollsten Kreuzritterburgen der Levante. Errichtet, um den Küstensaum der Grafschaft Tripoli abzusichern, kam die Burg samt der zugehörigen Stadt unter den Einfluß der genuesischen Familie Embriaco; die heutige Familie Riyashi führt sich auf sie zurück. Die Burg mißt 50 × 44 m, ihr zentraler Donjon (ganz normannisch!) ist fast 20 m hoch, seine Bausteine sind Riesenblöcke, die sich nur mit Baalbek messen können. Wie in Baalbek sind sie antik; sie gehörten zum Podium eines Adonistempels. Von den drei (ehemals vier) Ecktürmen hat man einen hervorragenden Ausblick, den Sie vor allem für einen ersten Blick über das Grabungsareal nutzen sollten, dessen komplizierte Topographie sich so ein wenig erhellt.

Unter dem Nordostturm steht ein kleines **römisches Nymphaeum** (3) an einer der Hauptkreuzungen der antiken Stadt. Vom Südostturm hat man einen guten Blick auf die **ältesten Befestigungen** (4) der Stadt und das einfache Nordtor der frühen Bronzezeit. Sie stammen aus der Zeit, als in der sich schnell entwickelnden Stadt L-förmige Tempel und der Baalat Gebal-Tempel errichtet wurden. Teilweise über den alten Wall hat man in der Perserzeit eine **Plattform** (5) mit einem rechteckigen Gebäude errichtet, um das zwei Reihen quadratischer Pfeiler verliefen. Die Funktion dieses Baus ist nicht ganz geklärt, doch gibt es Ähnlichkeiten mit achämenidischen Königshallen. Auch die dahinter, also außerhalb des alten Walls liegende **rechteckige Befestigungsanlage** (6) stammt aus der Perserzeit; sie war Teil eines neuen, besonders starken Schutzwalls. An den Ecken haben sich aus dem Mauerwerk ragende Löwenplastiken erhalten, sie sollten Feinde abwehren.

In der vor- und frühgeschichtlichen Stadt trifft man zuerst auf ein Gebäude, das wegen seiner Form als **L-förmiger Tempel** (7) bezeichnet wird. Der Tempel existierte nur von der frühen Bronzezeit (um 2800 v. Chr.?) bis zur Invasion der Amoriter (um 2300 v. Chr.), die ihn zerstörten. Er bestand aus einem unregelmäßigen Mauerviereck, das einen heiligen Hain umschloß, in dem sich ein dreiteiliges Allerheiligstes befand. Nach der Amoriterbesetzung wurde auf den Brandruinen des L-förmigen Tempels der **Obeliskentempel** errichtet (8; nach dem semitischen Begriff *reshef* für die Obelisken auch Resheftempel genannt). Die Ausgräber unter Maurice Dunand haben ihn abgetragen und seitlich versetzt wieder aufgebaut, so daß wir heute beide Phasen der Tempelentwicklung nebeneinander betrachten können (der Obeliskentempel ist als einziger Bau des Ausgrabungsgeländes von einem Drahtzaun umgeben und nur von außen einzusehen). Dieser Tempel eines männlichen Gottes wurde im

Als Byblus eine Weltstadt war

Die goldene Zeit von Gubla

Vor 3250 Jahren war Gubla eine Macht, mit der man rechnen mußte. Zwar hatte der ägyptische Pharao Ramses II. die syrische Küste fest im Griff, aber ohne die Güter und den Welthandel der Städte an Syriens Küste und vor allem Gublas wäre die Zivilisation zusammengebrochen. Wer besorgte mit Handelsschiffen, die sogar für kürzere Strecken auf Küstennähe verzichten konnten, das für die Bronzeerzeugung benötigte Kupfer aus Zypern, Sardinien oder Südanatolien? Wer nahm mit Händlern aus dem Westmittelmeer Kontakte auf, um Zinn von den Zinninseln im Nebelmeer (= Cornwall) zu beschaffen, ohne das man keine Bronze herstellen konnte, die doch für Waffen, Werkzeuge und Votivstatuen unverzichtbar war? Wer stellte die prächtigsten Waffen für den Pharao her, und wer schnitzte die feinsten Elfenbeinkämme für die Damen am Hofe des hethitischen Vizekönigs in Karkemisch? Wer brachte Zedernholz an den Nil, und das Zedernharz, ohne das die Mumien nicht für die Ewigkeit präpariert werden konnten? Wer lieferte Traubenwein aus Karkemisch in die Städte Babyloniens, wo es nur drögen Dattelwein gab? Wer schuf ein neues Medium, aus dem man durchsichtige Gefäße herstellen konnte, das Glas? Wer wirkte kostbare Stoffe, färbte sie mit einem Extrakt aus einer Drüse der Purpurschnecke und brachte sie den Herrschern, so daß sie sich auch äußerlich als Erhabene darstellen konnten?

Es waren Kaufleute aus einigen wenigen Orten an Syriens Küste zwischen Gaza im Süden und Ugarit im Norden, und einer der wichtigsten dieser Orte war Gubla. Für den Welthandel hatten die reichen Händler eine neue Schrift übernommen und für ihre Zwecke adaptiert, die im Gegensatz zur ägyptischen und babylonischen Schrift mit ihren unzähligen Schriftzeichen mit ganz wenigen auskam. Diese komfortable Buchstabenschrift verwendeten sie für Buchhaltung und Geschäftsbriefe, bald aber auch für alle Notizen bis hin zu Sakraltexten, wie etwa auf Sarkophagen, denn schließlich weiß doch jeder: Time is money.

Von den Tempeln, Palästen, Privathäusern, Werkstätten, dem Königspalast, den Hafenanlagen von Gubla wissen wir wenig bis gar nichts, die Stadt wurde schließlich nicht, wie Ugarit weiter im Norden, am Ende der goldenen Periode von den Seevölkern verwüstet und aufgegeben. Spätere Generationen bauten weiter, veränderten und trugen ab, mehr als drei Jahrtausende lang. Wir wissen nicht einmal, wo der Königspalast lag …

19. und 18. Jh. v. Chr. errichtet, er besteht aus einem heiligen Bereich, in dem um einen zentralen Obelisken zahlreiche kleinere Obelisken und Kultschreine angeordnet sind. Eine quadratische Cella mit Vorhalle stellt den einzigen gedeckten Raum im Tempel dar. In Opfergruben und unter der Cella wurden Hunderte von Votivstatuetten aus Bronze gefunden, einige davon mit Goldblatt überzogen (s. Abb. S. 165); dazu andere Opfergaben wie Terrakotta und Votiväxte.

Weiter südwestlich wurde ein Teil der **chalkolithischen Siedlung** (9) ausgegraben. Die Häuser der noch nicht städtischen Siedlung des späten 4. Jt. v. Chr. sind aus unterschiedlichen Materialien errichtet, Stützen und Dachstuhl waren ehemals aus Holz. Jedes Haus stand in seiner eigenen Umfriedung, so daß man die Milch liefernden Nutztiere (Schaf, Ziege) frei laufen lassen konnte.

Die aus unregelmäßigen Steinen sehr sorgfältig gemauerte **Quellsenke** (10) nebenan wurde noch zu Beginn der Ausgrabungsarbeiten genutzt, sie war schon in der Antike so ehrwürdig, daß sie den Charakter einer heiligen Stätte bekam und, obwohl seit der Römerzeit reichlich und besseres Wasser über Aquädukte in die Stadt floß, später nicht angetastet wurde. Der populäre Name der Quelle ist Bir al-Muluk, Quelle der Könige. Die unbebaute Senke rechts hinter dem Quellbereich war ursprünglich ein **heiliger Teich** (11), der aber in hellenistischer Zeit zugeschüttet und als öffentlicher Platz verwendet wurde.

Der Komplex im Südwesten des Ausgrabungsgebiets besteht aus einem großen **Wohnhaus der frühen Bronzezeit** (12; nach 3000 v. Chr.) und einem kleinen Haus derselben Zeit sowie, etwas abseits, Fundamenten eines **Hauses der Amoriterzeit** (13; nach 2200 v. Chr.). Es folgen Spuren von **Hütten der Jungsteinzeit** (14) aus der allerersten Plateausiedlung (5./4. Jt. v. Chr.), schlichte (Lehm-)Hütten, deren Fußboden mit zertrümmertem Kalkgestein bestreut war; nur dadurch konnte man sie identifizieren. Die halbrunden Formen werden als frühe Kultbauten gedeutet, einer dieser Bauten findet sich jenseits des nächsten (und jüngsten) Gebäudes, des **Archäologen-Hauses** (15), in dem seit 1923 und den Tagen von Maurice Dunand bis in die 70er Jahre die Ausgräber ihren Sitz hatten. Am Strand unterhalb des Dunand-Hauses fanden die Archäologen die ältesten Siedlungsreste von Jbeil: die primitiven **Fischerhütten der späten Mittelsteinzeit** (16), errichtet vor 9000 Jahren!

Rechts des Weges liegt ein weiteres **Gebäude der frühen Bronzezeit** (17), die Vertiefung dahinter ist der **Steinbruch der Amoriterzeit** (18). Das links folgende **römische Theater** (19; fertiggestellt 218 n. Chr.) stand ursprünglich in der Nähe des bronzezeitlichen Nordtores und wurde von den Ausgräbern hierher versetzt.

Die **Königsgräber** (20), eine Nekropole der späten Bronze- und

An den Stränden von Jbeil kann man das ehrwürdige Alter der Stadt sehr angenehm vergessen

frühen Eisenzeit (13.–9. Jh. v. Chr.; die zeitliche Zuordnung ist umstritten) wurde durch ihre reichen Goldschmiedearbeiten, besonders den ägyptisierenden Schmuck berühmt. Der wichtigste Fund (in Grab V) war jedoch ein Sarkophag: er trug eine Inschrift, die Ithobaal seinem Vater Ahiram, König von Byblus, widmete. Sie enthält einen Fluch: Derjenige, der sich diesem Sarkophag näherte, solle bestraft, sein Namenszug ausgelöscht werden. Heute ist der steinerne Sarkophag im Nationalmuseum in Beirut zu bewundern: er zeigt u. a. den auf einem von geflügelten, menschengesichtigen Löwen (die Cherubim der Bibel) getragenen Thron sitzenden Ahiram vor einem Opfertisch, zu dem Priester Geschenke herantragen. Semitisch-mesopotamische und ägyptische Traditionen mischen sich dabei auf für Byblus typische Weise: der Thron, die Kleidung, die Frisuren sind alt-orientalisch, die Anbetungsgebärde der Priester, die Lotusblüte, die der vergöttlichte König in der Hand hält, und der Lotusfries oberhalb der Szene sind altägyptisch. Die Inschrift auf dem Deckel ist in einer Frühform des phönizischen Alphabets geschrieben. Eines der Schachtgräber kann man besuchen, man erkennt, daß am Boden des Schachtes ein Gang in die Grabkammer führte. Nach dem Begräbnis wurde der Gang zugemauert, der Schacht mit Erde gefüllt und so die Lage des Grabes unkenntlich gemacht.

Die viel photographierte **römische Säulenreihe** (21) weist zum **Tempel der Herrin von Byblus** (22), dem frühbronzezeitlichen Baalath Gebal-Tempel (um 2800 v. Chr.), der aber vielfach umgebaut wurde. Wir kennen ihren Namen von verschiedensten Votivinschriften, so der Stele des Yehaumilk aus dem 5. Jh. v. Chr. (heute im Louvre), in der sich der in babylonische Kleidung gehüllte König der Göttin empfiehlt, die als ägyptische Isis dargestellt ist. In den Ruinen des Tempels fand sich das schon erwähnte, älteste vergleichend datierbare Objekt der Siedlung, eine Scherbe mit dem Namen eines frühdynastischen ägyptischen Pharaos.

Vor dem Verlassen des Geländes sollten Sie sich die Befestigungen linker Hand ansehen, sie reichen von der **Mauer der Mitte des 3. Jt.** (23) bis zu den **Blockpackungen der Hyksoszeit** (24; 18.–16. Jh. v. Chr.).

Nun noch in die **osmanische Stadt** mit ihren **Sukgassen;** nach der Kapelle U. L. Frau von der Pforte geht es rechts, und schon sind Sie mittendrin. Es handelt sich allerdings um eine durchgeplante Anlage; die Holzläden vor den Geschäften und das hübsche Pflaster aus runden Kieseln stammen aus den letzten Jahrzehnten. Das Angebot ist ausschließlich auf Touristen ausgerichtet; die Bewohner von Jbeil gehen lieber in der Neustadt einkaufen.

Büro für Touristeninformation gegenüber dem Eingang zum Ausgrabungsbezirk, ✆ (09) 54 03 25.

Jbeil ist von Beirut aus mit Bus, Servicetaxi oder Taxi zu erreichen. Die meisten Servicetaxis fahren jedoch von der Autobahn nicht in die Stadt hinein, man muß an der Autobahn aussteigen und auch dort einen Wagen heranwinken. Gleiches gilt für die Busse, die von und nach Tripoli für Jbeil nur auf der Autobahn halten. Der Taxistandplatz liegt an der Rue Jbeil gegenüber der Nordostecke der Stadtbefestigung.

***A **Byblos Sur Mer,** direkt am Hafen, überteuert, Einbettzimmer zum Teil zur Küche, unfreundliches Personal, ✆ (09) 94 29 83/54 80 00, (03) 30 30 10, Fax (09) 94 48 59; ***B **Ahiram,** über dem Meer mit Privatsandstrand, abgegriffener Frühe-60er-Jahre-Charme, etwas hellhörig, ✆ (09) 94 04 40/94 15 40, Fax (09) 94 47 26; **B **Fishing Club,** ja, man kann dort auch schlafen, ✆ (09) 94 02 13.

Am Hafen (Kat. 2-3) liegt der **Fishing Club** mit stark internationalem Touch und etwas verwitterter Eleganz – man war schon populärer beim Jet-Set, ✆ (09) 94 02 13; daneben (Kat. 1/2) **Lite House** mit Hochpreisküche von französischem Zungenschlag, ✆ (09) 54 15 16/94 51 33, aufs Meer hinausgebaut. (Kat. 2) **Les Oursins** mit gutem Fisch und anständigen Mezze, zum Hotel Byblos sur Mer gehörend, ✆ (09) 94 03 56. Mehrere Imbisse und Restaurants an der Straße nördlich der alten Stadtmauern, die gute Mezze servieren (oder Fastfood American Style). Auf dem kleinen Platz vor dem Eingang zur Kreuzfahrerburg im 1. Stock (Kat. 3) **Abi Chemou** mit klassischer libanesischer Küche und prachtvollem Ausblick auf die Burg, ✆ (09) 94 04 84.

Wenn's denn sein muß: orientalischer Schnickschnack, meist importiert, im Sukbereich.

Ein schöner Sandstrand beginnt unterhalb des Großparkplatzes (Treppe) und zieht sich weit nach Norden, z. T. private Strandabschnitte (Hotel Ahiram!), die aber nicht abgesperrt sind. Schöner ist der Sandstrand im Süden der Altstadt.

Von Jbeil in die Berge

Von Jbeil führt eine asphaltierte, aber in Abschnitten sehr schmale und kurvenreiche Straße in die Berge nach Annaiya, einem der wichtigsten Wallfahrtsorte maronitischer Christen im Libanon, und nach Laqluq, einem bedeutenden Skizentrum und Sommerfrische. Von dort aus kann man etwas verzwickt, aber auf akzeptablen Straßen durch den Zedernwald von Tannurin nach Jbeil zurückfahren. Der Abstecher in die Berge ist als Tagesausflug denkbar, aber wenig sinnvoll, in Laqluq und in Duma gibt es angenehme Hotels, auch ein Abstecher nach Bcharreh, um dort zu nächtigen, wäre möglich.

Erster Halt ist das schon im Bergland liegende **Annaiya.** Das dortige Kloster des hl. Maro wurde erst 1828 gegründet; der schmucklose Steinbau wirkt älter, fast zeitlos. Man hat einen schönen Blick von hier, über das verkarstete Hügelland sieht man bis zum Meer. Der Mönch Charbel Makhluf, 1977 heiliggesprochen, lebte hier sechzehn Jahre (1859–1875), bevor er bis zu seinem Lebensende (1898) in die nahe gelegene Einsiedelei SS. Peter und Paul eintrat (heute mit einem kleinen naiv-volksfrommen Museum, das dem Heiligen gewidmet ist). Sein Grab wird im Kloster gezeigt, hier haben sich zahlreiche der Heilungswunder zugetragen, die seine Kanonisierung ermöglichten.

Auf der Strecke nach Laqluq quert man in einem engen, wasserlosen Tal das Bergland des **Djebel al-Qaraqif.** Wer die locker stehenden Bäume aufmerksam betrachtet, erkennt, daß sich besonders im letzten Teil vor Laqluq immer wieder junge **Zedern** darunter mischen!

Laqluq wird gerne als Wintersportzentrum bezeichnet; tatsächlich handelt es sich um drei voneinander isolierte Hausgruppen in einem gewaltigen Hochtal. In der Saison mag man sich in einem Ort fühlen, außerhalb der Saison erkennt man, daß sich hier nicht einmal Fuchs und Hase gute Nacht sagen. Die Wiesen sind blumenreich, einige seltene libanesische Pflanzen finden sich hier, im Juni etwa blüht die blaulila Scilla cilicica mit ihrer typischen Lilienblüte.

Am Paß oberhalb von Laqluq gabelt sich bei einem einsamen Gasthof die Straße. Links geht es in ein weites, nach Norden verlaufendes Tal mit kleinen christlichen Dörfern, darunter Balaa mit seinen gut erhaltenen Terrassenfeldern und Kirschgärten. Steil und aussichtsreich fährt man hinunter nach Chatin (Kloster) und in den wasser- und fruchtbaumreichen (Walnüsse!) Talschluß von **Tannurin al-Fauqa.** Der Ort ist einen

Spaziergang wert, wobei die kleine Georgskirche (Abb. S. 121) mit den beiden großen, naiven Altargemälden das meiste Interesse verdient.

Eine weniger gute Straße führt über die Berge nach Hadath al-Jubbeh. Auf ihr passiert man ein noch kaum besuchtes Naturdenkmal ersten Ranges, den Zedernwald von Tannurin: **Al-Arz Tannurin.** Dieser Abschnitt der Tour durch Bergland mit prächtigen Ausblicken, kaum einer Menschenseele weit und breit mit Ausnahme der wenigen Leute, die in den Obstgärten (Äpfel, Kirschen) arbeiten, ist einer der schönsten des Libanon. Die ersten alten Zedern entdeckt man schon (mit dem Fernglas) von der Höhe oberhalb Tannurin al-Fauqa, aber man kommt immer näher, bis sie nach dem zweiten Paß links in Steinwurfentfernung wachsen. Ein Weg führt zwischen Zäunen zum Waldrand, wo er sich, immer mit einem roten, auf der Spitze stehenden Dreieck gekennzeichnet, durch den Zedernwald schlängelt. Zwischen den bis zu 400 Jahre alten Bäumen kommt reichlich Jungwuchs auf; der gefährlichste Feind des Zedernwaldes, illegaler Einschlag, ist nicht zu erkennen. Von den ursprünglichen Zedernwäldern des Libanongebirges ist dieser wohl der am leichtesten erreichbare. Les Cèdres oberhalb Bcharreh ist zu sehr überlaufene Touristenattraktion, um die majestätische Natur so zu erleben wie in diesem einsamen Zedernwald.

Bei **Hadath al-Jubbeh** oberhalb des Nahr Qadisha mit seinen für maronitische Dörfer typischen roten Ziegeldächern gelangt man an die Straße Batrun – Bcharreh, man folgt ihr nach links über Qnat nach Hardin, bevor man 2 km weiter in Richtung Duma abbiegt. **Duma,** ein wahres Paradies für Bergwanderer, hat den seltenen Luxus eines Hotels, das Wanderungen durch die Bergwelt der Umgebung organisiert. Sonst ist nicht viel zu sehen, ein römischer Sarkophag, die Ruinen der Kreuzfahrerburg Qalat al-Hosn auf dem Hügel oberhalb, das war's.

Die Straße nach Jbeil passiert **Maifuq,** mit einem großen maronitischen, der Gottesmutter gewidmeten Kloster, und **Haqel,** aus dessen Umgebung hervorragende Fossilien stammen, mit einem kleinen Museum (tgl. 8.00–19.00 Uhr) mit Versteinerungen von Fischen aus der Kreidezeit. Ein kurzer Abstecher führt nach **Bahdidat.** Hier steht die Kirche Mar Theodros, ein strenger Bau des 12. Jh. – ein Schiff, Apsis, kleiner Narthex. Sie birgt hervorragend erhaltene syrisch-byzantinische Fresken des 12./13. Jh. Eine Deesis (thronender Christus mit Gottesmutter und Johannes dem Täufer) dominiert die Apsis, daneben sieht man alt- und neutestamentarische Heilige, die Symbole der vier Evangelisten und Märtyrer-Heilige wie St. Stephan. Wie vielerorts wurden die Augen der dargestellten Personen von Nichtchristen ausgestochen. Die Restaurierung dieses bedeutenden Freskenzyklus syrisch-byzantinischer Kunst soll, wenn es nach einer Gruppe libano-

Skifahren im Libanon

In den Vorderen Orient zum Skifahren? Verrückte Idee. Doch deutsche Reiseunternehmen haben den Libanon schon als potentielles Winterziel für die Brettl- und Boardfreaks ausgemacht: sehr hohe Schneesicherheit, gut ausgebaute Infrastruktur, bequeme Hotels und Restaurants mit internationaler Küche. Mit dem Transport zu den Zentren hapert es etwas; Libanons Straßenverkehr ist abenteuerlich. Für Ski- und Boardfahrer aus dem gesamten Vorderen Orient jedoch ist der Libanon *das* Ziel: Alpinski im arabischen Sprachraum, traumhafter geht es nicht!

Der Libanon hat derzeit sechs Skigebiete. Nach Faraiya Mzaar ist Laqluq mit drei Sesselliften und sechs Schleppliften das bedeutendste, die Abfahrten wurden erst 1997 in besten Zustand gebracht, eine von ihnen, ›Roger Ducret‹, wurde von der ISF für internationale Riesenslalom-Wettbewerbe zugelassen. Die Ausrüstung müssen Sie nicht mitnehmen, man kann sie am Ort borgen, auch eine Skischule (französisch geführt) gibt es in Laqluq. Drei Hotels bieten akzeptable Unterkunft, das komfortable, gemütliche und nicht so teure Shangri La vermittelt jede Art von zusätzlichem Sport und organisiert im Sommer Wander-, Kletter- und Mountainbike-Touren.

Neben Faraiya Mzaar und Laqluq gibt es noch Faqra Club, Qanat Bakich und Zaarur bei Baskinta sowie das älteste Skigebiet des Libanon in der Nähe der Zedern oberhalb von Bcharreh, das auch so genannt wird: Al-Arz bzw. Les Cèdres. Dort wird mit einem Schlepplift die höchste Höhe aller Anlagen erreicht: 2800 m (Pic des Dames).

amerikanischer Sponsoren geht, bald beginnen.

In der Küstenebene liegt **Amchit.** Reiche Seidenhändler bauten hier im 19. Jh. zahlreiche Häuser, von denen 88 erhalten sind. Sie stehen teilweise unter Schutz ; ihr orientalisch-westmediterraner Mischstil ist sehr reizvoll. Besichtigen Sie auch die auf einem antiken Tempel errichtete Georgskirche. Hier lebte der französische Theologe, Denker und Schriftsteller Ernest Renan (1823–1892), als er zum erstenmal Ausgrabungen im nahen Byblus durchführte (1860/61), seine ›Mission en Phénicie‹ hat die archäologische Tradition des Libanon begründet.

Mit Ausnahme seltener Servicetaxis von Batrun nach Duma und umgekehrt gibt es auf den beschriebenen Strecken keinen öffentlichen Verkehr.

Skistation in Faraiya Mzaar

Informationen: Al-Arz, ✆ (06) 67 10 73/2 (M. Jean Kayrouz); Faraiya Mzaar, ✆ (09) 72 03 68 (M. Christian Rizk); Faqra Club, ✆ (01) 25 72 20; Laqluq, ✆ (09) 6 21 43 65, (03) 44 11 12, Fax (01) 33 60 07; Qanat Bakich, ✆ (01) 5 84 78 (M. Samir Karam); Zaarur, ✆ (04) 31 00 10/1 (M. Samir Saliba).

Einfache Unterkünfte **in Annaiya,** das könnte sich aber beim derzeitigen Pilgerboom bald ändern. *__Al Mukhtar,__ ✆ (09) 90 42 19. **In Laqluq:** ***A **Shangri La** mit Annex Nirvana, einsam gelegenes Resorthotel zum Skifahren und Wandern, freundlich, ✆ (09) 94 55 21, (03) 31 24 11; ***B **La Valade,** im untersten Ortsteil, etwas abgewohnte Riesenzimmer, ✆ (09) 90 42 57. **In Duma:** *A **Duma,** besser, als es der eine Stern vermuten läßt; das Personal organisiert Wanderungen, Swimmingpool, ✆ (09) 52 01 06, Fax (01) 88 58 13. Alle genannten Hotels sind üblicherweise ganzjährig geöffnet.

In Amchit **Camping Amchit** (Les Colombes), ✆ (09) 94 37 82/ 54 03 32, (03) 34 23 12.

Restaurants in den Hotels (in der Nebensaison häufig geschlossen!). **In Annaiya:** (Kat. 4) **Al-Rif** (Mezze, Ausflugsziel), ✆ (03) 67 67 98; (Kat. 4) **Salameh,** ✆ (09) 42 35 84.

Tripoli und der Norden

Von Jbeil nach Tripoli

Tripoli (Tarablus)

Das Hügelland von Amiun

Ins Bergland von Akkar

Von Tripoli nach Baalbek

Tripoli, Khan al-Khaiyatin, der Khan der Schneider. Eigentlich handelt es sich um eine Kisseriya, einen Gewerbehof, von dessen Säulengängen winzige Einzelläden abgingen

Tripoli und der Norden

Über die phönizische Gründung Batrun, die Burg Mseilha und das Kloster Balamand nach Tripoli mit mameluckischer Stadt und Kreuzritterfestung. Ein Ausflug in die Maronitendörfer um Amiun und zu den Römertempeln Ksar Naus und Bziza. In den Norden zur Ruine der Festung Akkar. Zu den Einsiedeleien und einsamen Klöstern im heiligen Tal der Maroniten und zu den Zedern unter dem Qornet as-Sauda, dem höchsten Gipfel des Landes

Von Jbeil nach Tripoli

Zwar kann man Tripoli (arab. Tarablus) auf der Autobahn von Jbeil aus in vierzig Minuten erreichen, aber der interessierte Besucher nimmt die alte Küstenstraße und plant mit kleinen Abstechern in das Landesinnere einen ganzen Tag ein.

Nördlich von Amchit führen zwei Straßen durch das Hügelland in Richtung **Maad.** Dort steht die Kirche Mar Charbel auf dem Podium eines antiken Tempels, dessen Vorhalle und Cella mit den Säulen wiederverwendet wurden (9. Jh. oder Kreuzfahrerzeit). Der Gegensatz zwischen dem exakten Steinmetzwerk der antiken Teile und dem groben mittelalterlichen Mauerwerk ist frappant. Die Apsisfresken gehören zu den bemerkenswertesten mittelalterlichen Wandmalereien des Libanon, besonders die expressive Darstellung des Entschlafens der Gottesmutter (die Trauer der Apostel ist sehr realistisch wiedergegeben) zeigt einen Meister, der den byzantinischen Stil beherrscht und ihn sehr persönlich einsetzt.

Zurück an der Küste, sollten Sie in **Helweh** die Flechtwaren ansehen, die dort (und in Amchit und Batrun) aus Schilf hergestellt werden; vom Hut bis zum riesigen Paravent ist alles zu haben.

Hinter dem (meist trockenen) Flußbett des Nahr al-Madfun führt eine Straße über **Rashana,** wo die beiden Brüder Basbus, berühmte libanesische Bildhauer, ihre (unübersehbaren!) Plastiken schaffen, nach **Smar Jbeil** und **Eddeh al-Batrun** mit der Kirche Mar Saba, wo sich ebenfalls eine sehenswerte Freskodarstellung des Entschlafens der Gottesmutter erhalten hat. **Kfifan** liegt in der Nähe. Hier lebte im alten, seit 1766 von maronitischen Mönchen bewohnten Kloster des hl. Cyprianus in den Jahren 1853 bis 1856 der hl. Charbel. Sein spiritueller Vater war der 1998 seliggesprochene Hardini (Nimatullah Kassab al-Hardini), der 1858 im Kloster starb und sehr verehrt wird.

Der größte Ort zwischen Jbeil und Tripoli ist **Batrun.** Sie müssen die den neuen Ort querende Küstenstraße mit ihren Geschäften und Behörden verlassen, der alte Ort liegt direkt an der Küste. Am Nordhafen, der trotz moderner Bautätigkeit noch Spuren phönizischer Bearbeitung trägt, liegt die Kathedrale Mar Estefan (19. Jh.), weiter südlich und etwas höher sieht man die ganz orthodox wirkende (und tatsächlich griechisch-orthodoxe) Kirche des hl. Georg. Das Kirchlein wurde völlig renoviert, seine Ikonostase mit schönen Bildern ist sehenswert. Im Süden des Ortes befindet sich eine phönizische Hafenmauer, die aus dem anstehenden Gestein herausgehauen wurde und heute noch den Ort vor den Brechern des Meeres schützt. Durch Veränderungen des Meeresspiegels oder durch Erdbeben, die das Niveau des Landes anhoben, liegt sie heute etwas höher als vor 3000 Jahren, so daß das Bekken dahinter meist ausgetrocknet und mit kleinen Salzpfannen übersät ist. Achten Sie auf die Architektur der traditionellen Häuser, vor allem auf die Steinmetzarbeiten über den Türen und die zahlreichen antiken Werksteine, die verwendet wurden!

Batrun, phönizischer Südhafen.
Man sieht die in den lebenden Stein geschnittene Hafenmauer und das Zollgebäude aus osmanischer Zeit

Die Maroniten

Maroniten nannte sich in der Spätantike (5./6. Jh.) eine asketische Mönchsgemeinschaft um einen Einsiedler namens Maro. Lebensdaten und Umstände des hl. Maro (um 330 bis 410?) sind nicht gesichert. Der Heilige zog sich immer wieder vor den ihm nacheifernden Schülern zurück, zuletzt an die Quelle des Orontes, wo er in einer in den Felsen gehauenen Einsiedelei verstarb, die später zum bedeutenden Kloster wurde.

Seine Schüler lebten von Anfang an in der Gemeinschaft, es entwikkelten sich erste Klöster, von denen aus die christlichen Ortschaften ringsum betreut wurden. Mit der byzantinischen Reichskirche hatten die Maroniten immer wieder Probleme: Zwar waren sie mit der Amtskirche gegangen, als es um die Definition des Wesens Christi ging. (Mensch *und* Gott oder *nur* Gott war damals die heiße Frage – die Amtskirche entschied gegen die Vertreter der letzteren These, die Monophysiten.) Aber sie lehnten die Macht des Kaisers über ihre Äbte und Bischöfe ab. Verfolgungen maronitischer Häretiker und die Flucht der Gläubigen in die schützenden Berge des Libanon begannen in den letzten Jahrzehnten byzantinischer Herrschaft.

Unter dem Islam hatten die Maroniten zunächst nichts mehr zu befürchten. Ab dem späten 7. Jh. wählte die Gemeinschaft von Bischöfen, Mönchen und Laien einen Patriarchen und wurde damit zur autonomen Kirche. Aber die Zeiten verschlechterten sich für Christen. Schon unter den Umaiyaden gab es Diskriminierungen, Christen durften keine öffentlichen Ämter mehr besetzen, mußten spezielle Kleidung tragen und durften keine neuen Kirchen mehr errichten, die Kreuze auf ihren Kirchen hatten sie schon längst entfernen müssen. Die Maroniten zogen sich immer weiter in die Berge zurück, wo sie unbehelligt leben konnten.

Die Kreuzfahrer wurden von vielen Maroniten als Brüder in Christus gesehen und willkommen geheißen; für die Heere der neuen Herren waren ortskundige Maroniten wichtige Helfer. Erstmals nahm die maronitische Kirche Kontakt mit Rom auf, die Teilnahme am Laterankonzil von 1215 führte aber wegen des Zusammenbruchs der Kreuzfahrerherrschaft zu nichts. Verfolgungen unter den Mamelucken – die Maroniten waren schließlich Handlanger der verhaßten Kreuzfahrer gewesen – festigten nur den Zusammenhalt der Religionsgemeinschaft; ihre entlegenen Klöster blieben unbehelligt.

Unter den Osmanen, die nichtmuslimischen Gruppen Selbstverwaltung zugestanden, gab es neue Kontakte nach Rom. Der Mönch Mussa

Die alte maronitische Georgskirche in Tannurin al-Fauqa mit Plakat eines maronitischen Kirchenfürsten

al-Akkari, der lange in Rom gelebt und an der 5. Lateransynode teilgenommen hatte, wurde 1524 zum maronitischen Patriarchen gewählt, was Roms Einfluß vergrößerte. Bis in das 18. Jh. erneuerte sich die Kirche nach römischem Vorbild. Der Konflikt mit den Drusen führte 1860 zum Eingreifen Frankreichs für die Maroniten und letztlich zur Entstehung des freien Staates Libanon. Was Wunder, daß die Maroniten eine starke Bindung an Frankreich und die frankophone Kultur haben.

Heute wird weiterhin die Jakobsliturgie in Altsyrisch verwendet, doch ist die maronitische Kirche dogmatisch an Rom angeschlossen. Der maronitische Patriarch wird zwar von seinen Bischöfen gewählt und von Rom bestätigt, tatsächlich aber hat die römische Kurie das Sagen.

Den Bürgerkrieg sehen viele Maroniten nicht als beendet, sondern als verloren an, haben sie doch ihre traditionelle Rolle als Drahtzieher im Staat Libanon abgeben müssen. Die Anzahl der Christen im Lande ist unter 50 % gesunken, was die Maroniten nicht wahrhaben wollen. Das Amt des Präsidenten wird zwar nach wie vor von einem Maroniten bekleidet (Emile Lakoud), doch ist seine Macht zugunsten der des sunnitischen Premierministers wesentlich beschnitten worden.

Mit dem Taifa-Abkommen von 1989 haben sich die Maroniten nicht anfreunden können, weil sie es als eine nicht nur pro-syrische, sondern tendenziell pro-islamische Entscheidung ansahen. Mar Nasrallah Boutros Sfeir, der 67. maronitische Patriarch, rief denn auch zum Boykott der Parlamentswahlen auf, was die Maroniten noch weiter ins Abseits drängte. Der Papstbesuch von 1997 gab wieder Auftrieb, und die Seligsprechung des Mönches Hardini im Frühjahr 1998 wurde als internationale Anerkennung maronitischen Selbstbestimmungsrechtes gefeiert.

Die winzige Burg von Mseilha wurde wahrscheinlich von Mamelucken errichtet; sie schützte die Küstenroute zwischen Batrun und Tripoli

Nördlich von Batrun greift eine felsige Halbinsel ins Meer hinaus, man umfährt sie auf der alten Küstenstraße und erreicht das **Kap Chekka** (Ras ech-Chekka), einen schönen Aussichtspunkt hoch über dem Meer. Wenn Sie statt dessen die Autobahn nehmen, haben Sie nach 3 km rechts die **Burg Mseilha** vor sich, wahrscheinlich ein Bauwerk der Mamelucken. Sie entspricht ganz unserem Bild einer mittelalterlichen Burg, auf steilem, völlig isoliertem Felsen thronend, feste und wenig gegliederte Mauern nach außen, innen ein Gewirr von Verteidigungsgängen, Kammern und Treppen. Bis in die 80er Jahre lag sie in einer unberührten Flußschlinge des Walnußflusses (Nahr al-Jauz) wie eine verwunschene Märchenburg, Ziel nur weniger Sonntagsausflügler. Dann wurde die Autobahn durch das Tal gebaut, einen Steinwurf von der Burg entfernt, nachdem vorher schon direkt hinter der Burg ein Steinbruch eröffnet worden war, der die Wände der Flußschlinge radikal abtrug. Das Ergebnis ist eines der traurigsten Bilder, die ein Land bieten kann, das nicht nur herrliche Landschaften besitzt, sondern sie auch rücksichtslos auspowert (mehr dazu unter http://almashriq.hiof.no/lebanon/300/360/363/363.7/fareed/lebenv18.html).

Zwischen dem Ras ech-Chekka und dem Ort Chekka gibt es in der gleichnamigen Bucht ein paar

Strandhotels, sogar einen kurzen Streifen unverbauter Küste, dann verdecken Zementwerke und andere unästhetische Bauten den Küstenverlauf. **Enfeh,** das Nephin der Kreuzritterzeit, wurde nach der Eroberung von Tripoli durch die Mamelucken dem Erdboden gleichgemacht, die Ruinen auf einer etwa 500 m langen und maximal 120 m breiten Landzunge sind so nicht sehr aufschlußreich. Was sich vor allem erhalten hat, ist der Durchstich der Landzunge an der schmalsten Stelle (ca. 60 m), der die Burg unbezwingbar machen sollte. Diese Technik wurde von den Kreuzfahrern auch bei der Saladinsburg im syrischen Küstenland angewendet. Die Stelle war schon in phönizischer Zeit bedeutend, und zwar als Hafen. Von den Kirchen des Ortes ist Saidet er-Rih, U. L.Frau der Winde, am interessantesten, eine Kapelle der Kreuzfahrerzeit. An ihren Wänden sind noch Reste von Fresken erhalten. Das für den gesamten Bereich katastrophale Projekt einer Touristischen Zone mit riesigem Yachthafen und gewaltigen Betonmolen wird hoffentlich nicht gebaut werden.

Balamand liegt über der Küste im Hügelland. Sein Kloster wurde 1157 von den Zisterziensern als Valmont (Belmont) gegründet, nur sechzig Jahre nach der Ordensgründung in Citeaux. Der Reformorden brauchte zwölf Jahre, um aus einer kleinen byzantinischen Anlage ein größeres Kloster zu bauen, das großenteils erhalten ist. 1289 dürfte das Kloster verlassen worden sein; es verfiel teilweise. Erst 1602 wurde es wieder benutzt und durch griechisch-orthodoxe Mönche wiederaufgebaut. Die Ausstattung stammt ausschließlich aus der Zeit der Orthodoxen, die heute noch das Kloster führen.

Der quadratische Kirchturm mit seinen frühgotischen Fenstern ist erhalten geblieben; im Vorderen Orient eine Seltenheit, da bis in unsere Zeit nichtislamische Bauten keinen Turm (und keine Glocken) haben durften. Auch der Große Saal stammt aus dieser Zeit, während der Kapitelsaal des Zisterzienserklosters zur Kirche des hl. Georg umgewandelt wurde. Die Klosterkirche selbst, der Gottesmutter geweiht, ist nicht nur ihrer Atmosphäre, sondern auch der Ausstattung (Ikonostase mit Ikonen ab dem 18. Jh.) wegen sehenswert. Balamand ist seit 1988 Sitz einer christlichen (orthodoxen) Universität.

Bevor Sie Tripoli erreichen, machen Sie halt in **Qalamun,** der Stadt der Kupferschmiede. Die ursprünglich im Kupferschmiedesuk von Tripoli ansässigen Handwerker haben sich alle in diesem Ort zusammengedrängt, ihre Produkte sind von ausgezeichneter handwerklicher Qualität (man kann bei der Arbeit zusehen).

Alle Orte an der Küste sind mit Servicetaxi zu erreichen, doch nur über die Autobahn, die Orte im Hügelland erreicht man nur mit Taxi.

In Batrun: (o. Kat.) **San Stephano,** südlicher Ortsteil am Meer, Feriendorfatmosphäre, ✆ (06) 64 03 66/

64 23 66. **In Chekka:** ****Motel Saint François,** ✆ (03) 29 19 99; ein Hotel in der Bucht von Chekka **(Beaulieu)** steht vor der Eröffnung.

In Batrun: (Kat. 4) **Al-Berdawni,** in altem Haus mit Loggia an Hauptstraße, guter Standard, kein Tel. Batrun gilt als Heimat der Limonade, auf der Hauptstraße bekommen Sie sie hier und da, obwohl sie gegen moderne Erfrischungsgetränke einen schweren Stand hat. Die beste vielleicht in der **Patisserie Rim,** ✆ (06) 74 01 21; Herr Estephan Rim erklärt Ihnen gerne, wie er diese Limonade ausschließlich aus Zitrone, Zucker und Wasser herstellt. **In Enfé:** (Kat. 3–4) **Las Salinas,** Fisch und Mezze, im selben Haus **Au Portofino** mit Live-Musik und Tanz), ✆ (06) 64 50 23.

Flechtarbeiten in Helweh und Batrun, Kupferarbeiten in Qalamun.

Tripoli (Tarablus)

Den Namen hat die Stadt seit ihrer Gründung: drei Städte, auf Griechisch Tripolis, nämlich die phönizischen Handelsorte Sidon, Tyrus und Arwad, einigten sich im 4. Jh. v. Chr., auf einer Insel vor der Küste zwischen Arwad und Gubla in Erweiterung eines bestehenden Hafenortes eine Handelsniederlassung zu errichten, die aus drei unabhängigen, je eine Meile auseinanderliegenden Siedlungen bestehen sollte. Ein gemeinsamer Großhafen sollte Schiffe aller drei Gründerstädte aufnehmen, gemeinsame Finanzierung öffentlicher Vorhaben und gemeinsame Münzen sollten die Verwaltung vereinfachen.

Den langen Zeitraum von der Eroberung Phöniziens durch Alexander den Großen bis zum Ende der byzantinischen Herrschaft muß Tripolis als Handels- und Hafenstadt in einigem Wohlstand überdauert haben, darf man den wenigen ergrabenen Resten trauen. Doch die flache Meerenge zwischen Insel und Festland versandete allmählich. Im 6. Jh. wurde die Stadt durch schwere Erdbeben nahezu zerstört. Dann kam um 638 die Eroberung durch die arabischen Truppen, Einwohner flohen, andere wurden neu angesiedelt. Im Umkreis wurden Zuckerrohr, Datteln, Orangen und Zitronen angebaut, man lebte nicht schlecht mit dem Handel über Land nach Binnensyrien; den Seehandel hatten Genuesen und Pisaner an sich gerissen. Die Besitzer wechselten, mal setzte sich das sunnitische Damaskus durch, dann das christliche Byzanz, schließlich das fatimidisch-schiitische Kairo. Im späten 11. Jh. war Tarablus unter den Banu Ammar ein fast unabhängiges Stadtstaatgebilde, weder der fatimidische Kalif in Kairo noch der Emir in Damaskus, dem die Stadt traditionell zugerechnet wurde, hatten etwas zu sagen. Die Stadt konnte sich Luxus leisten: so besaß sie eine der großen Bibliotheken der arabischen Welt.

Diese kulturelle Blüte beendeten 1099 die Heerscharen der Kreuzritter. Zwar konnte Emir Abu Ali Fakhr al-Mulk die Invasoren durch Ge-

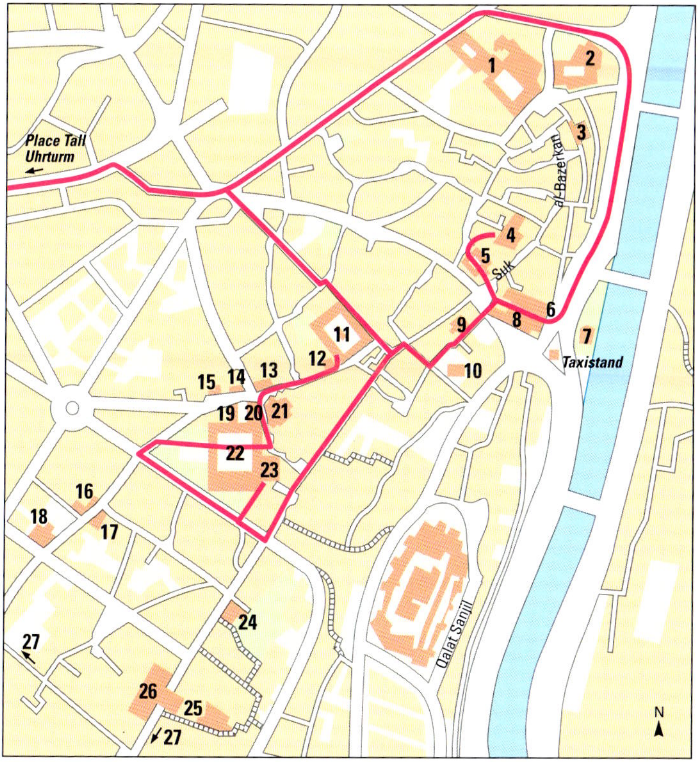

Tripoli, Plan der Innenstadt 1 Khan al-Askar 2 At-Tawbat-Moschee 3 Suk al-Haraj 4 Moschee und Medrese al-Attar 5 Khan el-Misriyin 6 Khan al-Khaiyatin 7 Medrese al-Burtasiya 8 Hammam Izz ed-Din 9 Medrese al-Qadriyat 10 Moschee al-Uwaisiyat 11 Khan as-Sabun 12 Medrese al-Tuwaishiyat 13 Medrese al-Nuriyat 14 Medrese al-Malik an-Nasir 15 Medrese al-Khairiyat Hasan 16 Medrese al-Saqraqiyat 17 Medrese al-Khatuniyat 18 Moschee Arrhun Shah 19 Medrese el-Ilimieh el-Islamieh 20 Medrese al-Shamsiyat 21 Hammam al-Nuri 22 Große Moschee 23 Medrese al-Qartawiyat 24 Moschee al-Taham 25 Moschee al-Muallaq 26 Hammam el-Djedid 27 Taynal-Moschee

Alt-Tarablus

Muster einer arabischen Stadt des Mittelalters

Alt-Tarablus ist eine Gründungsstadt der Mameluckenzeit, deren Zentrum sich überwiegend erhalten hat. Kaum eine andere Stadt bewahrt so viele mittelalterliche Züge. Frieden und Wohlstand prägten die Mamelukenzeit nach Vertreibung der Kreuzritter. Die neue Stadt wurde nach Idealvorstellungen ohne Rücksicht auf bestehende Strukturen errichtet. Der mameluckische Gouverneur und sein Hofstaat, Vertreter der Rechtsschulen, die Oberhäupter der Zünfte und die Verantwortlichen für die anderen Religionsgruppen (Juden, Christen) werden wohl die Köpfe zusammengesteckt haben, um sich über den Stadtplan zu beraten. Im Islam werden religiöse Vorschriften stärker beachtet als im Christentum; im Zweifelsfall dürften deshalb die Religionsgelehrten, die Muftis, den längeren Arm gehabt haben.

Alles in der Stadt drehte sich um die **Freitagsmoschee,** wo allwöchentlich vom Vertreter des Sultans (oder eigentlich des Kalifen) das Freitagsgebet gesprochen wurde (Große Moschee). Kein Standort in der Stadt konnte heiliger sein als dieser, keiner war vom Standpunkt der Händler aus besser gelegen.

Um die Moschee baute man die **Medresen,** die Koran-Rechtsschulen, die nicht nur der Auslegung des Korans für die Rechtsprobleme des Alltags und der Ausbildung von Koranlehrern, sondern auch als Bibliotheken und oft als Mausoleen für ihre Stifter dienten (z. B. Medrese al-Malik an-Nasir). Eine Medrese, die sich aus irgendwelchen Gründen nicht in der Nähe der Freitagsmoschee befand, mußte ihren eigenen Betsaal besitzen, denn Rechtsfindung ohne Versenkung in den Koran und die Überlieferung, ohne Reinigung und Gebet war nicht denkbar (z. B. Medrese al-Burtasiya). Manchmal schloß sich an die Medrese ein **Khankah** (oder **Tekkiye**) an, ein sufisches Kloster wie die Derwischklöster, deren Mitglieder durch Meditation, Askese und vorgeschriebene Riten ein höheres Bewußtsein zu erreichen suchten (Khankah der al-Muallaq-Moschee).

Die kultische Reinigung vor dem Gebet konnte man am **Brunnen** im Hof der Moschee vornehmen (Brunnenhaus der Großen Moschee), die ganz normale Körperreinigung erfolgte im Badehaus, im **Hammam,** der aber auch oft in der Nähe der Moschee errichtet wurde, denn ein gereinigter Körper galt (und gilt) als besonders gottgefällig (z. B. Hammam an-

Spion in der Altstadt: Hinter der Holzmaske konnten Frauen das Leben auf der Straße verfolgen, ohne selbst gesehen zu werden

Nuri). Brunnen in den einzelnen Stadtvierteln wurden durch städtische Wasserleitungen versorgt, für deren Erhalt eine eigene Handwerkerzunft verantwortlich war.

Die islamische Stadt war von Anfang an in streng getrennte **Viertel** geteilt. Juden, Christen und Muslime wohnten in eigenen Vierteln, aber auch Familien, die aus dem Süden stammten, und solche aus dem Norden, oder Familien, die unterschiedlichen Zünften (deren Mitgliedschaft erblich war) angehörten: Herkunft bedeutete alles. Jedes Viertel hatte seine Mauern und sein bewachtes Tor, das zur Nacht geschlossen wurde, jedes hatte seine eigene Moschee (oder Synagoge oder Kirche), seinen Hammam, sein Brunnenhaus (z. B. Viertel um Abd al-Wahed-Moschee). In den geschlossenen Vierteln gab es keine Durchgangsstraßen, nur Sackgassen.

Wohnen und Arbeiten waren klar getrennt, gearbeitet wurde im Basarbereich, wo es offene und gedeckte Märkte (Suk al-Haraj) gab, die **Suks,** wo Waren hergestellt und auch gleich verkauft wurden. Die Suks waren streng nach Zünften eingeteilt, in einer Gasse gab es Silberschmiede und in der nächsten Tuchhändler, näher an der Freitagsmoschee Parfum- und Gewürzhändler (Suk Attarin), und der Freitagsmoschee am nächsten die Buchhändler, die das kostbarste Objekt des islamischen Glaubens verkauften, das Buch der Bücher, den Koran.

Großhändler brachten ihre Fernhandelswaren in Karawanen bis in die ummauerte Stadt, verwahrten sie in **Karawansereien** am Rande der Stadt und transportierten sie dann mit Mauleseln oder auf dem Rücken von Trägern in die **Khane** (auch **Funduks** genannt) der Innenstadt (z. B. Khan as-Sabun). Nicht überall gab es spezielle Handwerkerhöfe, die **Kisserien,** in denen man bestimmte Arbeiten zusammenzog (z. B. der Khan al-Khaiyatin, der eigentlich eine Kissariya ist). Die schmutzigen und übelriechenden Handwerke der Gerber und Färber siedelte man an Wasserläufen an, möglichst am Rande der Stadt (Nähe At-Tawbat-Moschee), was aber nicht immer möglich war und die benachbarten Viertel nicht unbedingt zu bevorzugten Wohnvierteln der Reichen machte.

schenke und Verhandlungsangebote noch einmal ablenken, die Kreuzritter eroberten zunächst Tartus und Jbeil, kehrten aber 1104 wieder und setzten unter dem Befehl ihres Anführers Raymond de Saint-Gilles den verdutzten Einwohnern von Tarablus eine Festung vor die Tür, mit der sie alle Kontakte zwischen Stadt und Hinterland kontrollieren und abschneiden konnten. Sie wird heute noch nach ihrem Erbauer Qalat Sanjil genannt. Erst seinem Sohn Bertrand gelang es, mit Hilfe von achtzig genuesischen Galeonen, die Tarablus auch von der Versorgung auf dem Seeweg abschnitten, die Stadt mürbe und sturmreif zu machen. Sie fiel im Jahre 1108, Bertrand wurde zum Grafen von Tripolis ernannt.

1289 eroberten islamische Truppen unter dem mameluckischen Sultan Qalaun die Stadt zurück. Ausländische Händler und die Grafenfamilie konnten sich gerade noch nach Zypern abzusetzen. Die verbliebene männliche Bevölkerung wurde umgebracht, die Frauen und Kinder in die Sklaverei verkauft.

Qalaun ließ die Stadt dem Erdboden gleichmachen, nur der Hafen blieb bestehen. Zur gleichen Zeit ließ er unterhalb des Burghügels der Franken eine neue, ganz moderne Stadt errichten, die bis auf einige Reste der fränkischen Burgvorstadt keine Vorgänger hatte. Die neu angesiedelte Bevölkerung bestand aus verläßlichen Sunniten, und sunnitisch ist Tripolis bis heute geblieben.

Blick von Qalat Sanjil auf Tripoli

Moscheen, Medresen, Khane und gedeckte Suks stammen alle aus mameluckischer oder allenfalls früh-osmanischer Zeit (nach 1517). Tripoli ist ein selten einheitliches Ensemble arabischer städtischer Kultur des Mittelalters und der frühen Neuzeit.

Die zerstörte Stadt blieb verlassen, nur der Hafen des alten Tripolis wurde allmählich wieder von Handelshäusern und Gewerbe umbaut, konnte sich aber nicht mehr gegen die neue Stadt durchsetzen, die ihm sogar den Namen wegnahm. Er nannte sich fortan nur noch Al-Mina oder Askala, nach der arabischen oder griechischen Bezeichnung für Hafen. Erst in den beiden letzten Jahrzehnten des 20. Jh. sind die beiden Ortsteile zu einer Großstadt zusammengewachsen.

Von der Place Tall zum Hammam Izz ed-Din

Wer von Süden nach Tripoli fährt, kommt unweigerlich auf der **Place Tall** mit ihrem Uhrturm an, die das Scharnier von Alt- und Neustadt darstellt. Von hier fahren die Busse ab und die Linientaxis, die normalen Taxis und Mikros, hier und in der anschließenden Rue Tall befinden sich Kaffeehäuser, Schnellimbisse, Patisserien und ein paar Hotels der Backpacker-Kategorie. Also starten Sie Ihren ersten Stadtspaziergang von hier, indem Sie vom kleinen Park am Uhrturm die Rue Fouad Chehab nehmen, bis Sie nach 400 m das Flußbett des Nahr Abu

Ali erreichen und rechts den Khan al-Askar. Wenn Sie im Mietwagen ankommen, empfiehlt es sich, gleich zum bewachten Parkplatz gegenüber dem Eingang zum Khan al-Askar zu fahren, bei dem unser erster Stadtspaziergang beginnt.

Der **Khan al-Askar** (1) oder Soldatenkhan wurde, der Name sagt es, 1289 als Kaserne für die Truppen Qalauns gebaut. Die Burg war bei den Kämpfen ausgebrannt, man brauchte eine Unterkunft für die Soldaten, somit ist dieser Khan wohl das älteste Gebäude der mameluckischen Stadt. Entsprechend streng wirkt das aus drei Teilen bestehende Gebäude, das bis in unsere Zeit abwechselnd als Kaserne und als Handels- und Gewerbehof verwendet wurde. Nebenan steht die **At-Tawbat-Moschee** (2), ein osmanischer Bau von 1612 mit Arkadenhof, ihr Minarett gehört eigentlich zu einer anderen Moschee, jener der Gerber (Al-Dabbarhin), die an diesem Standort direkt am Fluß früher ihre Arbeitsplätze hatten.

Von dem kleinen Platz zwischen Moschee und Khan gelangt man in eine enge Sukgasse, die sich plötzlich nach links erweitert, dies ist der **Suk al-Haraj** (3), der Händlersuk aus dem 14. Jh. Während die meisten Suks sich aus ganz normalen Gassen eher zufällig entwickelten, wurde dieser Suk speziell als Markthalle errichtet. Zwei wiederverwendete Granitsäulen tragen ein eindrucksvolles Gewölbe; hinter zwölf kleineren Säulen liegen die randlichen Läden. Der schöne Bau hat keine

Der Khan der Ägypter, Khan al-Misriyin

wirkliche Funktion mehr – ein Problem, mit dem sich die städtische Denkmalverwaltung immer wieder herumschlagen muß: was macht man mit einem Bauwerk, das man nicht mehr benötigt und für dessen Erhaltung kein Geld da ist?

Durch schmale Altstadtgäßchen gehen Sie, vorbei am alten Al-Mahalla-Brunnen, zur Sukgasse al-Bazerkan und dem Eingang zur **Moschee und Medrese al-Attar** (4), also der Parfumhändler, aus der ersten Hälfte des 14. Jh. Ihr quadratischer Turm könnte der Verteidigungsturm einer Burg sein. Eine Inschrift gibt das Edikt eines mameluckischen Sultans von 1465 wieder, sie verbietet die Erhöhung der Kommissionen für Kurier-, Übersetzer- und Vermittlerdienste lokaler Dragomane (so die Bezeichnung für diesen Beruf) für ausländische christliche und muslimische Händler.

Rechts am Minarett der Moschee vorbei gelangt man in eine schmale Altstadtgasse. Hier führt nach links ein noch schmalerer Durchgang zu einem dreieckigen Platz. Dem Gewölbe nach (Tonnengewölbe mit Stichkappen) handelt es sich um den Rest eines Gebäudes der Kreuzritterzeit, vielleicht aber auch um einen früh-mameluckischen Bau. Hier nach links in den **Khan el-Misriyin** (5), den Khan der Ägypter (1. Hälfte 14. Jh.), so genannt, weil er von den ägyptischen Mamelucken errichtet wurde. Es ist der klassischste aller Khane in Tarablus, eine quadratische (ca. 800 m^2), zweistöckige Arkadenhofanlage mit Brunnen in der Mitte. Jede Arkade führt bis zur Außenwand durch und ist mit einem Tonnengewölbe überdeckt, es gibt also kein gemeinsames Dach. Im ersten Stock hat sich ein Seifensieder niedergelassen, der die typischen Kugelseifen der Stadt herstellt (Besuch willkommen).

Raus auf der anderen Seite des Khans, eine schmale Sukgasse überquert, und Sie stehen im **Khan al-Khaiyatin** (6), dem Schneiderkhan, 1341 errichtet (Abb. S. 116f.). Der Lichteinfall in das langgestreckte Gebäude (58 m × 14 m) wird durch Strebebögen akzentuiert, die über den Lichthof hinweg die beiden zweistöckigen Flügel verbinden. Ursprünglich führten zwei schmale Säulengänge durch das Erdgeschoß, von denen links und rechts winzige Einzelläden abgingen, es handelte sich also eigentlich nicht um einen (Großhandels-) Khan, sondern um einen Gewerbehof, eine Kisseriya. Heute gibt es zu beiden Seiten des breiten Mittelganges nur noch je eine erhöhte Ladenreihe. Noch heute arbeiten hier Schneider, eine bemerkenswerte Kontinuität!

Auch hier gibt es ein Portal auf der anderen Seite des Khans; wenn Sie dort hinaustreten, empfängt Sie der belebte Markt, der sich seit dem Straßenbau im Flußtal entwickelt hat. 1955 gab es eine schwere Flut, der mehrere alte Bauten zum Opfer fielen (lassen Sie sich nicht durch die offiziellen Pläne der libanesischen Fremdenverkehrswerbung beirren; sie stellen den Stand vor 1955 dar). Die **Medrese al-Burtasiya**

(7), vor der Sie nun stehen, wurde wie durch ein Wunder nicht zerstört, obwohl sie nach der Flut bis zum 1. Stock im Schutt stak und große Schäden davontrug. Ihre beiden Kuppeln und das quadratische, im obersten Stock sich verbreiternde und von dekorativen Stalaktiten gestützte Minarett werden jedem Besucher der Altstadt unvergeßlich bleiben. Wer näher herantritt, muß die Steinschnittarbeiten und das Muqarnas-Gewölbe der Türstürze bewundern; der Eintretende wird sich am Goldmosaikdekor des Mihrab erfreuen.

Wenn Sie jetzt eine Pause brauchen: das Open-Air-Kaffeehaus unter den Bäumen des kleinen Parks oder ein Bummel über den Markt bringen Sie wieder in einen aufnahmefähigen Zustand! Hier befindet sich übrigens auch ein Taxistand.

Vom Hammam Izz ed-Din zur Taynal-Moschee

Das auffällige Kuppelgebäude neben dem Khan al-Khaiyatin ist der **Hammam Izz ed-Din** (8), ein zwischen 1294 und 1298 errichtetes öffentliches Bad, das älteste der Stadt, nur fünf Jahre nach der Vertreibung der Kreuzfahrer begonnen, zum Teil mit behauenen Steinen aus deren Bauten. Seinen Namen verdankt es dem damaligen Gouverneur Emir Izz ed-Din Aibek, der sich in einem Nebenraum ein Mausoleum anlegen ließ. Der Hammam hat *burrani* (Umkleideraum), *al-wustani* (Warmraum mit kleinen erhöhten Bade-Alkoven) und *al-hammi* (Heißwasser-Dampfbad), wie es im klassischen Bad des islamischen Kulturkreises üblich ist, in dem der antike Kaltwasserbereich mit dem Umkleideraum verschmolz. Besonders interessant sind die runden, grün und rot verglasten Kuppelöffnungen.

Vom Hammam wendet man sich in die schmalere der beiden Sukgassen, die jenseits weiterführen, und sieht gleich rechts das Portal der **Medrese al-Qadriyat** (9; 2. Hälfte 15. Jh.), deren schwarz-weiße Steinschneidearbeit und die fein gemeißelte Bandumrahmung ein prächtiges Beispiel für die dekorative Wandgestaltung der Mameluckenzeit abgeben.

Auch in dieser Gasse finden Sie die halbrunden, aus gelochtem Sperrholz gefertigten Sichtblenden vor den Fenstern (Abb. S. 127), die früher einmal den Frauen die Möglichkeit gaben, zu sehen, ohne selbst gesehen zu werden.

Ein Abstecher führt treppauf zur **Moschee al-Uwaisiyat** (10) von 1416 mit riesiger Zentralkuppel, die schon an die späteren osmanischen Kuppeln erinnert. Ihr Minarett und das angrenzende Mausoleum wurden erst 1621 errichtet, als Fakhr ed-Din II. Tripoli erobert hatte.

Zurück im Sukbereich, queren Sie die Hauptsukgasse, den **Attarin-Suk,** und stehen dann vor dem **Khan as-Sabun** (11), dem Khan der Seifensieder aus osmanischer Zeit (17./18. Jh.). Der Pascha von Tripoli hatte den Khan ursprünglich als Kaserne für die türkische Garnison gedacht, als aber Fakhr ed-Din II. die Stadt erobert hatte, überließ er sie nach einiger Zeit der Gemeinde als Standort für eine Seifenfabrik und einen Großhandelshof. Die zweigeschossige Hofanlage (500 m^2) mit großem zentralen Wasserbecken (100 m^2) ist heute praktisch ungenutzt, doch die Gemeinde trägt sich mit dem Gedanken, daraus einen Schauhandwerk- und Ladenhof für Touristen zu machen.

Wo die Überdeckung der Gasse endet, beginnt ein Straßenstück mit ganz anderem Charakter: wir nähern uns der Großen Moschee, und ihre Nähe wird durch ihr zugeordnete Medresen angekündigt. Sieben umstehen die Große Moschee, davon vier auf der rechten Seite der Straße. Die erste ist die **Medrese at-Tuwaishiyat** (12), gestiftet 1471 vom Emir Saif ed-Din al-Tuwaishi, im angeschlossenen Mausoleum des Stifters beeindruckt die gerippte Kuppel über dem hohen, schmalen Raum. Die nächste ist die **Medrese an-Nuriyat** (13) mit besonders kunstvollem Steinportal; im Tympanon befindet sich eine schwarz-weiße Steinmosaikarbeit, die einen weißen Kreis mit schwarzem Rand und elf eingeschriebenen schwarzen Blitzen darstellt. Sie entstand 1333 unter dem mameluckischen Gouverneur Nur ed-Din. Nach einer Querstraße folgt die **Medrese al-Malik an-Nasir** (14; 1. Hälfte 14. Jh.), die Sultan Qalauns Sohn Nasir ed-Din Mohammed errichten ließ. Ganz oben im schmalen Eingangsbogen der Medrese befindet sich sein in einen Kreis eingeschriebenes Wappen. Ein paar Schritte weiter folgt die **Medrese al-Khairiyat Hasan** (15; 1. Hälfte 14. Jh.), die nicht sehr gut erhalten ist, so daß wir uns jetzt der anderen Seite der Straße zuwenden können. Fünf Minuten weiter befinden sich jedoch noch andere Bauten, die Sie sich vielleicht ansehen sollten, die **Medrese as-Saqraqiyat** (16; ca. 1359), die **Medrese al-Khatuniyat** (17; 1373/74) und die **Moschee Arrhun Shah** (18; spätes 14. Jh.) mit aufwendigem Minarett.

Doch zurück zur Straße gegenüber der Medrese al-Khairiyat Hasan! Wenn Sie nun auf dieser Straßenseite weitergehen, sehen Sie zuerst die **Medrese el-Ilmieh el-Islamieh** (19) des 14. Jh., deren Stifter nicht bekannt ist und die innen hübsch stuckiert ist. Dann stehen Sie vor dem Haupteingang der Großen Moschee, vor der bescheidenen **Medrese ash-Shamsiyat** (20; 1. Hälfte 14. Jh.), und schließlich vor dem noch bescheideneren Eingang des **Hammam an-Nuri** (21; evtl. Schlüssel beim Nachbarn). Dieses Bad, das der Gouverneur Nur ed-Din stiftete (dem auch die Medrese al-Nuriyat zu verdanken ist!), ist insgesamt kleiner als sein Vorgänger, hat aber eine besonders große und lichte Heißwasserhalle mit umlaufenden Bade-Alkoven und mehrfarbigem Marmorfußboden. Hübsch auch hier die Verglasung der Kuppelöffnungen in blau und grün.

Nun aber zurück zur **Großen Moschee** (22), die Sultan Qalaun als

Die Große Moschee von Tripoli hat einige Elemente der Vorgängerkirche einbezogen, so den lombardischen Campanile, der zum Minarett wurde

neue Freitagsmoschee errichten ließ, nachdem er das alte Tripoli dem Erdboden gleichgemacht hatte. Für die Freitagsmoschee suchte er einen Standort aus, der den Sieg des Islam über das Christentum nicht besser symbolisieren konnte: den Platz, an dem die Kathedrale U. L. Frau gestanden hatte. Teile des Kirchenbaus wurden in die neue Moschee inkorporiert, ihr Nordeingang und der Turm wurden Nordeingang der Moschee und Minarett, der Rest des ausgebrannten Gebäudes wurde abgetragen. Das Kreuzfahrerportal ist jenes, vor dem Sie jetzt stehen, es ist ein flaches Trichterportal, leicht zugespitzt, umfangen von Zickzackbändern und dekorativen Halbsäulen. Der Turm der Kathedrale, das heutige Minarett, hat Bi- und Triforien, zum Teil noch mit romanischen Kapitellen, wie man vom Hof aus gut erkennen kann. Dieser Hof mit seinen Arkaden wurde 1315 fertiggestellt, der Betsaal etwas später, nämlich 1326, wie die Inschrift auf dem Mimbar (der Kanzel) belegt. Das Brunnengebäude im Innenhof ist grün überkuppelt, zusammen mit dem Minarett ein unverzichtbares Fotomotiv!

Verlassen Sie die Moschee durch den Osteingang. Sie erreichen einen winzigen Platz, der mit Weinlaub überspannt ist, kühl und erfrischend, und der für sich allein schon sehenswert wäre. Mit dem Eingang zur **Medrese al-Qartawiyat** (23; 1316–1326) zur Rechten wird er zu einem verzauberten Ort. Dieses Portal gehört zum Schönsten, was Architekten, Steinmetze und Stuckkünstler der Mameluckenzeit schufen, die Gebäude Kairos und

Aleppos inbegriffen! Ein in Steinschnittarbeiten gefaßter Türsturz wird von einem prächtigen Muqarnas-Fries überdacht, das Tympanon von einer Muschel gefüllt, die ein dreifaches Zickzackband umgibt (Kreuzfahrertradition!). Drinnen ist es kaum weniger prächtig, am eindrucksvollsten ist wahrscheinlich der große Marmorbrunnen in der Mitte, von dem die Kühle dieses kleinen Platzes ausgeht.

Gehen Sie nun die wenigen Meter zur Hauptstraße des Suks, der Fortsetzung des Attarin-Suks. Hier ist sie besonders lebendig und, wie sonst kaum im Libanon, sehr konservativ: es gibt noch echte Wasserverkäufer, die nicht etwa, wie in Marrakesch oder Kairo, nur auf Touristenfang aus sind!

In der Fortsetzung des Attarin-Suks kommt man zur **Moschee at-Taham** (24; 1. Hälfte 17. Jh.) mit ihrem ungewöhnlich elaborierten Minarett: die undekorierten Balustradenbegrenzungen und die acht Pfeiler, die das Dach des ›Fürstenminaretts‹ tragen, geben ihm den Gesamteindruck einer chinesischen Pagode. Der Bau wurde von Yunnes al-Maani, einem Bruder Fakhr ed-Dins II., in Auftrag gegeben. Es folgt die **Moschee al-Muallaq** (25), die ›Hängende‹ (weil sie im ersten Stock liegt), ein früh-osmanischer Bau, noch unter Syriens Eroberer Süleiman dem Prächtigen (nach 1516) in Auftrag gegeben, aber vom Äußeren her völlig mameluckisch.

An die Moschee angeschlossen ist ein **Khankah,** ein Raum, wie ihn die Sufi-Mystiker für ihre Treffen verwendeten. Es handelt sich um einen offenen Hof mit Brunnen; um einen etwas erhöhten Liwan (offene, überwölbte Halbhalle) sind kleine Räume angeordnet – dies ist der einzige Khankah im Libanon.

Gegenüber liegt der hübsche et-Tinat-Brunnen von 1413 vor dem **Hammam el-Djedid** (26), dem ›Neuen Bad‹, das der Damaszener Gouverneur Asad Pascha al-Azem 1740 stiftete. Über dem Portal hängt eine steinerne Kette aus vierzehn

Tripolis schönste mameluckische Medrese ist al-Qartawiyat (hier: Detail über dem Nordportal)

Der Hammam el-Djedid, das ›Neue Bad‹, ist eine gut erhaltene Anlage von 1740

Gliedern: sie ist aus *einem* Steinblock geschnitten! Der große Bau wird nicht mehr als Bad genutzt, was seinem Eindruck nicht abträglich ist, auch nicht, daß hier keine bunten Gläser das Sonnenlicht verändern, sondern durch unzählige Kuppelöffnungen ungefiltertes Licht hereinströmen darf.

Zur **Taynal-Moschee** (27) sind es von hier aus 600 staubige Meter, man nimmt sich am besten ein Taxi. Die Taynal-Moschee des Emirs Saif ed-Din Taynal und Gouverneurs von Tripoli (ab 1336) ist seine Grabmoschee, errichtet auf dem Standort der Karmelitenkirche der Kreuzritterzeit. Mit ihren fünf grünen (früher weiß getünchten) Kuppeln ist sie eine der Hauptsehenswürdigkeiten der Stadt. Über dem pittoresken Äußeren der Moschee sollte man nicht ihr wunderschönes Baudetail übersehen, besonders bei den Portalen außen wie innen: Marmorplattenmosaik, dekorative Inschriftzüge, Muqarnasfriese, eine bemalte Holzbrüstung, ein Mimbar von 1336, schöne wiederverwendete antike und byzantinische Bauteile.

Qalat Sanjil

Der Blick von Qalat Sanjil (tägl. 8.00–18.00 Uhr), der Burg des Raymond de Saint-Gilles, ist ein ziemlich umfassender, und das soll er schon sein, schließlich haben die Kreuzfahrer die Burg hierhin gebaut, weil sie überwachen wollten, was unter ihnen in der Küstenebene los war. Die heutige Burg hat außer der Lage und den Hauptstrukturen der Fundamente nur noch wenig mit der fränkischen Burg zu tun: diese war während der Belagerung durch Qalaun so stark zerstört worden, daß es vom Zeitpunkt der Eroberung (1289) bis 1308 dauerte, bis sie wieder soweit hergestellt war, daß sie ihrem Zweck als Festung dienen konnte. Als der Nachfolger Selims, des osmanischen Eroberers Syriens, der lange regierende Süleiman der Prächtige (1520–1566), auf einer Inspektionsreise die Festung sah, ließ er sie sofort in Schuß bringen, das dauerte ebenfalls seine Zeit (1516–1521). Zuletzt ließen Anfang des 19. Jh. der osmanische Gouverneur Mustafa Barbar Agha und im 20. Jh. die französische Verwaltung an der Burg herumbauen.

So ist es schwer, sich vorzustellen, wie hier die Herren und Damen der Grafschaft Tripoli lebten, von den Zeiten ihres Erbauers Raymond de Saint-Gilles bis hin zu Bohemund VII., 180 Jahre lang – die längste Zeit, die irgendein Ort der Levante in Kreuzfahrerhand war! Es sind ganz andere Vorstellungen, die in der Burg erweckt werden: der Triumph der mameluckischen Eroberer spiegelt sich in der Inschrift über dem Hauptportal der Kreuzritterzeit, der militärische Agenda der Zeit Sultan Shabans anspricht; die osmanische Eroberung wird im Edikt Süleimans des Prächtigen über dem zweiten Portal festgehalten, wo es um die Renovierung der Burg geht. Die früheren Bewohner der Bergspitze kann man im Innenhof erahnen, wo eine sechseckige Struktur ausgegraben wurde, bei der es sich wohl um den Teil eines fatimidisch-schiitischen Heiligtums handelt, das die Kreuzfahrer wegen der äußeren Form zu einer Kirche des Heiligen Grabes umwandelten.

Al-Mina und die Inseln

Drei Kilometer sind es vom Tall-Platz nach **Al-Mina.** Durchweg städtisch ist das durchquerte Gebiet, noch vor ein paar Jahrzehnten dehnten sich hier Orangenhaine aus. Südlich der Verbindungsachse wird jetzt wieder am ausgedehnten **Messeareal** gebaut, das in den 50er Jahren von **Oscar Niemeyer** entworfen wurde, der besser für seine Schöp-

Kreuzfahrerstaaten in der Levante

Während jener mittelalterlichen Phase, die wir als Zeit der Kreuzzüge bezeichnen, war das Gebiet des heutigen Libanon umkämpftes Territorium. Die Franken (von den Arabern Ifranj genannt) eroberten 1099 Jerusalem, nachdem sie zum ersten Mal 1096 in Anatolien aufgetaucht waren. Fast 200 Jahre konnten sie ein durch Siege und Niederlagen immer wieder verändertes Territorium halten, bis sie 1291 ihre letzten Stützpunkte verlassen mußten, Tortosa (Tartus in Syrien), Beirut, Tyrus und Akkon (Israel). Nur im Königreich Klein-Armenien und der Grafschaft Edessa reichte ihr Territorium (in der heutigen Südtürkei) weiter ins Binnenland hinein. In der südlich anschließenden Grafschaft Tripolis und im Königreich Jerusalem war der erste oder zweite größere Höhenzug die Grenze ihrer Machtzone. Im Süden erreichte ihr Besitz zeitweilig Gaza am Mittelmeer und sogar Ailat (Elath) am Golf von Akaba. Die großen Machtzentren des vorderen Orients konnten sie nie erobern: Aleppo, Hama, Homs, Damaskus; auch vor Baalbek und Bosra mit ihren in antike Bauten hineingebauten Festungen scheiterten sie.

Der Norden des Libanon war ein Teil der Grafschaft Tripolis, beherrscht vom heutigen Tarablus aus. Bertrand, der Graf von Toulouse, hatte die Grafschaft als Lehen des Königreiches Jerusalem 1108 gegründet. Der Süden gehörte zum Königreich Jerusalem, die Grenze verlief zwischen Jbeil und Beirut am Nahr el-Kelb. Einige wichtige Festungen wurden nicht von den Herrschern selbst bemannt, sondern von Ritterorden, die in der ersten Phase der Kreuzzüge zur Verteidigung des Heiligen Landes gegründet worden waren. Der Krak des Chevaliers (Syrien) wurde von den Hospitalitern gehalten, wie auch die Burg von Akkar, andere von den Templern, wie etwa die Zitadelle des wichtigen Tartus, oder Beaufort im Süden des Libanon im Königreich Jerusalem. Im Osten konnte die Grafschaft Tripolis zwar über das Libanongebirge, aber nicht weiter als in die Vorberge der Beqaa vordringen, wo sich christliche und muslimische Truppen bei Baalbek lange gegenüberstanden. Weiter im Süden war der Litanifluß die Grenze, dann verlief sie östlich der Festung Beaufort in Richtung der Golanhöhen.

Nach Erfolgen im ersten Kreuzzug (1096–1099) und in den Jahrzehnten danach sollten die Franken bald Rückschläge erleiden. 1144 erober-

Ausdehnung der Kreuzfahrerstaaten vor dem zweiten Kreuzzug

Gargar
Marash
Samosata
Kesoun
Aintab
GRAFSCHAFT
Edessa
Bira
Saruj
Harran
Tarsus
Adana
Tell Bashir
EDESSA
Mamistra
Alexandretta
Azaz
Buzaah
FÜRSTENTUM
Antiochia
Aleppo
al-Atharib
Qoseir
ANTIOCHIA
Kafarlatha
Euphrat
Saone
Maarrat-an-Numan
Orontes
Kafartab
Shaizar
ZYPERN
al-Marqab
Maysaf
Hamah
GRAFSCHAFT
Rafaniyeh
Hisn al-Akrad
Homs
Tripoli
Akkar
TRIPOLI
Jbeil
Baalbek
Beirut
Mittelmeer
Toron
Damaskus
Beaufort
Tyrus
Banyas
Akko
Safed
Haifa
Belvoir
Jordan
Jaffa
Ibelin
Beit Nuba
Jerusalem
Blanche Garde
Askalon
Beit
Jibrin
Totes
Meer
Kerak
KÖNIGREICH
Krak de
Shaubak
JERUSALEM
N
0
100 km
Akaba

Tripoli, Qalat Sanjil. Von der Festung des namengebenden Raymond de Saint-Gilles ist kaum noch etwas erhalten; der heutige Bau ist mameluckisch und osmanisch

te der Emir von Mossul die Grafschaft Edessa; einer der vier Kreuzfahrerstaaten war damit ausgeschaltet. Ein zweiter Kreuzzug (1147–1149) brachte zwar die vorübergehende Rückeroberung von Edessa, wurde aber wegen Streitigkeiten im christlichen Lager zum Desaster. 1187 eroberte der neue ägyptische Herrscher Saladin Jerusalem, die wichtigste Stadt der Kreuzritter. Ein dritter Kreuzzug (1189–1192) kam zustande. Kaiser Friedrich I. Barbarossa, der ihn leitete, erzielte einen klaren Sieg bei Ikonion, ertrank aber 1190 in Südanatolien. Nach der Einnahme von Akkon schlossen die Kreuzritter Frieden mit Saladin: Jerusalem wurde für Pilger geöffnet – aber sein Territorium blieb verloren, das Königreich Jerusalem überlebte nur dem Namen nach.

Im vierten Kreuzzug (1202–1204) kamen die Kreuzritter gar nicht bis ins Heilige Land, sondern ließen sich von den Venetianern, denen sie Geld für den Schiffstransport schuldeten, zur Eroberung von Konstantinopel verleiten. Im fünften Kreuzzug (1228–1229) konnte der vom Papst gebannte Kaiser Friedrich II. dem ägyptischen Herrscher Jerusalem, Bethlehem und Nazareth per Vertrag abluchsen – die beiden Herren konnten sich auf Arabisch unterhalten, was dabei geholfen haben mag. Jerusalem wurde aber 1244 von den Mongolen erobert und gebrandschatzt, es sollte nie wieder in die Hände der Christen kommen.

Die Mamelucken, die neuen Herren in Kairo, hatten inzwischen ihre Offensive gestartet. Baibars eroberte 1268 Beaufort und im selben Jahr Antiochia, sein Nachfolger Qalaun überrannte 1289 Tripoli, Enfeh, Batrun und nahm 1290 Akko, den letzten Kreuzfahrerort auf dem Festland. Das gesamte Territorium des heutigen Libanon war im mameluckischen Staat aufgegangen.

fung Brasilia bekannt ist. Die Halbinsel Al-Mina ist fast vollständig und ohne jeden Bebauungsplan verbaut, die Orientierung ist fast schwerer als im alten Stadtviertel, das nach der Zerstörung der Vorgängerstadt sich allmählich um den Hafen bildete.

Das interessanteste Gebäude in der Altstadt ist der leider sehr heruntergekommene **Khan aus der Mameluckenzeit,** der sehr stark dem Khan el-Misriyin ähnelt, auch er hat bis zur Rückwand durchgezogene Arkaden und Tonnengewölbe, aber in wesentlich größerem Maßstab. Auch der Rest der Altstadt wirkt abbruchreif; dabei verbergen sich hinter den zerbröckelnden Mauern Gebäude aus mameluckischer und osmanischer Zeit, die es zu retten gälte. Viele der älteren Häuser (meist 19. Jh.) haben im ersten Stock noch hölzerne Brüstungen, die über die Straße hinausragen, leider ist das Holz häufig in sehr schlechtem Zustand. Am schönsten ist noch die **Hafenpromenade,** besonders nach Einbruch der Dunkelheit, wenn die Lichter der Café- und Restaurantschiffe auf den Wellen tanzen und die Musik ihrer Lautsprecher, so westlich sie im Einzelfall sein mag, sich zu einer unnachahmlich orientalischen Klangkulisse vermischt.

Vom Hafen können Sie sich ein Boot mit Führer auf die vorgelagerten Inseln nehmen. Die wichtigste ist die **Kanincheninsel,** die seit 1992 als Naturschutzgebiet unter dem Schutz der UNESCO steht und nur mit Führer betreten werden darf. Hier legen Meeresschildkröten ihre Eier ab und brüten Seevögel. Bis zur Kreuzfahrerzeit war die Kanincheninsel bewohnt, oder es stand doch zumindest eine Kirche darauf. 1289 floh ein Teil der Bewohner von Tripoli in Panik auf die Insel, als es keine andere Rettung mehr gab. Sie flüchteten in die Kirche, wo sie eingeholt und niedergemetzelt wurden.

An der Küste wurde in spätmameluckischer Zeit (2. Hälfte 15. Jh.) eine Reihe von Wachttürmen errichtet, die Kreuzfahrer hätten ja wiederkommen können! In Al-Mina waren es ursprünglich sieben; vier haben sich gehalten, am besten und eindrucksvollsten der Burj as-Saba, der **Löwenturm,** etwa 1,5 km östlich des Hafens an der Küste. Auf einer Grundfläche von 28,5 × 21,5 m erhebt sich der früher wohl 20 m hohe Turm. Nach außen hin wird er nur durch ein elaboriertes Portal geschmückt; seine Mauern sind ungegliedert bis auf die kleinen Fenster. Im Inneren liegen über einer Zisterne zwei Stockwerke mit sehr komplexem Grundriß, was u. a. dadurch bedingt ist, daß die Sicherung der Tore und Fenster des Erdgeschosses vom ersten Stock aus vorgenommen werden mußte.

Tourismusbüro bei der Einfahrt von Süden an der Place Abd al-Hamid Karami, ✆ (06) 43 35 90.

Von Beirut (Gare Charles Hélou) fahren in kurzen Abständen komfortable Busse nach Tripoli, Place Tall; dort Busbüro, in dem das Ticket (mit Sitzplatznummer) erworben wird. Servicetaxis und Taxis ebenfalls ab und nach

Place Tall (der Name des Ortes wird ›Trabluus‹ ausgesprochen).

In der **Altstadt** gibt es kein Hotel, das empfehlenswert wäre, das **B **Palace,** ✆ (06) 49 04 07, in einem hübschen Haus des 19. Jh. hat einige Zimmer mit Bad und Aircondition, ist aber sehr laut; noch ›verkehrsgünstiger‹ liegt an der Corniche das (o. Kat.) **al-Sultan** in **Al-Mina,** ✆ (06) 60 16 27/61 16 40. Die anderen Hotels in haben einen sanitären Standard, der nicht zum Verbleib einlädt. **Südlich der Stadt** liegt wenig attraktiv das ****B **Al-Naoura** mit Pool und gehobenem Standard, ✆ 06-43 14 28, 03-84 55 02, Fax 06-43 14 28. Die Alternative findet man südlich der Stadt in einem christlichen Gebiet mitten im Ölbaumhain, sie ist außergewöhnlich reizvoll, aber auch (zu Recht) teuer – ****A **Les Oliviers** (›Villa Nadia‹), ✆ (06) 22 84 32, Fax (06) 61 02 22. Nehmen Sie von der Küstenautobahn in Richtung Süden die Straße nach Bcharreh, noch in der ersten Steigung zweigt rechts eine Straße ab, die Sie hinbringt (Schild).Von außen sieht man dem Haus nicht an, was sich drinnen verbirgt: ein halb orientalischer, halb europäischer Palast mit Originalausstattung, die von der Besitzerin in Jahrzehnten liebevoll zusammengetragen wurde. Während des Bürgerkrieges war Madame Nadias Haus phasenweise informelles Presse-Hauptquartier – vielleicht zeigt Ihnen die Besitzerin ihr Goldenes Gästebuch! Wer sich's leisten kann: ein Muß!

(Kat. 4) **Abou Al-Nawass,** Rue Sheikh Nadim el-Jisr, im ersten Stock, Mezze und Fleisch vom Grill, ✆ (06) 61 14 12/61 31 12; (Kat. 2) **Silver Shore,** am Hafen in Al-Mina, Mezze, teuer, ✆ (06) 60 13 84; traditionelles **Kaffeehaus** in großer Halle am Beginn der Rue Tall beim Tallplatz; **Kaffeehaus- und Restaurantschiffe** an der Hafenpromenade in Al-Mina (hier können Frauen in der Öffentlichkeit Nargileh rauchen).

Rafaat Hallab, eine der besten Patisserien traditionellen syrischen Gebäcks im Vorderen Orient, wenn nicht, trotz scharfer Konkurrenz aus Damaskus, die beste – unwiderstehliche Auswahl von der Gebäcktheke, Rue Tall, ✆ (06) 44 58 20, Fax (06) 43 32 82, oder im Internet unter www.hallab.com.

Seifenkugeln samt Untersetzern aus bunter tripolitanischer Olivenölseife (Khan el-Misriyin); Drechslerarbeiten (z. B. Buttermodel gegenüber der Medrese al-Qadriyat); traditionelle Kleinmöbel (Tischchen); Stoffe (Khan al-Khaiyatin); Kupferarbeiten; syrisch-libanesisches Gebäck. Der Sonntag ist im sunnitischen Tripoli ein guter Suk-Einkaufstag.

Das Hügelland von Amiun

Von Chekka aus erreicht man **Amiun** auf einer modernen Straße. Der christliche Ort liegt auf einem Kalkplateau, das sicher nicht erst seit der Römerzeit besiedelt war, doch sind römische Funde die ältesten, die gemacht wurden. So in der großen Kirche des hl. Georg (Mar Jurjus), wo in die Pfeilerbasen der dreischiffigen Kirche antike Steine eingebaut wurden – wahrscheinlich aus dem Tempel, auf dem die Kirche steht! Ein riesiges Tonnengewölbe über Arkaden wird von diesen Pfeilern getragen, die Seitenschiffe haben Kreuzgratgewölbe. Auf der Ikonostase sind einige ältere Ikonen aufbewahrt, so die des heiligen Georg. An Volksfrömmigkeit interessierten Besuchern werden die Plastiktäschchen mit olivenölgetränkten Wattebäuschen auffallen, die man erwerben kann, sie berichten von einem Wunder, das sich kürzlich in der Kirche zugetragen hat: eine Marienikone weinte Olivenöl.

Die Kirche des heiligen Phokas (Mar Fauqa) aus der Kreuzfahrerzeit ist eine einfache dreischiffige Kirche mit unauffälliger Fassade und Apsis (den Schlüssel gibt es nebenan). Interessant ist sie vor allem wegen der Freskenreste im unteren Teil der Apsis, die Apostel darstellen, und in der Kalotte: der segnende Christus ist zerstört, aber die beiden Heiligen an seiner Seite sind erhalten und zeugen von einem außergewöhnlichen Künstler.

Fährt man nach Osten auf der neuen Straße aus dem Ort, hat man links einen wie Schweizerkäse durchlöcherten Felsen über sich, auf dem sich die Kirche des heiligen Johannes (Mar Yuhanna) erhebt, erkennbar an ihrem auffälligen roten Dach. Die Löcher darunter sind Eingänge zu Felsengräbern aus antiker und byzantinischer Zeit.

Nach Amiun müssen Sie sich nach rechts halten, um **Bziza** zu erreichen, das an einem Hang in fruchtbarer Umgebung liegt. Vor allem Ölbaumhaine bestimmen die Landschaft. Noch oberhalb der Dorfkirche des hl. Elias, die spätbyzantinische Fresken enthält (und eine scheußliche Stahlkonstruktion als Schattenspender vor die Fassade geknallt bekam), liegt ein kleiner römischer Prostylostempel ionischer Ordnung. Die vier Säulen des Prostylos stehen noch und tragen den Großteil des Architravs. Der Türsturz ist äußerst fein skulptiert, besonders sein Architrav verdient genaueres Studium. In der Cella, die nur teilweise erhalten ist, fallen links zwei halbrunde Nischen auf und rechts ein Türdurchbruch: sie stammen von der christlichen Kirche, die man in der Spätantike in den Tempel hineinbaute. Ihre drei Schiffe lagen im rechten Winkel zur Tempelachse, das linke Schiff nahm den Prostylos ein, die ehemalige Cella nahm das mittlere und rechte Schiff auf.

Zurück auf die Straße östlich von Amiun und nach **Kusba,** wo diese in die Straße Tripoli–Bcharreh mündet. Sie sind jetzt im maronitischen Kernland angekommen, im Heiligen Tal des Nahr Qadisha, das recht eigentlich hier beginnt. Fährt man ein Stückchen weiter, um die ersten Steigungen des nahenden Gebirges zu überwinden, hat man plötzlich auf der anderen Seite des Tales, hineingebaut in eine riesige Gesteinsfalte, die der Fluß senkrecht durchschneidet, das Kloster **Hammatura** (Deir Hantura) vor sich. Das griechisch-orthodoxe Kloster ist zum Teil in Höhlen hineingebaut und mit der Straßenseite des Tales durch einen Weg verbunden. Erst vor kurzem wurden unter dem Verputz byzantinische Fresken entdeckt, die noch auf ihre Fixierung und Interpretation warten.

Das griechisch-orthodoxe Kloser Hammatura klebt in den Felsen am Eingang zum Nahr Qadisha

Noch vor dem Ende der ersten Steigung hinter Kusba biegt man rechts ab nach Ain Aakrin (und fährt nachher exakt denselben Weg wieder zurück, Ain Aakrin liegt nur für Allradfahrzeuge nicht am Ende einer Sackstraße). Am äußersten Ende des Dorfes liegt in wunderbarer Aussichtslage der antike Tempelkomplex **Ksar Naus**; Abb. S. 28 (geöffnet tägl. ca. 9–18 Uhr, falls Kiosk nicht besetzt: das Gelände ist umzäunt, jedoch nicht verschlossen). Ursprünglich bestand er aus zwei Tempeln. Vom westlichen Tempel stehen praktisch nur noch die Monolithen des Eingangs zum Tempelbezirk, wogegen der östliche (dem Besuchereingang nähere) noch zwei aufrecht stehende Säulen auf dem Podium sowie einen Teil der Cella aufweist und ebenso einen monolithischen Eingang zum Tempelbezirk, der in diesem Fall dekorativ skulptiert wurde. Viele Stein-blöcke liegen herum, einige davon sind skulptierte Architravteile. Zwischen den beiden Tempeln ist eine große Olivenpresse zu bewundern – man sieht, daß sich das Hauptprodukt der Landwirtschaft in diesem Gebiet seit der Römerzeit nicht geändert hat.

Der Rückweg nach Tripoli führt wieder über Kusba, wo Sie diesmal mitten im Ort nach rechts abbiegen, um auf die direkte, über Bsarma führende Straße dorthin zu gelangen.

Taxi oder Mietwagen; Servicetaxis nach Amiun oder Kusba sind rar.

In Kusba: (Kat. 4) **La Pinede,** Mezze, Spezialität Schnecken, an der Hauptstraße, kein ✆.

Ins Bergland von Akkar

Das Bergland von Akkar im äußersten Norden des Libanon ist eines der einsamsten und naturnächsten des Landes. Die hier beschriebene Tour ab Tripoli gilt also nicht nur den Ruinen der Burg von Akkar al-Aatiqa, sondern vor allem einer noch kaum veränderten Natur- und traditionell genutzten Kulturlandschaft.

Ab Tripoli (Place Tall) nimmt man die alte Straße zur Grenze mit Syrien, nach 3,5 km erreicht man den recht schäbigen Vorort El-Beddawi mit dem alten Derwischkloster **Qubbet el-Beddawi** (links der Straße). Um das Gebäude mit seinem Fischteich rankt sich eine ganze Reihe von Interpretationen, die zutreffen mögen oder auch nicht; ohne Grabungen bleiben sie Spekulation. So heißt es, die Fische im Teich gingen auf einen heiligen Teich der Phönizierzeit zurück, hat doch schon Lukian von Samosata vor 1800 Jahren berichtet, daß die Kanaaniter Fische als heilig ansähen und daß es in phönizischen Tempeln heilige Fische gäbe …

Die Küstenebene verbreitert sich ab Al-Aabedeh, wo Sie die Straße nach Tartus verlassen und ins Binnenland abbiegen. Sie ist ein Teil der großen Ebene von Akkar, die sich Libanon mit Syrien teilt. Ihren Namen hat sie von dem antiken Ort **Arqa (Akkar),** der seit der Zerstörung durch die Mamelucken nicht mehr besiedelt ist. Der Tell liegt fünf Kilometer vor Halba, wo unsere Straße in die Berge abgeht, auf der rechten Seite, er wird von französischen und libanesischen Archäologen ausgegraben. Arqa ist sehr alt, mindestens jungsteinzeitlich, aber was sagt das schon in einer Region, in der es die ältesten Siedlungen der Welt gibt? Die früheste Erwähnung findet sich in den Amarna-Texten. Nach der Eroberung durch die Assyrer (um 740 v. Chr.) wird es um Arqa still, ein Brandhorizont und das Fehlen von Siedlungsspuren bis zur Römerzeit markieren diese Zeit. Als römische Gründung und *colonia* Caesarea Libani wurde Arqa von Septimius Severus (der hier 208 n. Chr. geboren wurde) sehr gefördert, auf den spätantiken ›Tabula Peutingeriana‹ ist es jedoch nicht erwähnt. In der Spätantike wurde die Stadt zerstört und erst im Frühmittelalter wieder besiedelt und befestigt. Die Kreuzfahrer unter Saint-Gilles konnten Arqa 1099 trotz dreimonatiger Belagerung nicht erobern, so daß sie sich zunächst wieder nach Norden wandten und vorläufig auch Tripoli verschonten. 1109 erobert, wurde es als Archas eine bedeutende befestigte Stadt der Franken. Während Sultan Baibars' großer Offensive von 1268–1271 fiel auch Arqa, und nur sein Name überlebte.

Die Ausgrabungen – Getreidespeicher der Bronzezeit um 2400

bis 2200 v. Chr., Hinweise auf den Astarte- bzw. Venustempel, Gräber aus der Perserzeit, ein römisches Landhaus mit Mosaiken, Teile der byzantinischen Befestigung – sind der Öffentlichkeit noch nicht zugänglich.

Von Halba führt eine recht gute Straße in die Fußhügelzone des Libanongebirges, das Bergland von Akkar. Hübsche Dörfer in Fruchtgärten und mit oft herrlicher Aussicht auf das nahe Gebirge werden passiert, Idbil, Jebraiyel, die Frage nach Akkar al-Aatiqa führt wieder auf den richtigen Weg, wenn Sie sich verfahren haben sollten.

Endlich der Blick auf das Tal, in dem das Dorf **Akkar al-Aatiqa** (Alt-Akkar!) liegt, herrliche Landschaft, von einer Burg ist nichts zu sehen. Man muß näher ran: Die aus der Ferne unscheinbare Burgruine liegt talaufwärts vom Dorf auf einem Sporn, der künstlich vom Berghang abgeschnitten wurde. Ein Fußweg führt vom Bachtal unterhalb des Dorfes recht steil hinauf, die ausgedehnte Ruinenstätte wird landwirtschaftlich genutzt. Der Blick ist nicht sehr umfassend, aber er hat einen entscheidenden Vorteil: man kann von hier die Burg Krak des Chevaliers jenseits der Akkar-Ebene sehen, die auf dem Djebel al-Ansariye in Syrien liegt. Beide Burgen waren zur selben Zeit errichtet worden, nämlich im 10. Jh. zur Verteidigung gegen die wieder anrückenden Byzantiner, beide wurden sie von den Kreuzrittern okkupiert und 1271 durch Sultan Baibars rückerobert – damit ist aber auch Schluß mit den Gemeinsamkeiten. Akkar al-Aatiqa ist völlig einsam, niemand besucht die Stätte, die bis auf die westliche und nördliche Außenumwallung wenigen erhaltenen Mauern, den Donjon oberhalb des künstlichen Durchstichs mit seinem Saal im ersten Stock (mit Eingang drei Meter über dem Boden ...), die Kasematten. Baibars ließ die eroberte Burg (wie auch den Krak) instand setzen, sein Wappen, die Panther, findet sich an der Ostseite des Donjon. 1627 wurde die Burg auf Befehl Emir Fakhr ed-Dins zerstört. Er hatte geschworen, die Hauptburg seines Erzfeindes, der sich dort verschanzt hatte, dem Erdboden gleich zu machen. Was er dann auch tat, die abgetragenen Blöcke ließ er nach Deir al-Qamar transportieren und in seinem Palast verbauen.

Für die Weiterfahrt nach Qbaiyat fahren Sie ein Stück zurück, aber bevor Sie zur Brücke über den Bach kommen, biegen Sie auf halbem Hang in spitzem Winkel auf eine Straße nach rechts ein, die Sie, zuerst mehr schlecht als recht, aber für PKW durchaus befahrbar, dann auf neuer Trasse nach Qbaiyat bringt. Zuerst passieren Sie eine spektakuläre bewaldete Schlucht, dann geht es quer durch ein Karstplateau mit natürlichen Wiesen und Weiden und alten, zum Teil noch bewirtschafteten Terrassen. In der Gegend leben Sunniten und Christen, in **Qbaiyat,** dem nächsten größeren Ort, überwiegen bei weitem die Maroniten. Die frühere Seidenindustrie ist wie überall im Libanon nur noch Geschichte. Eine direkte Straße führt von hier nach Halba, wo man wieder die Route des Hinweges erreicht.

Halba und Qbaiyat werden von Tripoli aus von Servicetaxis angelaufen – manchmal. Ein Taxi oder der eigene fahrbare Untersatz sind also essentiell für diesen Ausflug.

Auf der ganzen Strecke gibt es nur traditionelles Fast Food *(shawarma)*, kein Restaurant, es ist empfehlenswert, sich ein Picknick mitzunehmen. Getränke, Wasser, evtl. zusätzlicher Proviant in den Orten am Weg.

Flechtarbeiten aus Halfagras in den Dörfern um Qbaiyat.

Von Tripoli nach Baalbek

Eine lange, landschaftlich und kulturell ungewöhnlich reichhaltige Tour, für die man mindestens zwei Tage veranschlagen sollte, nächtigen kann man in Ehden und Bcharreh auf halber Strecke.

Das Tal des Nahr Qadisha

Ganz allmählich gewinnt man Höhe, wenn man von Tripoli in Richtung Bcharreh fährt, die neue Schnellstraße über Zrharta beginnt im Stadtteil Qubbeh jenseits des Nahr Abu Ali. Um so eindrucksvoller ist die plötzliche Steigung, die nach etwa 30 km den Beginn des Heiligen Tales anzeigt. Das Heilige Tal ist wie der Zedernwald Horch Arz al-Rab seit 1998 als Welterbe durch die UNESCO geschützt. Ab hier schneidet sich der Fluß tief in die Kreidekalke des Gebirges ein, die Straße muß klettern, um kleinere Plateaus oberhalb des Steilabfalles zu erreichen, auf denen sich die Dörfer der Maroniten befinden.

Über Aitu und Ijba gelangt man bis an den Ortsrand der Sommerfrische Ehden, wo rechts eine breite neue Asphaltstraße ins Tal abzweigt, sie führt auf die Südseite des heiligen Tales. Man folgt ihr bis knapp vor Aarbet Qozhaiya, um dann links auf sehr schmalem, an einer Stelle steilem und immer ausgesetztem Sträßchen zum Kloster **Deir Mar Antonios Qozhaiya** (Abb. S. 38, 149) zu fahren. Das Kloster liegt unter Steilfelsen in einem fruchtbaren Talabschnitt, unter ihm und auf der gegenüberliegenden Hangseite, wo sich Einsiedeleien befinden, gedeihen auf schmalen Terrassen trotz der Meereshöhe von 900 m Ölbäume, Mandelbäume, Weinstöcke und vieles mehr. Eine der Einsiedeleien ist wieder ständig bewohnt, der Eremit ist promovierter Theologe und früherer Abt des Klosters.

Links vor dem Kloster befindet sich eine Höhle mit Votivkreuzen, vor allem aber die Antoniusgrotte, eine riesige, zum Teil verstürzte Höhle, die im unteren Teil einen Altar des heiligen Antonius in der

Wüste aufweist; er ist der Patron des Klosters. Von oben hängen Ketten mit Hand- und Fußgliedern: in früheren Zeiten wurden Geisteskranke hierher gebracht und angekettet, um geheilt zu werden. Die Heilkraft muß überlebt haben, wie unzählige Briefe und Fotos für den Heiligen beweisen, die um den Altar verteilt und in Wandspalten gesteckt sind.

Der eigentliche Klosterbau wurde erst in unserem Jahrhundert errichtet, Kirche und Unterbau sind jedoch älter. Die Klosterkirche wurde zum Großteil in den anstehenden Felsen hineingebaut, in den fensterartigen Ausnehmungen der linken Seitenwand, hinter denen der Fels zum Vorschein kommt, ist die Bildung von Stalaktiten zu erkennen. Die interessante Überdeckung, im vorderen Teil Tonnengewölbe, im hinteren Kreuzgratgewölbe, dazwischen natürlicher Fels, weist auf unterschiedliche Bauphasen hin.

In den Gewölben, die den äußeren Trakt des Klosters tragen, hat man ein Museum (tägl. ca. 9.00–18.00 Uhr) eingerichtet. Das Kloster ist wohl eines der ältesten der Region, wurde 1215 Sitz des Oberhauptes der maronitischen Christen, war ab 1700 das erste Kloster des neu gegründeten maronitischen Mönchsordens, dessen Hauptsitz es heute noch ist, und war vor allem ab 1558 Standort der ersten Druckerpresse des Vorderen Orients. Das älteste im Kloster gedruckte und noch im Besitz der Mönche befindliche Buch ist ein Psalter von 1610. Das Museum zeigt eine Druckerpresse von 1910, einen alten Satz von Bleibuchstaben, einen Druck von 1656 (ein Gebetbuch in syrischer Schrift), Manuskripte von 1732 bis 1854, Monstranzen und Meßgewänder, Abtstäbe und allerlei Arbeitsgeräte, das alles in mehreren hintereinander angeordneten Räumen mit in den Fels geschnittenen Spitztonnengewölben.

Zurück auf der Hauptstraße, wird die Sommerfrische **Ehden** (gesprochen Ech-den) erreicht, die fast 1500 m hoch liegt. Neubauten neben einigen schönen alten Häusern und Kapellen dominieren das Ortsbild des im ganzen Libanon bekannten Dorfes. Vor der modernen Pfarrkirche steht das Standbild des Yussef Bey Karam, des verehrten Helden des Widerstandes der Maroniten gegen Daud Pascha, einen Armenier, den vom türkischen Sultan ernannten ersten Gouverneur des autonomen Libanon nach 1860. Die Maroniten waren der Meinung, daß es ihnen zustünde, den Gouverneur zu stellen – waren sie doch die stärkste Religionsgruppe, war doch von ihnen und für sie die Autonomie erkämpft worden. Yussef Bey Karam unterlag, er mußte ins Exil gehen und starb 1889 in Italien. Sein einbalsamierter Leichnam wird in der Kirche aufbewahrt, er ist ein Ziel maronitisch-nationalistischer Wallfahrer.

Oberhalb von Ehden wurde das Gebirge, aus dem das Wasser der Quelle kommt, als **Horch Ehden** 1992 unter Naturschutz gestellt, dort wachsen Libanonzedern, meh-

Auf steilem Hang über dem Heiligen Tal des Nahr Qadisha liegt das Antoniuskloster

rere Arten immergrüne Eichen, einige Exemplare der kilikischen Tanne und drei Wacholderarten neben vielen anderen seltenen Pflanzen.

Über Kfar Srhab, wo man ein Nebental quert, wird die Abzweigung nach Hauqa (und Deir Qozhaiya) erreicht. Von hier aus kann man auf einem steilen Weg die Einsiedelei **Saidet Hauqa,** also U. L. Frau von Hauqa erreichen, die in eine Felsenhöhle hineingebaut ist. Viele Zeichen für den Versuch seiner Bewohner, das reine Überleben an diesem abweisenden Platz zu sichern, haben sich erhalten, so die in den Felsen geschlagenen Rinnen und Bassins für das Trinkwasser.

Vor Blauza führt ein ausgesetzter Felsenweg zum Kloster **Deir Qannubin.** Wie in Deir Qozhaiya ist die Kirche teilweise in den Felsen geschlagen, doch haben sich hier Wandmalereien vor allem des 18./19. Jh. erhalten, darunter eine Marienkrönung (ein westlich-katholisches Element), der neun maronitische Patriarchen beiwohnen: Deir Qannubin war von 1440–1790 Sitz des Oberhaupts der Maroniten. Bei dem neben dem Eingang aufbewahrten mumifizierten Leichnam soll es sich um den des Patriarchen Tiyan handeln, der Mitte des 19. Jh. starb.

Vor die nahe Grotte, wo die hl. Marina als Einsiedlerin ihr Leben verbracht haben soll, wurde eine Kapelle gebaut, welche die Gräber von achtzehn Patriarchen enthält (unter anderem Tiyans!). Marina ist eine der populärsten Heiligen der Maroniten; Höhlen, in denen sie gelebt haben soll, werden vielerorts gezeigt und verehrt.

Der nächste Ort entlang der Straße ist Hadchit. Von hier führt ein steiler Weg (30 Minuten) hinunter zur Ruine des Klosters **Deir as-Salib,** des Klosters vom Kreuz. Die in einen riesigen Überhang gebauten Klostergebäude und umgebenden Einsiedeleien sind im Verfall begriffen, doch haben sich an der Mauer der Klosterkirche Fresken erhalten, für die sich der Ab- und Aufstieg lohnt. Eine Reihe von Heiligen in einer der Apsiden und der wunderschöne Engel der Verkündigung gehören zu den besterhaltenen Teilen (13. Jh.?).

Der größte Ort des ganzen Tales ist Bcharreh, das in 1500–1600 m Höhe in Panoramalage auf einem Absatz über dem Tal des Nahr Qadisha ausgebreitet ist. Aber bevor Sie sich hier umsehen, sollten Sie vielleicht noch eine Sehenswürdigkeit des Heiligen Tales besuchen, die von der Nachmittagssonne beleuchtet wird, aber nicht vom Morgenlicht: **Deir Mar Lisha** (Deir Mar Elichaa), das Kloster des hl. Elias. Um das Kloster zu erreichen, fahren Sie in Bcharreh einfach auf gleicher Höhe weiter, wo die Straße um den Talschluß des Nahr Qadisha herum auf die südliche Talseite führt. 3 km hinter Bcharreh biegt ein schmales Sträßchen nach rechts ab und führt in den Talgrund hinunter bis zu einem Lokal, von dort aus muß man auf einem gesperrten Fahrweg noch zehn Minuten zum Kloster aufstei-

Das Kloster des hl. Elias im Qadisha-Tal

gen. Auch dieses Kloster ist zum Teil in den Felsen hineingebaut, was man deutlich bei den vier Kapellen der Kirche erkennen kann. Die Kirche enthält das Grab eines französischen Mönches, der hier 1644, wie es heißt, im Geruch der Heiligkeit starb. Die Klostergebäude werden noch unterhalten, sind aber üblicherweise leer; die Mönche haben auf der südlichen Talseite (dort, wo die Zufahrtsstraße beginnt) ein Kloster und eine Einsiedelei errichtet, die leichter zu erreichen sind.

Bcharreh und die Zedern

Vor Bcharreh passiert man ein hoch oben in die Wand gebautes Marienheiligtum und einen Wasserfall. Hier führt rechts ein Weg in zehn Minuten zum Klösterchen **Mar Sarkis** (hl. Sergius), in dem sich das Grab von Bcharrehs berühmtem Sohn und ein Museum über sein Leben befindet, das **Museum Khalil Gibran** (tägl. 9.00–17.00 Uhr, im Winter außer Mo.). Das Museum enthält mehr als 500 Objekte, vor allem Zeichnungen und Aquarelle des Künstlers, darunter seine Porträts von Zeitgenossen wie Marcel Proust oder Claude Debussy. Der

Der Dichter Khalil Gibran

»I am the flame and I am the dry brush, and one part of me consumes the other part.« – Ich bin die Flamme und ich bin der trockene Zweig, der eine Teil von mir verschlingt den anderen Teil – lautet einer der Aphorismen des in Bcharreh geborenen Dichters Gibran Halil Gibran (1883–1931), die er in englischer Sprache niederschrieb. Khalil Gibran (seine Schreibweise für englischsprachige Publikationen) ist der bedeutendste und sicher berühmteste Dichter des Libanon, der als Vielbegabter auch als Romanautor, Zeichner, Essayist und Kulturphilosoph Bedeutendes leistete. Sowohl sein literarisches als auch sein zeichnerisches Werk sind in den Symbolismus seiner Zeit gebettet, was ihn im 20. Jh. lange Zeit als überholt brandmarkte und mit der New Age-Bewegung zu neuer Berühmtheit führen sollte.

Khalil Gibran wurde 1883 in Bcharreh geboren und ging 1895 mit seiner Familie nach Boston, kehrte aber nach einigen Jahren zurück, um in Beirut Arabisch zu studieren. 1902 emigrierte er in die USA, wo er in New York bei einer arabischen Tageszeitung arbeitete. Mehrere Jahre Aufenthalt in Paris brachten ihm Kontakte mit den führenden Künstlern seiner Zeit, so auch mit Auguste Rodin, der ihm half, seine zeichnerische Begabung zu entfalten. Von 1910 bis zu seinem Tod wohnte er in den USA und veröffentlichte mehrere Werke, die sofort starke Beachtung fanden, so vor allem der Roman ›Der Prophet‹ und als letztes Werk das symbolistische Gedicht ›Die Götter der Erde‹. Nach seinem letzten Wunsch wurde der von der maronitischen Kirche wegen seiner Angriffe auf die Priesterschaft exkommunizierte Dichter in seinem Heimatort begraben.

Reiz des Museums liegt vor allem auch im Gegensatz zwischen seinem Inhalt, den Relikten des Lebens eines Weltbürgers und vielseitig begabten Künstlers, und dem scheinbar so abseitigen, weltfernen Standort inmitten der Berge. Das Grab des im fernen New York gestorbenen Dichters liegt in der kleinen Kapelle des Klösterchens, so wie er es sich gewünscht hatte.

Noch einmal 400 m höher als Bcharreh liegt in einem riesigen eiszeitlichen Kar der Wintersportort **Les Cèdres** oder **Al-Arz,** was beides nichts anderes bedeutet als ›Die Zedern‹. Seinen Namen hat er von einer isolierten Baumgruppe von 375 Exemplaren in 1900 m Höhe, Horch Arz al-Rab (Zedernwald des Herrn) genannt, die einen der wenigen Bestände alter Zedern im ganzen

Bcharreh oben in den Bergen. Höher liegen nur noch die Zedern und der – hier durch Wolken teilweise verdeckte – Hauptkamm des Libanongebirges

Land darstellt. Die vier ältesten haben mehr als 1000 Jahre auf dem Buckel! Seit 1998 ist das Wäldchen von der UNESCO als Welterbe anerkannt. Die gigantischen, bis 35 m hohen und wegen iher waagrechten Äste oft noch breiteren Libanonzedern haben Stämme bis zu einem Umfang von 14 m. Zwar gibt es auch anderswo im Lande Zedern, aber nur hier sind sie so leicht erreichbar und vor allem *so alt.* Der Hain ist von einer Mauer umgeben, die 1876 Königin Victoria stiftete; sie war nötig, um die Bäume vor den Ziegen zu schützen, die damals noch überall weideten, und denen junge Zederntriebe hervorragend munden. Heute hat sich der Zedernhain nach außerhalb der Mauern ausgedehnt und etwas verjüngt, ein Fußweg wurde angelegt, der die Besucherströme kanalisiert, die Unterschutzstellung der Zeder hat ein übriges getan, um den Hain sich erholen zu lassen. Dennoch ist es immer noch ein trauriges Bild, wenn man von den Hängen oberhalb auf

Der verlandende See von Yammuneh

die Karmulde, in der sich der Hain befindet, hinunterblickt: das durch Farbe und Form klar umgrenzte Stück Wald verliert sich fast in der umgrenzenden baumlosen Einöde, die einmal dicht mit Zedernwald bedeckt war.

Über das Libanongebirge nach Baalbek

Die Straße Tripoli–Baalbek erreicht am Paß Dahr-al-Qadib eine Höhe von über 2500 m. Schneefräsen müssen bis in das späte Frühjahr den Weiterweg offenhalten, der durch meterhohe Schneewehen führt. Der **Qornet as-Sauda,** höchster Gipfel des Libanon, wird von hier aus zu Fuß erreicht, die meisten besuchen ihn aber ganz bequem ab Les Cèdres mit dem Allradfahrzeug, oder im Winter in weniger als einer Stunde Fußmarsch vom höchsten Punkt des Schleppliftes. Wegen der Schuttfluren sind gute Bergschuhe (nicht nur Wanderschuhe) unabdingbar, Wasser und Proviant für den ganzen Tag, Kompaß und alle weiteren Ausrüstungsgegenstände eines alpinen Unternehmens sind selbstverständlich. Wenn Wolken über den Libanon ziehen, versinkt die Landschaft von einer Minute zur anderen in dichtem Nebel, man sollte also nur bei wirklich gutem Wetter aufsteigen. Die Aussicht vom Gipfel (erkennbar an einem riesigen Vermessungsmal) ist nach Westen sehr gut: man kann an klaren Tagen bis nach Zypern hinübersehen. Die Aussicht nach Süden und Norden ist wegen der Zugrichtung des Gebirgskammes sehr eingeschränkt, um den Blick in die Beqaa und zum Antilibanon zu bekommen, muß man etwa eine halbe Stunde in östlicher Richtung bis zu einem Nebengipfel gehen, da der Gebirgskamm des Libanon relativ abgeflacht ist. Der Fuß der Steilhänge verliert sich von hier oben in einer Hügelzone, die allmählich in die Ebene der Beqaa übergeht, die wiederum am Horizont von den gelblich-grauen Bergketten des Antilibanon begrenzt wird.

Der erste Ort am Ostfuß der steilen Hänge ist das maronitische **Aainata.** Parallel zum Hauptkamm des Libanongebirges zieht sich östlich eine Reihe riesiger Poljen, Karstsenken ohne oberirdischen Abfluß. An den tiefsten Stellen dieser Senken gibt es um die Schlucklöcher oft ausgedehnte versumpfte Zonen, aber auch kleine Seelein, wo wasserundurchlässiger Ton eingeschwemmt wurde. Sie werden vor allem von Halbnomaden aufgesucht, die hier ihr Vieh weiden und einige Felder anlegen.

Fahren Sie noch ein paar Kilometer in Richtung Baalbek, die erste Straße rechts führt auf einer neuen Trasse nach **Yammuneh.** Es ist weniger das schiitische Örtchen selbst, das interessant ist, als seine Lage am Ende eines Baches, der hier zu einem kleinen See aufgestaut wird und danach in einem Schluckloch verschwindet. Der See versumpft jedoch von Jahr zu Jahr immer mehr, vor allem, weil ihm Wasser für ein Bewässerungsprojekt in der Beqaa entnommen wird. Die Lage zwischen den Bergen ist wunderschön, man kann am südlichen Ufer noch ein Stück weiterfahren oder -gehen und zu zwei weiteren Seelein gelangen. Es gibt kaum jemand, dem man begegnen könnte.

Vom Seelein führt die Straße über einen Hügel nach Südosten durch Steineichenbuschwald und an terrassierten Hängen hinunter in die Ebene nach Chlifa und weiter nach Baalbek.

Während der Skisaison zahlreiche Servicetaxis von Tripoli nach Ehden, Bcharreh und Les Cèdres, außerhalb der Skisaison seltener nach Ehden und Bcharreh, keine nach Les Cèdres. Von Bcharreh verkehren keine Servicetaxis nach Baalbek.

In Ehden: ****A **La Mairie,** Typ: Erstes Haus am Platz, entsprechend teuer, ✆ (06) 66 28 82, (03) 81 48 22, Fax (06) 56 01 08; **B **Grand Hotel Abshi,** ein Neuzugang mit schönem Ausblick, ✆ (06) 56 00 01, Fax (01) 40 31 80. **In Bcharreh:** ****B **Chbat,** für seine Kategorie kleinbürgerlich-schlicht, aber freundlich, ausgezeichnetes Restaurant!, ✆ (06) 67 12 70, (03) 29 24 94, Fax (06) 67 12 37; **A **Palace,** ✆ (06) 67 01 46. **In Les Cèdres:** *A **Alpine Hotel,** als einziges ganzjährig geöffnet, ✆ (06) 67 10 57, (03) 21 31 02, Fax (09) 21 18 90.

In Ehden: (Kat. 3/4) **Nabah Mar Sarkis,** wunderbare Mezze, ✆ (06) 56 01 50; (Kat. 3/4) **Qasr al-Nujum** im Hotel Abshi, Dinnerdance & Co und libanesisch-französische Küche, ✆ (06) 66 39 47. **In Bcharreh:** (Kat. 4) **River Roc,** toller Ausblick und gute Mezze-Auswahl, was braucht man mehr? ✆ (06) 67 11 69.

Baalbek und die Beqaa

Baalbek, die Große Treppe zum Podium und die sechs erhaltenen Säulen des Jupitertempels. Bei den Festspielen sitzen die Zuschauer im Großen Hof

Baalbek und die Beqaa

Zum weltberühmten Tempelbezirk von Baalbek; in den Norden zur Pyramide von Hermel und dem Felsenkloster des heiligen Maro. Über römische Tempel in Ksar Naba und Niha nach Zahleh und zur umaiyadischen Stadtgründung Aanjar. In den Süden der Beqaa ins christlich-drusische Rashaiya am Fuß des Hermon, zu den Ausgrabungen von Kamid al-Lauz und zum Weingut Kefraiya

Baalbek

Unter den römischen Tempelbauten der Kaiserzeit ist kaum einer berühmter als Baalbek. Das hängt weniger mit seiner Lage zusammen, die eher unspektakulär ist, als mit seinen Ausmaßen, der Qualität der Bauten wie des Dekors und dem teilweise vorzüglichen Erhaltungszustand. Ein deutscher Besucher von 1898 kannte die schwärmerischen Berichte früherer Reisender und entschloß sich, bestürzt vom Zustand des Ruinengeländes, eine wissenschaftliche Expedition zur Rettung der Stätte auszurüsten. Der Besucher war Kaiser Wilhelm II.; von 1905 bis 1918 gruben deutsche Archäologen. Eine im Bacchustempel angebrachte Gedenktafel erinnert an die Visite und auch an die »gegenseitige unwandelbare Freundschaft« zwischen Osmanen und Deutschen.

Der von Schiiten und Christen bewohnte Ort Baalbek liegt auf dem höchsten Punkt der Beqaa-Ebene zwischen Libanon und Antilibanon, ziemlich genau auf der Wasserscheide zwischen Orontes und Litani. Die kräftige Quelle Ras al-Ain am östlichen Ortsrand war der Auslöser für einen Fruchtbarkeitskult: der Name Baalbek kommt wohl aus dem Kanaanitischen *ba'al nebek* und bedeutet Baal, Gott der Quelle. Schon im dritten vorchristlichen Jahrtausend muß es diesen Kult gegeben haben, was viele Funde beweisen. Einen Tempel hat man jedoch nicht ergraben, er liegt wohl unter dem kolossalen Podium, das heute die Reste des römischen Jupitertempels trägt.

Seit 1984 ist Baalbek als kulturelles Welterbe von der UNESCO geschützt. Für den Besuch, meist von Damaskus (mit Tagesvisum, das der Veranstalter besorgt) oder Beirut aus organisiert und auf zwei bis drei

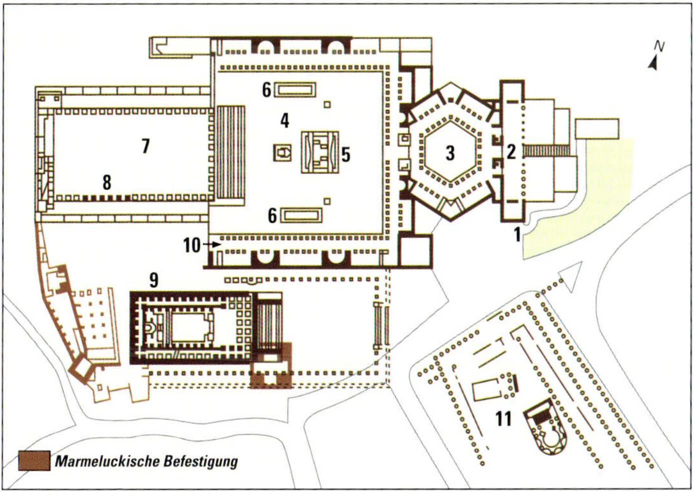

Baalbek, Plan der Tempelanlage 1 Eingang am aiyubidischen Turm 2 Propyläen 3 Sechseckiger Vorhof 4 Großer Hof 5 Brandopferaltar 6 Wasserbecken 7 Großer oder Jupitertempel 8 Erhaltene Säulen des Jupitertempels 9 Kleiner oder Bacchustempel 10 Ausgang 11 Venustempel

Stunden beschränkt, sollte man sich lieber einen vollen Tag Zeit nehmen, mit den Sehenswürdigkeiten der nördlichen Beqaa zusammen besser zwei Tage!

Die Bauten des heutigen Tempelbezirks (geöffnet 8.30 Uhr bis Sonnenuntergang, am Kiosk keine Postkarten, keine Broschüren, im Gelände keine Erfrischungsmöglichkeiten, man versorge sich vor dem Eingang bei fliegenden Händlern. Im 2. Vorhof einfache Toiletten) stammen aus der römischen Kaiserzeit. Unter Augustus wurde (14 n. Chr.) mit dem Bau des Großen, des sogenannten Jupitertempels samt seinem gewaltigen Vorhof begonnen, unter Philippus Arabs baute man wohl (vor 249 n. Chr.) den äußeren, sechseckigen Vorhof und die prächtigen Propyläen, vielleicht auch den kleinen Rundtempel, der heute als Venustempel bezeichnet wird (die antiken Namen der Tempel sind nicht bekannt). Der Kleine oder Bacchustempel, der nach dem Besuch Hadrians in Heliopolis/Baalbek (130 n. Chr.) begonnen und, wie auch alle anderen Bauten, nie bis ins Detail vollendet wurde, mag gegenüber dem Jupitertempel klein erscheinen, er hat jedoch die Maße des Parthenon in Athen!

Vertreter der christlichen Staatsreligion begnügten sich damit, die riesigen Opferaltäre einzureißen und daraus im großen Innenhof eine Kathedrale zu errichten, von der heute bis auf wenige Spuren (Ausmeißelung der Apsisrundungen im Treppenaufgang zum Jupitertempel!) nichts mehr zu sehen ist. Nach der Eroberung Baalbeks durch die Araber im Jahre 636 wurde die Kathedrale bald überflüssig; für die wachsende muslimische Gemeinde errichteten die Umaiyaden auf dem nahen römischen Forum eine große Freitagsmoschee.

Der heutige Anblick der Ruinen wird von einer Maßnahme der Kreuzfahrerzeit bestimmt: um Jupiter- und Bacchustempel errichteten die muslimischen Verteidiger der Stadt eine starke Burg, die Flankentürme der Propyläen wurden Verteidigungstürme, das Podium Basis für mächtige Mauern aus den Blöcken der Cellawand. Während die deutschen Ausgräber die frühchristliche Kathedrale abtrugen, um den antiken Zustand rekonstruieren zu können, durften sie dies mit Rücksicht auf die Gefühle der Bevölkerung bei den Befestigungsanlagen aus aiyubidischer Zeit nicht oder doch nur teilweise tun.

Den Tempelbereich in Baalbek zu finden ist keine Zauberei, denn

Baalbek, Eingang zur Ruinenstätte. Eine schmale Stiege der deutschen Ausgräber ersetzt die breite Monumentaltreppe, die einst zu den Propyläen hinaufführte

die sechs erhaltenen Säulen des **Jupitertempels** sind kaum zu übersehen. Zunächst begibt man sich am besten an die Westseite des Podiums des Jupitertempels, dessen Architrav-Oberkante fast 35 m über den bewässerten Fruchtgärten zu seinen Füßen liegt. Im oberen Teil des Podiums erkennt man deutlich das sogenannte **Trilithon,** drei riesige Steinblöcke, die mit maximal 19,56 × 4,34 × 3,56 m und an die 800 t Gewicht zu den größten Bausteinen gehören, die im Altertum bewegt wurden. Sie stammen aus hellenistischer, vielleicht sogar aus phönizischer Zeit.

Das Ruinengelände betritt man terrainbedingt am **aiyubidischen Verteidigungsturm** (1) und erreicht die **Propyläen** (2) über eine von den deutschen Ausgräbern errichtete, gegenüber dem antiken Original viel zu steile und den Anblick entstellende Stiege. Sie ersetzt eine breite Monumentaltreppe, die von den Aiyubiden für den Festungsbau verwendet wurde. Die wiederaufgestellten Säulen aus Assuangranit schmücken die Front eines 55 m langen und 14 m breiten Raumes, der von Türmen flankiert wird, die man besteigen kann, um zu einer aussichtsreichen Terrasse zu gelangen.

Von den Propyläen führen drei Tore in den **sechseckigen Vorhof** (3), den äußeren und in seiner Form für römische Bauten unüblichen Tempelvorhof. In seinen Außenmaßen erreicht er 68 m, der offene Bereich im Inneren ist noch immer 31 m weit. Dreißig Granitsäulen trugen die umlaufende Halle. In frühchristlicher Zeit bildete dieser Hof das Atrium, also den offenen Vorhof der Kathedrale, während er unter den Aiyubiden stark befestigt und umgebaut wurde. Im Durchgang zum Großen Hof steht ein Relief (aus Baalbeks Umgebung), das Jupiter Heliopolitanus, den Gott dieses Heiligtums, darstellt, jung und bartlos, auf dem Kopf den Thalatos, die Krone aus Weizenähren, Peitsche und Blitz in den Händen, zwei Stierkörper zu Füßen.

Auch der **Große Hof** (4) beeindruckt allein schon durch seine kolossalen Maße: acht Meter über dem Boden mißt er 134 m × 112 m, das ergibt eine Fläche von 1,5 ha! Von drei Seiten umfassen ihn gedeckte Wandelhallen, 84 acht Meter hohe Säulen trugen den Architrav zum Hof hin, die Innenwände waren durch zahlreiche mit Statuen geschmückte Nischen und Exedren (große halbrunde Sitznischen) und nochmals 42 Säulen gegliedert. Die dem Tempel nächste der Exedren im rechten Teil des Hofes hat man rekonstruiert, wodurch ein Eindruck von der architektonischen Vielschichtigkeit und der dekorativen Sicherheit dieses Baus der frühen Kaiserzeit entsteht.

Im Hof stehen die Reste zweier Bauten, der größere war ein riesiger **Brandopferaltar** (5), dessen skulptierte Kassettendecken in den für die Priester bestimmten Gängen sich hervorragend erhalten haben; der kleinere war vielleicht ebenfalls ein

Altar. Nicht übersehen sollte man das rechte der beiden **Wasserbekken** (6): in seinem äußeren (nördlichen) Teil sind die Reliefs zum Teil noch nicht ausgeführt, von den Steinbrüchen wurden Rohlinge geliefert, die bereits die Umrisse der späteren Darstellungen hatten.

Eine monumentale Freitreppe führt zum noch einmal 7 m höheren Podium des **Großen oder Jupitertempels** (7); man befindet sich dort folglich 15 m über dem umgebenden Gelände! Auf dem Podium angelangt, meint man zwischen Riesenspielzeug gelandet zu sein,

Der Bacchustempel wird Kleiner Tempel genannt, doch ist er immerhin so groß wie der Parthenon in Athen

Säulentrommeln mit einem Durchmesser von bis zu 2,2 m und 5 m hohe Gebälkteile liegen herum, verstreut von Erdbeben, die Baalbek zuletzt 1759 verwüsteten und nur sechs Säulen stehenließen. Ehemals waren es 54, mit ihrem Gebälk erreichten sie eine Höhe von mehr als 25 m, dazu kam der Dachaufbau – wen kann dieser Bau des heliopolitanischen Jupiter unbeeindruckt gelassen haben, wer wird wohl nicht von der Monumentalität dieses Tempels auf die Macht seiner Erbauer geschlossen haben, der römischen Kaiser!

Ein Durchgang in der Nordwestecke führt in einen Turm der mittelalterlichen Befestigung, der Blick auf die bewässerte Ebene und das Libanongebirge ist überwältigend. Zurück auf dem Podium bewundert man zuerst den großartigen Erhaltungszustand des Bacchustempels, bevor man auf einem Treppchen und über die Oberfläche des Trilithons zum Niveau des Großen Vorhofs heruntersteigt, wo wieder Säulentrommeln und Architravstücke liegen, darunter solche mit gemeißeltem Wasserspeier in Form eines Löwenkopfes.

Der **Kleine oder Bacchustempel** (9) war vermutlich der Atargatis-Anat geweiht, der Gefährtin des Baal, gleichgesetzt mit Hera-Juno, aber auch Astarte-Aphrodite-Venus. Warum er Bacchustempel genannt wird? Weil es sich so eingebürgert hat, und weil sich unter den Darstellungen der Kassettendecke des äußeren Säulenganges unter vielen

Der hervorragend erhaltene Venustempel: ein geniales Beispiel des römischen ›Barocks‹, eingerahmt von einem Moscheeminarett und der großen Tempelanlage

anderen Götterbildern eine Darstellung des Bacchus gehalten hat. Und: im Dekorprogramm des Portals finden sich vor allem Szenen eines ekstatischen Kultes mit Pan, Nymphen und Satyrn, wie sie für den Kult des Bacchus, aber eben auch den der Atargatis typisch waren.

Der Kleine Tempel ist einer der besterhaltenen und prachtvollsten Tempel aus der römischen Kaiserzeit, vergleichbar nur mit imperialen Bauten in Rom selbst, in Nova Carthago oder Leptis Magna in Nordafrika. Mit 66 × 35 m ist er nur wegen der unmittelbaren Nachbarschaft zum riesigen Jupitertempel ein ›kleiner‹ Tempel, und was ihm der Große Tempel an Monumentalität voraushat, das wiegt er an Detail mehr als auf. Der Türsturz mit seiner fein skulptierten Pflanzen-, Tier- und Bacchantenornamentik, die reiche Innenausstattung mit kannelierten Halbsäulen und korinthischen Kapitellen, die Kassettendecke des Umgangs sind Meisterwerke römischer Steinmetzkunst. Ein Fernglas hilft beim Betrachten – die Kassettendecke liegt immerhin 18,2 m über dem Podium! Auch die Platte, die über den Besuch des deutschen Kaisers berichtet, läßt sich so besser entziffern! Den arabischen Turm links der Tempelfront kann man übrigens besteigen.

Man verläßt den Tempelbezirk durch den römischen Unterbau (10)

Die Götter Phöniziens

Dem Alten Testament ist es zu verdanken, daß wir das Wort Baal mit Götzenanbetung verbinden und den vom ›rechten Weg‹ lockenden Versucher als Beelzebub (Baal-Sebub von Ekron, 2. Kg.1) bezeichnen. Dabei hat das Wort Baal, das Herr, Meister, Besitzer bedeutet, eine durchaus seriöse Geschichte: Baal bezeichnet die Gottheit, die Herr eines Ortes ist, einen Landstrich besitzt. Deswegen gibt es auch nicht *einen* Baal, sondern viele, den Baal von Ugarit und jenen von Tyrus, den Baal-Sebub von Ekron, wie es in der Bibel heißt, und eben den Baal der Quelle in Ras al-Ain, der Baalbek den Namen geben sollte, den die islamisch-christliche Stadt allen Baals-Verteufelungen zum Trotze noch immer trägt.

Baal erscheint in den Texten von Ugarit, die aus der Zeit zwischen (ca.) 1350 und 1200 v. Chr. stammen, neben dem Göttervater El als Gott von Fruchtbarkeit, Tod und Auferstehung. Baal folgen Wind, Wolken und Regen und damit die wechselnde Fruchtbarkeit der Jahreszeiten. In anderen Texten wird Baal mit dem alten semitischen Wettergott Hadad gleichgesetzt; als Baal-Hadad übernimmt er in den folgenden Jahrhunderten allmählich die Aufgaben des Göttervaters El. In Baalbek/Heliopolis erscheint er als Jupiter Heliopolitanus mit dem Blitz Hadad-Jupiters, aber auch mit den Kornähren des Fruchtbarkeitsgottes von Ras al-Ain. Er trägt die Krone aus Kornähren, den Thalatos, und auf seinem Gewand sind die Planeten abgebildet, ist er doch als höchster und Sonnengott Herr des Sonnensystems.

In Phönizien hatten Göttinnen größte Bedeutung. Astarte, der Abendstern, Baalath, die Herrscherin von Byblus, und Anat, Schwester-Gattin Baals, wurden besonders verehrt. Die Eigenschaften der Göttinnen waren weitgehend austauschbar, zwischen Anat und Baalath etwa wurden kaum Unterschiede gemacht, wie bei Baal war es der Standort ihrer Verehrung, der sie bestimmte. Götter der Hauptelemente kamen hinzu,

des Großen Hofes, in dem sich der Alltag von Priestern und Verwaltern abspielte. Quert man hier die Straße, steht man vor einem umfriedeten, gut einsehbaren Ausgrabungsgelände, auf dem der runde **Venustempel** (11) wegen seiner Form und seiner hervorragenden Erhaltung auf sich aufmerksam macht. Im Altertum war er wahrscheinlich ein Heiligtum der Fortuna und der Stadtgottheiten, unter den Christen wurde er als Kirche der heiligen Barbara geweiht, die heute noch

Reshef, der Gott von Gewitter und Krieg, der auch in Mari und Ebla verehrt wurde und in der Bibel wie in ägyptischen Quellen erwähnt wird, war der wohl bedeutendste Gott dieses Typus. Auch er hatte keine klaren Umrisse; mit Baal und Hadad verschmolz er in hellenistisch-römischer Zeit zu Zeus-Jupiter. Götter bestimmter Tätigkeiten wurden verehrt wie der schon in Ugarit als Kuara-Hasisu erwähnte Schmiede- und Handwerksgott Chusor; für die fleißigen Metallarbeiter Phöniziens war er eine ganz besonders wichtige Gottheit.

Votivstatuen für eine unbekannte Gottheit, gefunden am Obeliskentempel in Byblus

Jede phönizische Stadt verehrte diese Götter, aber es gab auch Götter, die stark an eine Stadt gebunden waren. So war Adonis, dessen Feste, die Adonai, in Byblus gefeiert wurden, neben Baalath Gott dieser Stadt, Melqart neben Astarte der Gott von Tyrus, Eschmun neben wiederum Astarte der Gott von Sidon. Das Götterpaar von Berytus bildeten ein Baal des Meeres (von den Griechen Pontos genannt und später mit Poseidon gleichgesetzt) und Baalath-Aphrodite in ihrer Eigenschaft als Beschützerin der Seefahrer ... hätte es für eine der wichtigsten Hafenstädte einer Seefahrernation bessere Schutzgötter geben können?

Schutzpatronin von Baalbek ist. Das kleine Bauwerk mit seinen fließenden Linien, dem Spiel aus Kurve und Gegenkurve, entspricht keinem anderen der Antike, ist ein Geniestreich, der barocke Bauformen vorwegnimmt.

Nach dem anstrengenden Pensum des Tempelbesuchs hat man sich eine Erfrischung verdient: entweder in einer der kleinen Gaststätten rechts vom Venustempel oder, wesentlich attraktiver und teurer, im nahen Hotel Palmyra.

Um einen guten Blick auf die Propyläen zu bekommen, haben Sie schon die **umaiyadische Moschee** passiert, nun sollten Sie diese besuchen. Sie liegt 1,5 m unter dem heutigen Straßenniveau, ein kräftiges Minarett steht in der nordwestlichen Ecke des quadratischen Sahn (Hof). Zwei Reihen unterschiedlich hoher Säulen und korinthischer Kapitelle aus antiken Bauten, über ihnen Arkadenbogen, die ehemals wohl ein Holzdach trugen, teilen den Gebetssaal in drei Schiffe. Der vollständig restaurierte Bau muß sich seinen Platz in der Geschichte der frühislamischen Architektur erst erobern.

Auch die **Kolonnaden,** Bäder und Privathäuser südlich des Tempelbezirks verdienen einen Besuch – dies ist schließlich der einzige Teil der römischen Stadtanlage, der ausgegraben und wieder aufgestellt wurde.

Östlich der Straße nach Zahleh liegt einer von mehreren antiken Steinbrüchen. Hier befindet sich noch einer jener gewaltigen **Monolithen,** die für den Bau des Podiums des Großen Tempels eingesetzt wurden. Er ist noch größer als seine Kollegen im Trilithon und wiegt wohl um die 1000 t. Zu welcher Zeit er (nicht ganz vollständig) aus dem Felsen gelöst wurde und warum er nicht verwendet wurde, ist nicht bekannt.

Zeit für einen Espresso? Kein Problem: in **Ras al-Ain,** etwa 1,5 km vom Stadtzentrum entfernt, serviert Baalbeks, wie er sagt, »einziger Italiener« seit zwanzig Jahren vorzüglichen Espresso vom Bar-Wagen. Die Szenerie wird von den Gartenanlagen und Terrassenrestaurants an dieser großen Karstquelle bestimmt, die Baalbek zu ihrem Namen verhalf. Wenn Sie sich erfrischt haben, besuchen Sie die im äußersten Quellbereich gelegene Ruine einer aiyubidischen Moschee mit schmalem Gebetssaal, quadratischem Sahn mit Umgang aus Pfeilern und Spitzbögen und vor allem einem freigelegten Kanalzulauf, der den Hof mit dem Wasser für die vorgeschriebenen Waschungen versorgte.

***B **Palmyra,** ✆ (08) 37 02 30/37 00 11, Fax 37 03 05. Das stilvoll in die Jahre gekommene Haus bietet Tee, Kaffee oder ein kühlendes Bier im schattigen Garten oder, besonders reizvoll, auf dem Balkon im ersten Stock mit Blick auf den gegenüberliegenden Jupitertempel. Wer den Sonnenuntergang über dem Tempelbezirk von hier aus erleben will, kann im etwas muffigen Ambiente des jahrzehntelang nicht veränderten Mobiliars übernachten; die Zimmer zur Straße sollte man sich aber, trotz der schönen Aussicht, aus akustischen Gründen verkneifen.

In Baalbek neben dem wenig einfallsreichen Restaurant des Hotel Palmyra Garküchen in der Straße nach Ras al-Ain; einfache Terrassenrestaurants in **Ras al-Ain.**

Besucher kaufen gerne eines der prachtvoll bestickten Gewänder aus Baalbek, die in einem Laden neben dem Hotel Palmyra angeboten werden, die Preise sind hoch, aber gerechtfertigt. Mehrere Dörfer der Umgebung produzieren Knüpf- und Webteppiche, die aber meist nicht in den Handel kommen.

Im Juli Baalbek-Festspiele in den Tempelruinen. Seit 1997 fanden die Festspiele nach langer Pause erstmals wieder statt, das Jahr 1998 sah einen stark deutschen Touch mit Beethovens Neunter, aufgeführt vom Radio- und Sinfonieorchester Stuttgart und dem Chor der Musikhochschulen in Baden-Württemberg, aber auch die Auftritte von Fairuz, Libanons Star der arabischen Musik. Eine Ausweitung des Programms auf Vorkriegsumfang und -niveau (von Karajan bis zum Modern Jazz Quartet) ist geplant. Informationen zum Programm, ebenso Tickets im Internet (http://www.baalbeck.org.lb./ticketright.htm) und über ✆ (01) 37 31 50/1/2, Fax (01) 37 31 53.

Nach Hermel und in den Norden

Von Baalbek führt eine recht gute Straße durch die Beqaa nach Norden und über die syrische Grenze nach Homs. Auch die anderen Straßen dieser Route sind asphaltiert und für libanesische Verhältnisse recht gut. In der nördlichen Beqaa wohnen vor allem Schiiten, ihr Kontakt zu Touristen ist genau so herzlich wie anderswo im Libanon, vielleicht noch ein wenig herzlicher und interessierter. Jedem kurzen Gespräch folgt die Einladung: »Komm in mein Haus«, heißt es, »nimm einen Kaffee mit uns.« Wäre nicht die ungelöste politische Situation eines Staates im Staate, den die Hisbollah hier errichtet hat, und der anderen Regeln folgt, als dem Touristen vielleicht lieb ist – die nördliche Beqaa wäre eines der beliebtesten Touristenziele des Libanon. Da dem nicht so ist, bewegt man sich meist allein auf weiter Flur, was den Genuß nicht schmälert, ganz im Gegenteil.

Bei der ehemaligen Bahnstation Ras Baalbek quert man die Gleise der (stillgelegten) Bahn nach Homs und biegt auf moderner Asphaltstraße nach Nordwesten in Richtung Hermel ab. Schon von weitem erkennt man den großen kubischen Bau mit Pyramidendach auf einem einsamen Hügel, von dem man in alle Himmelsrichtungen freie Sicht hat, Qamuat el-Hermel, die **Pyramide von Hermel.** Mehrere Pisten führen zu diesem 27 m hohen Gebäude aus späthellenistischer Zeit, das wohl das Grabmal eines lokalen Herrschers darstellt, obwohl eine Grabkammer fehlt – Pyramidendächer für Grabmäler waren im römischen Syrien nicht so selten, man denke an das nordsyrische Dana oder Brad! Gut erhaltene Jagdreliefs überziehen noch einen Teil des kubischen Unterbaus, der die Pyramide trägt. Wie die gleichzeitigen parthischen Herrscher sah sich der Verstorbene offenbar am liebsten als großer Jäger dargestellt. Von hier hat man einen unvergleichlichen Ausblick über die Steppen der Umgebung, die grüne Flußoase des Orontes und die beschneiten Flanken von Libanon und Antilibanon.

Wieder auf der Asphaltstraße, überquert man den Orontes, dessen klares Wasser einige Terrassenrestaurants hergelockt hat, und erreicht den Ort **Hermel.** Den schiiti-

Die sogenannte Hermelpyramide ist die mit Jagdszenen verzierte monumentale Grabstätte eines Gaufürsten der hellenistischen Zeit

schen Charakter des Städtchens erkennt der Fremde an den Plakaten, Denkmälern und Moscheen, mit den Christen der umliegenden Dörfer kommt man aber sichtlich gut aus.

Auf dem Rückweg nach Baalbek biegt man nach rechts auf eine kleine Asphaltstraße ab. Sie führt zur Einsiedelei des heiligen Maro und zur Quelle des Orontes. Sehr abrupt endet sie über dem gewundenen, wasserreichen Tal des Orontes vor einer Sandsteinwand, in der sich **Deir Mar Marun,** das Kloster oder eigentlich die Einsiedelei des heiligen Maro befindet, des Religionsgründers der libanesischen Maroniten. In dem teilweise verstürzten und ausgebrochenen Höhlenkloster ist nicht viel zu sehen; es ist seine ehrwürdige Beziehung zum Christentum in dieser Region und seine wunderschöne Lage, die es besuchenswert machen. Die Legende will, daß der Heilige in diesem Klösterchen starb und begraben wurde und daß sich von hier aus sein Einfluß verbreitete.

Vom Kloster führt ein sehr schlechter Fahrweg zum Fluß hinunter und zur außer Sichtweite befindlichen **Orontes-Quelle,** die man aber von der letzten Rechtskurve der Straße aus unter sich liegen sieht. Eine starke Karstquelle tritt hier mitten im Tal aus dem Berg, klares und kaltes Wasser führend, während das Tal oberhalb nur von einem winzigen Wässerchen genutzt wird, das sich wenig oberhalb völlig verliert. Über Homs, Apameia und Antiochia macht sich der Nahr al-Assi, wie er hier heißt, auf den Weg zum Mittelmeer, als Orontes führt er weit zurück in die Geschichte Syriens und des Libanon.

Servicetaxen von Baalbek nach Hermel, von Beirut aus muß man in Baalbek umsteigen. Achtung: Solange in der nördlichen Beqaa keine klaren Machtverhältnisse herrschen, ist ein Verlassen der hier angegebenen Straßen nicht empfehlenswert. Als Tourist kann man unversehens in eine unangenehme Lage geraten, auf die weder die libanesische Armee noch die mittlerweile in den libanesischen Alltag integrierte Hisbollah Einfluß haben. Eine Weiterfahrt ab Hermel in Richtung Westen oder Norden sollte auf jeden Fall unterlassen werden! Noch eine Warnung: Die auf vielen Karten angegebene Straße Ainata–Qbaiyat mit Verbindung von der Hauptstraße nördlich Baalbek über Jdeideh und Qadi Fara existiert *nicht!*

Bei Hermel Terrassenrestaurants oberhalb der Brücke über den Orontes, Fisch, Forellen!

Römertempel zwischen Baalbek und Zahleh

Zwischen Baalbek und Zahleh kann man die überfrequentierte Hauptstraße quer durch die Ebene nehmen – oder auf einer wenig befahrenen, ebenfalls asphaltierten Straße am Fuß des Libanongebirges entlangfahren und die vielen Orte samt Ölbaumhainen und Ruinen römischer Tempel besuchen. Die Entscheidung fällt leicht.

Von Baalbek fährt man die im vorigen Kapitel beschriebene Strecke in Richtung Bcharreh bis knapp hinter Chlifa, um sich dann immer am Fuß des Libanon nach Südwesten zu halten. Nach der Getreideernte sind die Stoppelfelder voll mit Weidetieren; die Halbnomaden, denen sie gehören, wohnen in unzähligen Zelten am Straßenrand. Die antiken Stätten dieser Tour liegen alle in Dörfern oberhalb der Straße nach Masnaa Bednaiyel, Hinweisschilder sind in Arabisch geschrieben oder nicht vorhanden, man muß sich durchfragen.

In **Ksar Naba** ist die Ruine eines römischen Tempels nicht schwer zu finden, sie liegt mitten im Ort unterhalb der (schiitischen) Moschee, umzäunt, aber einsehbar samt den von den Anwohnern gewiesenen Schlupflöchern. Es handelt sich um einen Podiumtempel, der von Osten durch eine Treppenflucht mit Absatz erreicht wird. Der teilweise rekonstruierte Giebel, eine Seltenheit, steht noch neben dem Gebäude. Auch hier hat sich ein großer Altar vor dem Tempel erhalten, ebenso wie in Baalbek, in Mashnaka bei Byblus, besonders eindrücklich aber in Faqra; er war ein wesentliches Element der römischen Tempel im Libanon, das aus dem Baalskult übernommen wurde.

Eines der nächsten Dörfer ist **Niha** (tägl. 9.00–18.00 Uhr). Auch hier ist ein römischer Podiumtempel zu besichtigen, nebst einem weiteren römischen Tempel, aber keine Angst, es gibt keine Wiederholungen. Schon die Lage ist einmalig: in einem wasserreichen Bachtal am oberen Ende des (christlichen) Dorfes ein kleinerer, nicht so gut erhaltener Tempel (Tempel B) auf der nördlichen Seite sowie ein etwas höher gelegener, eindrucksvoller und bestens erhaltener auf der südlichen (Tempel A).

Beschränken wir uns auf Tempel A. In seinen Proportionen entspricht er in etwa dem Kleinen Tempel in Baalbek, ist jedoch kürzer. Auch der gewaltige Türsturz erinnert frappant an Baalbek, ist aber nicht dekoriert: nur die geflügelte Sonne befindet sich wie dort im Scheitel. Innen gliedern auch hier Halbsäulen den Raum, in dessen vorderen Teil, das die Kultstatue enthaltende Adyton, ein hervorragend erhaltener skulptierter Stiegenaufgang führt. Auf der Plattform des Adyton stehen sogar noch Säulchen, die ehedem das Standbild umrahmten.

Die dunklen Räume unter dem Adyton sind durch einen sehr gut erhaltenen Gang erschlossen, Priesterfiguren in parthischer Tracht (Hosen unter der Toga!) schmücken die Absperrung. Auf die Türme links und rechts vom Portal führen heute noch Innenstiegen. Eindrucksvoll ist auch der Rest eines Monuments auf dem getreppten Aufgang zum Podium des Tempels: ein Relief stellt möglicherweise den lokalen römischen Beamten dar, der mit der Bauausführung von Niha betraut war.

Vielleicht noch eindrucksvoller ist ein dritter Tempelbereich, der von **Hosn Niha.** Folgt man dem Bachtal von Niha aufwärts, erreicht man eine römische Straße, die, teilweise in den Felsen geschlagen, zu einem in 1250–1300 m gelegenen Hochtal führt, in dem wohl früher schon Obst, vor allem Kirschen, und Wein angebaut wurde. (Heute gibt es auch eine – schlechte – Fahrstraße, sie führt direkt oberhalb von

Niha, Landschaft mit Tempelruine, der Beqaa-Ebene im Mittelgrund und dem Antilibanon

Begegnungen in der Beqaa

Beqaa? Bürgerkrieg und Bomben, Hisbollah und Mohnanbau sind die Assoziationen, mit denen die Sensationspresse die Schiiten in der Beqaa kollektiv verteufelt hat: Laufen sie nicht alle mit einem Messer zwischen den Zähnen herum? Zunächst einmal: nein, sie tun es nicht. Sie arrangieren sich mit den Zeitläuften, wie das Menschen immer getan haben. Und freuen sich über Nachrichten von draußen, auch und gerade, wenn sie von Fremden aus nicht-schiitischen Ländern kommen.

Ein Laden in Labueh, dem schiitischen Dorf zwischen Baalbek und Ras Baalbek. Die Fladenbrote, die wir bestellen, sind frisch, noch warm und mit Kischk gefüllt. Wir werden eingeladen, gleich hier zu essen, mit Tee natürlich, der bereitsteht, an dem sich allmählich nicht nur wir und der Ladenbesitzer, sondern auch alle weiteren Gäste gütlich tun. Fußball (man drückt für die Deutschen!), Deutschland (fast jeder hat während des Krieges einen Verwandten dort gehabt), Glauben (Alkohol ist schädlich, man wird davon krank) sind einige der Themen. Beim Abschied kommt herzliches Lachen auf, als wir das Brot mit dem Kischk bezahlen wollen – aber doch nicht unter Freunden!

In Ksar Naba werden wir von einer jungen Frau in Jeans und ärmelloser Bluse angesprochen und auf einen Kaffee ins Haus der Familie eingeladen. Auf der Terrasse sind die männlichen Mitglieder der Familie versammelt, auch der Verlobte des Mädchens ist da, man ißt und trinkt, frische Kirschen und Linsensuppe, Kaffee mit Kardamom und ein Glas Wasser. Ihr müßt hierbleiben, wir haben genügend Betten, bleibt wenigstens noch ein Weilchen! Weibliche Verwandtschaft quert freundlich lächelnd, aber meist etwas in der Distanz die Terrasse, um in den hinteren Gemächern zu verschwinden. Ein diskreter Hinweis auf Kerbelah bringt die Bestätigung, daß die Familie schiitisch ist und gläubig – aber warum sollte man der Tochter verbieten, sich modern und nach ihrem Geschmack zu kleiden?

Andere Begegnungen: mit den Kriegsgewinnlern, die in Luxus-Geländewagen durch die Orte rasen, um in Zahleh den besten Tisch im Restaurant zu fordern (den sie auch bekommen); mit denen, die von einer hysterischen Feindpropaganda gelernt haben, daß allen Fremden zu mißtrauen ist, mit den syrischen Burschen am Kontrollposten, die nicht recht wissen, warum sie hier sind, und keine Ahnung haben, wie man an einen Ort in der Umgebung gelangt. In Erinnerung bleiben Szenen wie diese: die armenische Verkäuferin in Aanjar lädt nach dem Einkauf auf einen Kaffee ein. Laß' uns Freunde sein, sagt sie damit, kommt wieder! Machen wir!

Tempel B talaufwärts). Nur gab es damals auch einen Ort, was schnell klar wird, wenn man die von behauenen Steinen übersäten Wiesen und Weiden quert, um zu den dunklen Resten zweier Tempel zu gelangen, die auf das Hochtal herunterschauen. Der wesentlich besser erhaltene ist ein Antentempel mit Plattform und Zentraltreppe, seine riesigen Baublöcke liegen noch immer verstreut, wo sie bei einem Erdbeben hinfielen. Das hat auch ein Gutes: man kann erkennen, daß die den Innenraum gliedernden Halbsäulen in die Wandteile integriert waren und nicht etwa an die fertige Außenwand angebracht wurden. Die Präzision, die den Steinmetzen abverlangt wurde, ist kaum vorstellbar, wenn man diese Blöcke nicht mit eigenen Augen gesehen hat.

Über **Furzol** (im Bachtal oberhalb die Felsennekropole von al-Habis) erreicht man **Zahleh.** Vor dreihundert Jahren kamen die ersten christlichen Flüchtlinge in das wasserreiche, aber enge Tal des Bardauni. Von ihren Holzbauten hat sich in Zahleh (meist Zahlé geschrieben), der heutigen Verwaltungshauptstadt der Beqaa, nichts erhalten; die ältesten Gebäude stammen aus dem 19. Jh. Man kommt nach Zahleh, um Geschäfte zu machen, ehrliche und weniger ehrliche, um einzukaufen, sich mit Wein und Arrak einzudekken (Zahleh ist die Hochburg der Arrakproduktion des Libanon, und unweit befindet sich das größte Weingut des Landes, Ksara) und vor allem, um ausgiebig zu schlemmen. Zahleh gilt als ein kulinarisches Eden, und wer schon einmal die Mezze gekostet hat, die hier im Casino Arabi, im Dmeir oder im Monte Alberto aufgetischt werden, muß sich dieser Meinung anschließen. Die beiden ersteren befinden sich an einer Restaurantmeile, die einmalig ist: im schmalsten Flußabschnitt des Bardauni liegt ein Restaurant und Café neben dem anderen, jedes bemüht, den Gast durch hervorragende Qualität zum Wiederkommen anzuregen. Leider nehmen, wie überall im Libanon, Beton und Plastik überhand; der (vom Ort her) erste Teil des Flußbettes ist heute völlig überbaut.

Infos über Zahleh in der Wirtschafts- und Handelskammer, einem mehrstöckigen Gebäude am rechten Ufer des Bardauni, ziemlich genau unterhalb der Zahleh überragenden Marienstatue (geöffnet Mo–Fr meist 9.00–18.00 Uhr, variable Mittagspause, ✆ (08) 08 35 95).

Regelmäßige und häufige Linientaxen und Busse von Baalbek nach Zahleh und umgekehrt, auf der beschriebenen Nebenstrecke jedoch selten Linientaxen und nur Mikrobusse.

In Zahleh: ****Alrihab,** in der Ebene, brandneues, sehr schickes Sporthotel, ✆ (08) 80 42 20/80 53 19; **A **Monte Alberto,** Adlernest über der Schlucht, herrliche Aussicht und gute Zimmer, viele Gäste kommen wegen des hervorragenden Restaurants mit unvergleichlicher Aussicht, ✆ (08) 81 09 12/3/4, Fax 80 14 51; *A **Sunny Land,** viel besser, als der eine offizielle Stern suggeriert, freundlich, ✆ (08) 80 49 90/

80 45 63, Fax 80 49 40; *A **Akl,** Charme, billig, aber an der Hauptstraße, ✆ (08) 82 07 01.

In Zahleh: (Kat. 3/4) Drehrestaurant im **Hotel Monte Alberto** und (Kat. 2–4) Restaurants in der Bardauni-Schlucht, alle mit hervorragender Auswahl und Qualität der Mezze: z. B. **Casino Arabi,** ✆ (08) 80 01 44, oder **Casino Dmeir,** ✆ (08) 80 15 25. Unter den Felsen von **Al-Habis** (Furzol) einfaches (Kat. 5) Terrassenrestaurant (nur Wochenenden im Sommer).

Wein und Arrak aus Zahleh; in und um Zahleh mehrere Supermärkte mit großem Angebot für Selbstversorger.

Weinfest in Zahleh vom 10.–20. September.

Aanjar und der Süden

Von Zahleh nehmen Sie die Straße quer durch die Beqaa nach Barr Elias und dann die Hauptstraße weiter in Richtung Damaskus, bis es am Hangfuß des Antilibanon links nach Aanjar abgeht.

Aanjar ist eine kulturhistorische Delikatesse: eine frühislamisch-umaiyadische Stadtgründung im spätantiken Gewand, die fast unverändert auf uns gekommen ist (seit 1984 von der UNESCO als Welterbe geschützt). Nach ihrer Gründung durch den Kalifen al-Walid, der 710 bis 715 regierte, bestand Aanjar nur bis 744, als es in Kämpfen um die Kalifennachfolge zerstört wurde. Schon von außen erkennt man die Nähe zu spätantiken Mustern: die halbrunden Verteidigungstürme der Tore erinnern an die Porta Nigra in Trier, der Grundriß ist exakt rechteckig: 370 × 310 m. 36 ebenfalls halbrunde Türme in regelmäßigen Abständen verstärken die Mauern, die außen aus geschnittenem Stein der Umgebung, in der Füllung aus Rohstein, Flußsteinen und Zement gebaut sind. Wie ein römisches Lager wird der Ort in Nord-Süd-Richtung durch einen Cardo, von West nach Ost durch einen Decumanus gequert; im Schnittpunkt steht wie meist im Römischen Reich und seinen Einflußgebieten ein Tetrapylon (Palmyra in Syrien, Gerasa in Jordanien!). Die beiden Hauptachsen werden von überdeckten Kolonnaden begleitet, hinter denen sich ein Laden an den anderen reihte. Die Wohnviertel sind durch parallel zu den Hauptstraßen verlaufende Gassen in *insulae* aufgeteilt, auch hier hat sich römisch-spätantikes Vorbild durchgesetzt.

Bis jetzt ein antiker Ort wie viele andere, kaum einen Umweg wert. Wenn nicht Aanjar Elemente hätte, die keine römische Stadt hat, vor allem den Palast mit Thronsaal und die Moschee. Ein Teil der Fassade des Umaiyadenpalastes ist noch doppelstöckig erhalten, es handelt sich um eine von zwei Apsiden, die einmal die südliche oder Sommer-Audienzhalle trug, die nördliche oder Winter-Audienzhalle ist nur in Fundamenten sichtbar. Daß Aanjar zum Teil aus Spolien älterer Gebäu-

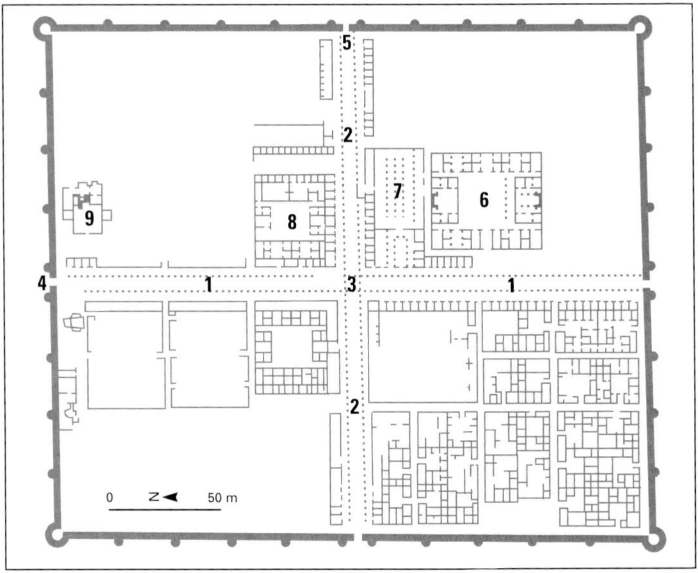

Aanjar, Umaiyadenpalast 1 Cardo maximus 2 Decumanus maximus 3 Tetrapylon 4 Nordtor (Eingang) 5 Osttor 6 Palast 7 Moschee 8 Kleiner Palast 9 Bad

de errichtet wurde, erkennt man vor allem am plastischen Schmuck der Stadt, an den Kapitellen und den Säulentrommeln. An einer Säule im Großen Hof des Palastes findet sich gar eine griechische Inschrift mit Kreuz. Die Moschee ist zwar nicht sehr gut erhalten, ihr Fundament jedoch eindeutig erkennbar.

Von der Moschee sollte man zum sehr gut erhaltenen Osttor gehen, um es von außen zu betrachten, und dann durch den Kleinen Palast, in dem sich noch ein Aufgang in den ersten Stock befindet. Durch Kiefernwald führt der Weg zum Hammam, dem noch ganz antiken Vorbildern entsprechenden öffentlichen Bad. Seine Mosaiken sind zum Teil an Ort und Stelle belassen und notdürftig verdeckt worden, was sie wohl in ein paar Jahren zum Verschwinden gebracht haben wird.

Das moderne Aanjar ist ein überwiegend armenischer Ort (2400 Ew.), der nach 1939 von 5000 Flüchtlingen aus Musa Dagh errichtet wurde. Benannt sind die Ortsteile nach den Heimatdörfern. Die Kirchen im armenischen Stil, die

Großzügigkeit der Anlage und natürlich Aussehen, Sprache, Schrift und Sitten der Bewohner unterscheiden Aanjar deutlich von anderen libanesischen Orten. Um auch die Unterschiede der Küche kennenzulernen, fährt man am besten drei Kilometer nordöstlich zur **Karstquelle Ain Aanjar,** die dort am Fuß eines Felshanges entspringt und von mehreren Gartenrestaurants umgeben ist. Im Gegensatz zum zubetonierten Zahleh sitzt man hier noch unter Bäumen. Die Gerichte sind armenisch: *yershig,* Rinderwurst mit Kümmel, *mante,* mit Lammfleisch gefülltes Gebäck, *vochkhari keluch,* geschmorter Hammelkopf, oder *sare burma,* ein Walnußstrudel; daneben gibt es das ganze Spektrum der libanesisch-syrischen Küche.

Fährt man den Weg zurück, den man von der Hauptstraße nach Aanjar gekommen war, kann man nach deren Überquerung einer Straße nach Süden folgen, von der zwei Kilometer weiter ein weiteres Sträßchen auf den links begleitenden Hügelkamm und nach **Majdel Aanjar** (keine offiziellen Öffnungszeiten, ein Junge aus dem Dorf macht auf) hinaufleitet. (Die Zufahrt von Osten, die auf den meisten Karten einzig eingetragen ist, gestaltet sich komplizierter.) Auf dem Sattel führt ein steiler Zufahrtsweg nach links zum Bezirk des römischen Tempels. Die enormen Ausmaße und die prächtige Dekoration kann man heute noch erkennen. Leider ist wenig erhalten, das Adyton und ein paar

In den Ruinen der frühislamischen Stadt Aanjar. Die Kolonnadenstraße erinnert stark an römisch-byzantinische Vorbilder

Säulentrommeln auf dem massiven Podium, Reste der Umfassungsmauern. Aber der Rundblick! 360 °-Panoramalage, man sieht Libanon und Antilibanon, die nördliche Beqaa, Zahleh und Aanjar, die südwestliche Beqaa mit den Bergen von Baruk.

Von Majdel Aanjar kann man nach Osten und durch den Ort recht einfach zur Hauptstraße gelangen, die nach Süden führt. Sie verläuft durch ein fruchtbares, weites Tal, in dem immer wieder die Kirschbäume auffallen. Erst knapp vor Rachaiya verläßt man das Tal (bei Weiterfahrt gelangt man in die von Israel okkupierte Zone!), schraubt sich einen Berghang hinauf und befindet sich nicht nur im Ort, sondern auch vor der umwerfenden Kulisse des **Hermongebirges** (Djebel esh-Sheikh). Meist ist seine Gipfelzone mit Schnee überzogen, bei 2814 m Gipfelhöhe darf das nicht verwundern. Am Hermon entspringt einer der wasserreichsten und berühmtesten Flüsse der Region: der Jordan (Quellarm Nahr al-Hasbani). Das verkarstete Gebirge ist für Wanderer und Bergsteiger off limits; Libanesen, Syrer und Israelis stehen sich hier gegenüber.

In **Rachaiya** kann man eines jener libanesischen Phänomene beobachten, die Gäste immer wieder zum Staunen bringen: hier leben Drusen und Christen friedlich zusammen, zwei Religionsgruppen, die sich nicht nur 1860, sondern auch im jüngsten Bürgerkrieg bekämpft haben. Die Frauen beider Religionsgemeinschaften sind modisch und ohne Rückblick auf frühere Sitten gekleidet, nur noch bei den drusischen Männern mit ihren schwarzen Pluderhosen, Stiefeln und weißen Käppis erkennt man die Religionszugehörigkeit an der Gewandung. Alle sind sie freundlich, interessiert, herzlich. Der Ort ist blitzsauber, die renovierte Basarstraße mit ihren Schmuckläden (Silberfiligran und üppiger Goldschmuck werden von Christen hergestellt) ein erfreulicher Anblick. Hier steht auch hinter einem Arkadenbau mit bossierten Steinen die Kirche der Griechisch-Katholischen aus dem Jahre 1888. Über dem Ort die Burg der Drusen-Emire, um die 1925 beim bald niedergeschlagenen Drusenaufstand blutig gekämpft wurde.

Auf dem Rückweg zweigt man nach Westen ab, um über Jub-Jannin nach Kefraiya und zum westlichen Rand der Beqaa am Fuß des Djebel Baruk zu gelangen. Nach der Überquerung des Höhenzuges, auf dem weiter nördlich Majdel Aanjar liegt, erreicht man die ehemals durch einen See und große Sümpfe eingenommene westliche Beqaa, die heute vom Litanifluß nach Südwesten entwässert wird – nur der See von Qaraun weiter südlich ist noch ein Rest dieses riesigen Gewässers. Hier wurde die vom Mittelmeer nach Damaskus führende Straße an den Rand der Berge gezwängt, was schon vor Jahrtausenden Anlaß für eine Siedlung war: Beim Dorf **Kamid al-Lauz** graben deutsche Archäologen seit 1963 einen Tell aus, der von der Bronzezeit bis in die Römerzeit die Siedlung Kumidi trug, die unter Thutmosis III. ihre Blütezeit hatte, als sie Sitz eines ägyptischen Gouverneurs wurde. Während die Kleinfunde (u. a. Täfelchen mit altphönizischer und sogar ugaritischer Schrift) wichtige wissenschaftliche Erkenntnisse erbrachten, ist an Ort und Stelle für Laien kaum etwas zu sehen.

Weiter nach **Kefraiya** am jenseitigen Hangfuß, seine Weinberge sind für Mitteleuropäer ungewohnt, der strauchige Weinstock sitzt dicht am Boden; Drähte, Schnüre oder Stökke, an denen sich die Rebe aufziehen könnte, gibt es nicht. Dem Chateauwein gleichen Namens bekommt das ausgesprochen gut, er gehört zu Libanons besten. Auch wenn man nun die dem Hangfuß folgende Straße nach Norden nimmt, bleibt man noch im Weingebiet. Immer wieder liegen Dörfer links der Straße, meist christliche, wie man an den Kirchen erkennt. Bei As-Saluk tritt reichlich Wasser aus dem Hang, unterhalb dehnt sich ein versumpfter See aus – so muß die Ebene ausgesehen haben, bevor die Menschen sie trockenlegten, damals, als Kamid al-Lauz den Handel durch die Beqaa kontrollierte.

Heute kontrolliert das nahe **Chtaura** (gesprochen Schtuura) den Handel, kreuzen sich doch hier die Straßen von Beirut nach Damaskus und von Homs nach Saida (Sidon) und Sur (Tyrus). Ein christliches Dorf schimmert noch durch die rasch gewachsene Stadt mit ihren zahllosen ›Casinos‹, also Kaffeehäusern, mit

Läden, schicken Boutiquen, Tankstellen, Werkstätten und Hotels. Zurück bis Zahleh ist es jetzt nur noch ein Katzensprung, nach Beirut, wo unsere nächste Route beginnt, fährt man meist zwei Stunden.

In Chtaura: *****Chtaura **Park Hotel,** teuer, aber Luxus, viele Golf-Araber, ✆ (08) 84 00 11/54 00 11, (03) 71 40 10/1/2, Fax (08) 80 51 22.

In Ain Aanjar Terrassenrestaurants an der Quelle, z. B. **Al-Jazira,** Fisch, Forellen, Mezze, ✆ (08) 84 09 88; im Ort armenisches Brot beim Bäcker, eine Delikatesse. **In Chtaura** zahlreiche Cafés und Imbisse, empfehlenswert **Casino Aql** mit Garten, ✆ (08) 84 06 99.

Die Syrer zieht es zu den Läden zwischen Chtaura und der Grenze, denn hier gibt es viel, was in Syrien nicht erhältlich ist. Für den Besucher kommt eher der traditionelle Silberschmuck aus Rashaiya in Frage. Selbstversorger haben in Chtaura (und Zahleh) in einigen Supermärkten gute Karten, es gibt sogar Schinken und Würste und natürlich eine große Auswahl an Wein und Spirituosen.

In den Süden: der Schuf, Saida und Sur

Das römische Hippodrom von Tyrus ist das größte, das je ergraben wurde; hier die Tribüne

In den Süden: der Schuf, Saida (Sidon) und Sur (Tyrus)

Deir al-Qamar, die Residenz Fakhr ed-Dins II.; drusische Dörfer im Bergland des Schuf, der Märchenpalast Beit ed-Din und die Zedern des Djebel al-Baruk. Saida mit seinen Sukstraßen, Khanen und Moscheen und dem phönizischen Eschmuntempel. Sur, die alte Purpurstadt Tyrus, mit Hippodrom, Nekropole und Kolonnadenstraßen. Das biblische Qana ist heute ein Märtyrerort der Schiiten.

Der Schuf

Die wichtigsten Sehenswürdigkeiten der sehr abwechslungsreichen Rundreise durch den Schuf, die bis auf 1500 m Meereshöhe führt, lassen sich von Beirut aus an einem Tag besuchen. Naturfreunde werden im Baruk-Massiv gerne weiter in die Berge steigen und können dort Höhen von über 1900 m erreichen – aber dann nur mit Nächtigung, für die es jedoch nur eine einzige, kostspielige Möglichkeit gibt.

Der Schuf ist eine Hügel- und Mittelgebirgslandschaft mit traditionellen drusischen und drusisch-christlichen Dörfern. Viele Männer tragen die drusische Tracht: eine gestreifte, wollene *abba (abaya)* über Hemd und Pluderhose aus schwarzem Tuch, schwarze Stiefel, auf dem Kopf den *tarbusch* (von uns meist *fes* genannt), bei Eingeweihten ist er mit einem weißen Tuch umschlungen. Gläubige Drusen tragen nur handgewebtes Material, in vielen Dörfern gibt es Weber, die gerne auch an Touristen verkaufen, Geld stinkt auch bei Drusen nicht.

Von Beirut aus nimmt man am besten die Autobahn in Richtung Saida entlang der Küste. Bewässerungskulturen begleiten die Küste bei Damur, das im Bürgerkrieg zerstört wurde. Das Tal des Nahr ad-Damur und eine ausnahmsweise gekennzeichnete Abfahrt (»Beit ed-Din«) kommen in Sicht. Die Fahrt durch das grüne Tal ist wunderschön, Kiefern und Eichenmacchie begleiten die Straße, und Kanäle mit klarem Wasser, die an Feiertagen von Beirutis umlagert sind, die hier picknicken und genußvoll den Tag im Kreis der Großfamilie verbringen. Einige Ausflugslokale haben sich an das Wasser gesetzt, aber der Ansturm hält sich noch in Grenzen.

Die Straße schraubt sich aufs Plateau, eine Abzweigung führt nach links zum Dorf **Bchetfin,** wo die traditionelle Oberkleidung drusischer Frauen hergestellt wird. Kurz dahinter zweigt eine Straße zur **Grotte von Kfar Him** ab, eine in den 80er Jahren entdeckte Tropfsteinhöhle (tägl. ca. 8.00 bis 19.00 Uhr).

Deir al-Qamar

Der erste direkt an der Straße liegende Ort ist Deir al-Qamar, dessen rote Ziegeldächer ihn gleich als maronitisch verraten. Seine Topographie ist leicht zu begreifen: um einen zentralen Platz mit Brunnen, den **Midan,** gruppieren sich die öffentlichen Gebäude und Palais, Bürgerhäuser liegen vor allem im höheren Teil der Stadt, Obstgärten und Gemüseterrassen jedoch unten im Tal, wo es Wasser gibt. Traditionell ist Deir al-Qamar Sitz der den Schuf regierenden Drusenfürsten. Die Kämpfe zwischen Drusen und osmanischen Gouverneuren einerseits und Christen andererseits hat es immer in vorderster Front mitgemacht. Bei den Kämpfen von 1860 wurden hier zweitausend Christen umgebracht, nach dem ›Bergkrieg‹ von 1983 wurden die meisten Christen zu Flüchtlingen.

Westlich des Brunnens auf dem Midan steht eine schlichte **Moschee,** die unter Fakhr ed-Din I. im frühen 16. Jh. errichtet wurde (das

Deir al-Qamar, Innenhof des Palais Baz. An der Rückwand ein kühler, nach Norden ausgerichteter Liwan

Die Maaniden in Deir al-Qamar

Die Familie Maan kam im 12. Jh. im Auftrag des Gouverneurs von Damaskus in den Schuf, um den Widerstand gegen die Franj zu organisieren. Bald nahmen die Maan die dort herrschende drusische Religion an. In die Geschichte tritt die Familie wieder ein, als der osmanische Gouverneur von Damaskus 1522/23 einen Aufstand im Schuf niederschlägt: in zwei Kampagnen werden insgesamt 73 Dörfer verbrannt, 300 Frauen und Kinder verschleppt und sieben Wagenladungen abgeschlagener Köpfe nach Damaskus gebracht, damit man dort sehen kann, was mit denen geschieht, die sich den neuen Machthabern nicht beugen wollen. Die Maan organisieren den Wiederaufbau des verbrannten Landes; sie haben ihren Hauptstützpunkt in Deir al-Qamar, wo Fakhr ed-Din I. eine Moschee errichten läßt.

1584 greift ein osmanisches Heer unter Ibrahim Pascha zuerst den Herrn von Akkar an, Yusuf Sayfa, dessen Festung Akkar al-Aatiqa verwüstet wird, dann die Drusen unter Qorqmas aus der Familie Maan. Qorqmas muß fliehen und stirbt in einer Höhle im Süden des Schuf. Wieder werden drusische Dörfer verbrannt, die Menschen entwaffnet.

1590 hat Fakhr ed-Din II. (1572–1635), Sohn des Qorqmas, die Macht im Schuf; er baut eine stehende Armee auf. Der Damaszener Gouverneur läßt ihn 1598 gegen Yusuf Sayfa vorgehen, den er in der Nähe des Nahr el-Kelb besiegt. Ein Hin und Her der Angriffe und Zerstörungen beginnt und eine lebenslange Feindschaft zwischen den beiden Lokalherrschern.

1605 kommt es in Aleppo zu einer Rebellion gegen die Osmanen, die von der Familie des ehemaligen Gouverneurs getragen wird. Fakhr ed-Din wird in die Kämpfe auf der Seite der Aufständischen hineingezogen, Yusuf Sayfa wird vom Sultan mit dem Kampf gegen die Rebellen betraut. Fakhr ed-Din und seine Verbündeten besiegen Yusuf Sayfa und erobern Damaskus. Im nächsten Jahr schließt das Osmanische Reich einen Frieden mit Österreich, nun ist der Rücken frei für ein Eingreifen im Libanon! Fakhr ed-Din schickt ein großes Geldgeschenk und seinen Sohn zum Großwesir Murad Pascha und entschuldigt sich, er sei zur Waffenhilfe gezwungen worden. Alles ist vergeben.

Minarett kam später dazu). Seit 1530 berichten osmanische Quellen über eine drusische Familie, die Maan, die den Schuf unter ihre Kontrolle zu bringen begann. Fakhr ed-Din I. ist einer der ersten Machthaber, die uns mit Namen bekannt sind. Dahinter steht auf einer Terras-

1611 stirbt Murad Pascha, sein Nachfolger ist mit den Geschenken Fakhr ed-Dins unzufrieden. 1613 steht der Herrscher des Schuf einem bedrängten Freund bei, bei der Gelegenheit besetzen seine Truppen Damaskus zum zweiten Mal. Diesmal wird ein größeres Heer gegen ihn eingesetzt, er flieht und schifft sich noch im selben Jahr von Saida nach Italien ein. Fast fünf Jahre verbringt er in der Toskana am Hofe des Großherzogs Ferdinand I., mit dem er vorher einen Beistandspakt abgeschlossen hatte, bis er 1617 (oder 1618) in seine Heimat zurückkehren kann.

Inzwischen hatte seine Familie nicht mit Bestechungen, Drohungen und neuen Allianzen gezögert, so daß die Maan einen Deal mit dem Sultan machen konnten: die beiden letzten Burgen unter ihrer Herrschaft sollten der Hohen Pforte übergeben werden, gleichzeitig sollte die Herrschaft über den *sanjak* (osmanischer Verwaltungsbezirk) Safed im heutigen Israel an Fakhr ed-Dins Bruder, jene über Beirut an seinen Sohn Ali fallen.

Als ob nichts gewesen wäre, wurde Fakhr ed-Din nun mit allen möglichen offiziellen Geschäften betraut. Steuereintreibung im Sanjak Tripoli war eine der ersten offiziellen Aufgaben. Yusuf Sayfa besiegte ihn dort zunächst, aber nur, um 1623 von einem Verbund aller Emire des Libanon unter Führung von Fakhr ed-Din vertrieben zu werden, dabei ging die Festung Akkar zu Bruch, die der Sieger abreißen und deren Steine er in seine Neubauten in Deir al-Qamar einbauen ließ. Fakhr ed-Din beherrschte nun nicht nur den Libanon und durfte sich ›Sultan al-Barr‹, Sultan des Kontinents nennen, sondern mit mehr als dreißig Festungen, die von seinen Truppen gehalten wurden, ganz Syrien. Aber im selben Jahr kam in Istanbul Murad IV. an die Macht, und dieser wollte sich nicht mit Halbherrschaft begnügen. 1626 sandte er eine Armee gegen den Schuf, die aber durch Geldgeschenke zum Umkehren bewogen werden konnte. Fakhr ed-Din hatte inzwischen offizielle diplomatische Beziehungen mit der Toskana aufgenommen und holte von dort Architekten, Agronomen und Bewässerungstechniker, die den Libanon modernisieren sollten.

1632 jedoch sandte der Sultan höchstpersönlich eine neue Armee unter Kutschuk, dem Pascha von Damaskus, die Fakhr ed-Din gefangennahm und ihn nach Istanbul brachte, wo er im April 1635 hingerichtet wurde. Die Osmanen sollten für die nächsten 250 Jahre keine Probleme mehr mit Syrien haben.

se der Rest des ehemaligen **Stadpalais der Maan,** das gut erhaltene Portal auf der rechten Seite zeigt typisch mameluckische Dekorelemente.

Nach rechts schließt sich ein größeres Gebäude mit Arkaden im Untergeschoß an, die **Kisseriya der Seidenweber;** wir würden heute von einem Gewerbehof sprechen. Das Gebäude enthält heute ein französisches Kulturinstitut. Hinter der Kisseriya liegt auf höherem Grund die Kaserne, al-Kharge, die Fakhr ed-Din II. für die von ihm geschaffene stehende Armee errichten ließ. Im späten 17. und 18. Jh. umgebaut, diente sie als Palais der Chehab-Familie, bis diese sich in Beit ed-Din einen standesgemäßeren Sitz leisten konnte.

Den Ostabschluß des Platzes bildet ein Privatpalais, das **Palais Baz** aus der Mitte des 18. Jh., das seit mehr als 200 Jahren im Besitz der Familie Baz ist. Zwei sehr dekorative Portale im alten Stil, wie er sich seit dem Ende der Mameluckenzeit im Libanon gehalten hatte – dekorative Steinsetzungen in dunkel und hell, ovales Portal im rechteckigen Rahmen, flache Steinmetzarbeiten als sparsamer Dekor, häufig nur für das Familienwappen – sind der schönste Teil des öffentlichen Palastbereiches. Ein Wachsmuseum zur libanesischen Geschichte, das **Musée Marie Baz** (tägl. 9.00–18.00 Uhr), wurde rings um den schönen Innenhof (angenehme Cafeteria) eingerichtet.

Schmale Gäßchen und Treppenwege führen in den höheren Ortsteil hinauf; einige ältere Bürgerhäuser lohnen die Mühe. Der Name des Ortes, Deir al-Qamar, bedeutet Mondkloster, das muß man wissen, wenn man das Portal der Marienkirche betrachtet, wo sich Kreuz und Halbmond verbinden.

Südlich des Platzes liegt ein größeres Gebäude, das als **Serail** bezeichnet wird. Dieser Palast wurde unter Emir Mulkhem Chehab errichtet, der 1729–1754 Gouverneur des Libanon war. Auch dieser Palast hat einen Innenhof mit Liwan nach Süden, von dort hat man einen schönen Blick über das Tal unterhalb der Stadt.

Die Weiterfahrt führt am **Mussa-Palast** vorbei, einem an eine Burg erinnernden Privathaus, entstanden nach 1945, das mittelalterliche Zustände ähnlich authentisch wiedergibt wie das Schloß von Schneewittchen in Disneyland.

Beit ed-Din

Der Palast von Beit ed-Din (Di–So 8.30–18 Uhr) liegt auf der anderen Seite des Tales. Das ›Haus des Glaubens‹, ein Bau des frühen 19. Jh., ist die Residenz des Emirs für die Libanonberge (heutige libanesische Provinz Mont Liban, zu der der Schuf nach wie vor gehört), ein großzügiges Landhaus in herrlicher Panoramalage. Der Palast wurde in einem immer noch an mameluckische Bauten erinnernden traditionellen Stil errichtet, mit einer Fülle von Dekor, der im Typus (Steinschnittmosaiken, Stuckfriese, Holzintarsien) ganz arabisch-orientalisch ist, in der Ausführung aber von europäischer Kunst beeinflußt ist, am deutlichsten zu erkennen an den barocken Motiven der Wandgestaltung. Der Palast ist ein äußerst beliebter Sonntagsausflug libanesischer Familien, wer kann, sollte Beit ed-Din an einem anderen Wochentag besuchen.

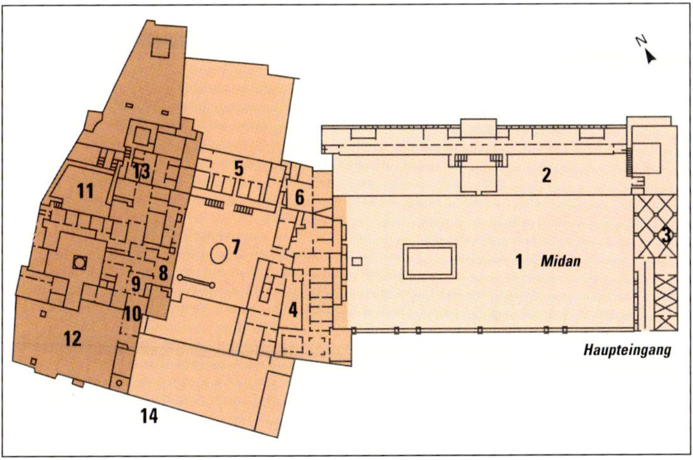

Beit ed-Din, Palast von Bechir II. Chehab: Deir al-Barraniyeh (1-3): 1 Großer Hof 2 Palastflügel Al-Madafa 3 Gedächtnisraum für Kemal Jumblatt Deir al-Wusta (4-7): 4 Büroräume 5 Sekretariate 6 Quartiere der Leibwache 7 Innenhof Deir al-Harim (8-14): 8 Harem 9 Wartesaal 10 Empfangssaal 11 Oberer Harem 12 Unterer Harem 13 Hammam 14 Mosaikenmuseum

Nach dem Aussterben der Maan übernahmen im 18. Jh. die Chehab die Macht im Schuf. Immer wieder konnten sie ihren Anspruch auf das Emirat des Libanon, das unter Fakhr ed-Din II. gegründet worden war, bei der Hohen Pforte geltend machen. Emir Bechir II. Chehab begann 1812 mit dem Bau seiner neuen Residenz Beit ed-Din; als er 1840 ins Exil gehen mußte, waren die Arbeiten noch nicht fertiggestellt. 1842 schaffte die Hohe Pforte das Emirat ab: der Palast wurde Verwaltungsbau, heute ist er Museum.

Vom Parkplatz aus erkennt man das Ausmaß der an einem Hang liegenden Anlage. Eine Flucht mehrerer Gebäude auf leicht unterschiedlichem Niveau und mit sehr unterschiedlicher Traufhöhe öffnet sich nach Südwesten zum Ausblick auf ein Gartenparterre, das in einen kleinen Park übergeht. Erst der Besuch zeigt die Komplexität der Anlage: drei größere Bauten, die durch zwei offene Höfe miteinander verbunden sind; der dritte und vom Eingang entfernteste Bau ist um einen geschlossenen Hof angelegt.

Eingelegte Decke im Deir al-Harim, an den Wänden Gipsstuck und Marmormosaik

Der **Deir al-Barraniyeh** ist der äußere, zurückhaltend dekorierte Teil des Palastes, er war der öffentlichste Teil der Gesamtanlage. Im Großen Hof (1), dem Midan, empfing der Emir seine Untertanen, erwarteten ihn Gesandtschaften oder bei Ausritten sein Gefolge. Gäste wurden im angrenzenden Palastflügel Al-Madafa (2) untergebracht, in dem sich ein Museum für Archäologie und Ethnologie befindet. In den ausgezeichnet restaurierten Räumen findet sich eine etwas ermüdende Sammlung von Objekten aus der Bronzezeit bis zur Gegenwart, darunter römisches Glas, eine große Waffensammlung, Kostüme, Tongefäße jeden Alters. Für seinen Vater und Vorgänger Kamal Jumblatt (1916–1977) ließ Walid Jumblatt einen Gedächtnisraum (3) einrichten, der die unangenehmen Details zugunsten der Heldenverehrung ausklammert.

Eine doppelte Freitreppe, deren Muster in Italien zu suchen ist und nicht im Libanon, führt in den mittleren Teil des Palastes, den **Deir al-Wusta.** Hier befanden sich vor allem Büroräume (4) und Sekretariate (5) sowie die Quartiere der Leibwache (6). Auch dieser Trakt ist um einen Innenhof (7) arrangiert, der sich zum Tal öffnet, diesmal mit Brunnen. Auch hier gehört die Rückseite des Hofes bereits zum nächsten Gebäudeteil, dem **Deir al-Harim,** dem Privatbereich des Emirs oder Harem. Die hölzernen dreiseitigen Balkone hatten dieselbe Funktion wie die halbrunden Spione in der Altstadt von Tripoli: die Damen des Hauses konnten von dort aus sehen, ohne gesehen zu werden. Die Fassade des Harems (8) ist opulent gestaltet, ein riesiger offener Liwan; dahinter zieht ein üppig mit Marmormosaik dekoriertes Portal den Blick an. Auch die Arkaden des ersten Stocks sind mit wechselnden Steinlagen in Weiß und Schwarz besonders hervorgehoben, wogegen der rechts anschließende, zum Mittelbau gehörende Trakt der Sekretäre (5) durch Schlichtheit gekennzeichnet ist.

Wer hier vorgelassen wurde, mußte einen hohen Rang haben. Im Wartesaal (9; Diwan) konnte er die einzelne, das Gewölbe tragende Säule bewundern, bevor er in den zweistöckigen Empfangssaal (10; Salamlik) vorgelassen wurde. Dieser Saal prunkt mit Dekor aus Marmorintarsien, Stuck und bemalten Holzintarsien. Die Linienführung und Motivwahl ist eklektizistisch; die traditionelle Arabeske verbindet sich mit barocken Schnörkeln zu einem Überschwang, der den gleichzeitigen stilunsicheren Dekors der frühen Gründerzeit in nichts nachsteht. Von der zurückgenommenen, klaren Wandgliederung und den kühlen abstrakten Dekors der frühen Mameluckenzeit, wie sie sich in Tripoli erhalten haben, ist dieser Bau weit entfernt.

Die Räume des Oberen Harem (11) durften noch Freunde und höchste Würdenträger betreten, im Unteren Harem (12) gab es in den Privaträumen des Fürsten und seiner Familie für niemand mehr Zutritt. Er

Der Zedernwald am Djebel al-Baruk

gruppiert sich um den dritten Hof der Anlage, der in zwei offenen Liwanen Schattenplätze für den Sommer und Sonnenplätze für den Winter bot.

Ein besonders schöner Teil der Anlage ist der Hammam (13; siehe Abb. S. 8). Auch wenn man das Dekor im einzelnen als zu üppig abtun kann: ein Bad, in dem man sich als Emir standesgemäßer reinigen lassen und ausruhen kann, muß erst noch gebaut werden.

In den Substruktionen, auf denen Mittelbau und Harem stehen, waren früher die Ställe untergebracht, heute befindet sich dort ein Mosaikenmuseum (14), das vor allem byzantinische Mosaiken aus einer Kirche in El-Jiyeh (nördlich von Saida an der Küste) zeigt, einige von ihnen (mit Stiftungsinschriften) befinden sich auch auf der obersten Gartenterrasse, von der man besonders vor Sonnenuntergang einen unvergeßlichen Blick hat.

Auf einem kurzen Abstecher läßt sich **Al-Mukhtara** besuchen, der Sitz des Jumblatt-Clans (kein Zutritt). Dabei passiert man das Gelände des **Mir Amin Palace,** den Emir Bechir für einen seiner Söhne einrichtete (heute Hotel).

Knapp hinter Batlun hat man einen prächtigen Ausblick über das Tal des Nahr al-Baruk auf die Gebirgskette des **Djebel al-Baruk.** Beim Ortsschild Baruk sieht man noch besser auf das Massiv: links unterhalb des auffälligen Transmittermasts auf der höchsten Spitze zieht sich entlang eines steilen Tales ein dunkelgrüner Saum – das ist der alte **Zedernwald von Baruk!** Eine anfänglich befahrbare Piste führt nördlich des Ortes in Richtung des Zederntals; der Bestand (216 ha der ca. 2000 ha, die Libanons Zedernhaine einnehmen) ist geschützt, aber betretbar. Bei einigen Bäumen erkennt man die Schäden, die israelische Schrapnells 1983 angerichtet haben. Eine in jüngster Zeit aufgetretene Pilzkrankheit und Nadelfall sind bedrohliche Zeichen.

Nicht nur Baruk besitzt einen Zedernwald in diesem Gebiet, die ebenfalls sehr eindrucksvollen **Zedern von Ain Zhalta** sind ausgesprochen leicht erreichbar. Kurz vor Ain Zhalta weist ein Schild nach rechts und zum Weiler Bmachrai. Wenn Sie diese gute Nebenstraße benützen, kommen Sie direkt an den Zedernwald heran! Viele jüngere, aber auch einige ältere Zedern säumen an einem kurzen Stück die Straße.

Von einem kleinen Paß haben Sie kurz darauf einen eindrucksvollen Ausblick über den Schuf, von hier kehrt man besser um zur Hauptstraße und nach Ain Zhalta und **Nabaa as-Safa** mit seiner starken Karstquelle und den unverzichtbaren Terrassenrestaurants für die Beiruter Klientel. Über Ain Dara fährt man landschaftlich reizvoll zur Hauptstraße von Beirut nach Damaskus, der man nach links über Bhamdun (Abzweigung) und Aley, zwei aus dem Korsett geplatzten Ex-Sommerfrischen der Beirutis, nach Beirut zurück folgt.

Servicetaxis von Beirut nach Deir al-Qamar und Beit ed-Din und von Beirut nach Aley, Bhamdun und weiter auf der Damaskusstraße. Dazwischen und auf dem Abstecher nach Süden nur Taxis.

In Beit ed-Din: ****__Mir Amin Palace__, gnadenlos schierer Luxus, ✆ (05) 50 13 15/50 00 74, Fax (212-4) 44 85 14.

Mehrere **Schnellimbisse** in Deir al-Qamar; in Nabaa as-Safa – (Kat. 4) **Shalalat,** gutes, am Sonntag überfülltes Terrassenrestaurant, nur im Sommerhalbjahr, kein ✆

Nicht nur Webarbeiten, wie in Bchetfin und Baadaran (bei Al-Mukhtara), gibt es im Schuf zu erstehen. Der Arrak von Maasser Beit ed-Din (zwischen Deir al-Qamar und Beit ed-Din an der Straßengabelung) kann sich mit dem von Zahleh messen. Einige Töpfer produzieren schöne Ware, so in Bchetfin und Jisr al-Qadi, z. B. Schälchen für die Mezze. Auch an der Autobahn können Sie diese Töpferarbeiten erstehen, so bei Khaldeh.

Seit einigen Jahren findet in den verschiedenen Höfen und Räumen von Beit ed-Din ein Sommerfestival statt. Klassik (Caballé bis Bocelli), Jazz (Betty Carter) bis Musik Lateinamerikas. Das Programm einsehen und buchen können Sie online (http:/www.beiteddine.org.lb/prog.htm).

Saida: das antike Sidon

Biegen Sie bei Damur nicht in die Berge des Schuf ab, sondern bleiben Sie an der Küste, die Autobahn endet in der folgenden Bucht von As-Saadiyat, die Fortsetzung ist im Bau. Die Strände der nächsten Bucht bei **An-Nabi Yunes** leiden etwas unter der Nähe zu neuen Hafenanlagen mit riesigen Erdöltanks. Unter diesem Ort und unter dem nahen Jiyeh befinden sich die Reste der antiken Stadt Porphyrion.

Jenseits des Vorgebirges Ras an-Nabi Yunes beginnt die schöne **Bucht von Qadi ez-Zeini,** der feine Sandstrand wird leider immer mehr von Hotels überbaut, die ihre Beton-

plattformen für Liegestühle und Sonnenschirme direkt am Wasser bauen. An einem küstennahen Palmenhain mündet ein größerer Fluß, es ist der Nahr Awali, dessen wichtigsten Quellfluß der Nahr al-Baruk darstellt. Dieser Fluß ist der traditionelle Grenzfluß zwischen dem christlich-drusischen Mont Liban bzw. dem Schuf und dem islamischen Südlibanon. An seinem Südufer liegt das wichtigste Ausgrabungsgebiet des antiken Sidon, der Eschmuntempel. Sie erreichen ihn auf einer nicht weiter gekennzeichneten, schlechten Straße, die unmittelbar hinter der Brücke links abzweigt. Aber bevor Sie die Ausgrabungen besuchen, sollten Sie noch ein wenig über Sidon erfahren!

Vor der Küste von Saida/Sidon liegt eine Reihe von kleineren und größeren Inseln. Die Bootsführer der Bronzezeit nutzten die Stelle zwischen dem Lee der Inseln und dem Festland als natürlichen Hafen – ein

Blick von der Burg auf die Altstadt Saida

unschätzbarer Vorteil an dieser ungegliederten Küste. An einer Landspitze, die fast an eine der Inseln stößt, entwickelte sich eine Siedlung mit zwei Landestellen. Je nach Wetterlage konnte man im nördlichen (oder phönizischen) oder südlichen (ägyptischen) Hafen anlanden und war vor Wind und Wellen geschützt. Molen verbanden bald die Insel mit dem Festland, und eine weitere Mole verstärkte den Schutz des Nordhafens. Wann diese Arbeiten begannen, ist unbekannt, die ältesten ergrabenen und datierbaren Reste der Molenanlagen stammen aus der hellenistischen Zeit; die Hauptkonstruktion ist römisch (durch Hafenerweiterungen bis 1995 überbaut).

Sidon tritt Mitte des zweiten vorchristlichen Jahrtausends in die Geschichte ein: als Vasallen-Königreich Ägyptens (18./19. Dyn.). Die älteste Erwähnung der Stadt entstammt einem Brief ihres Königs Zimrida an Pharao Amenophis IV., gefunden in Amarna. In den dunklen Zeiten des Seevölkersturms wurde Sidon wahrscheinlich zerstört, aber anschließend, im Gegensatz zu Ugarit, wieder aufgebaut. Mit den anderen levantinischen Küstenstädten von Arwad bis Askalon entwickelte Sidon in den nächsten Jahrhunderten eine gemeinsame Kultur, die den Küstenstreifen zu einem einheitlichen Gebilde, zu Phönizien zusammenschweißte. Wobei das Wort ›einheitlich‹ bildhaft zu verstehen ist: die Küstenstädte Phöniziens entwickelten eben *keine* staatliche Einheit, sondern stritten um die Märkte. Die schärfste Konkurrentin von Sidon war das nahe Tyrus – wann immer die eine Stadt sank, konnte die andere aufsteigen. Also unterstützte man grundsätzlich die Feinde der Gegnerin und rieb sich die Hände, wenn die andere wieder einmal zerstört war. So war die Geschichte des nächsten Jahrtausends eine Sequenz von Zerstörung und Wiederaufbau, Errichtung und Vernichtung von Handelsimperien, aber ebenso gewerblicher Perfektionierung von Purpurerzeugung, Bronzeschmiedetechnik, Schiffbau und Glasindustrie in direkter Konkurrenz, vor allem mit Tyrus.

Während der assyrischen Oberherrschaft über Phönizien war auch Sidon immer wieder Repressalien ausgesetzt. Dabei hatte man sich mit den neuen Herren so gut arrangiert und ihnen unter Salmanazzar V. (727–722 v. Chr.) eine Flotte zur Eroberung des lieben Nachbarn Tyrus zur Verfügung gestellt. 677 v. Chr. eroberte nach einer Revolte der Großkönig Assarhaddon die Stadt, ließ sie dem Erdboden gleichmachen und verschleppte die Überlebenden nach Assyrien.

Die Perserzeit war eine goldene Zeit für Sidon. Spätestens ab den Tagen des Weltreichgründers Darius I. (521–486) vermittelte Sidon (neben Tyrus) dem Mittelmeergebiet Waren von der Seidenstraße und vom Industal. Das Königreich der Stadt wurde von den achämenidischen Großkönigen in Persepolis nicht angetastet. Eschmunazar, einer der sidonischen Könige, rühmt sich mit einer langen Inschrift auf seinem Sarkophag (heute im Louvre) der Errichtung von Tempeln für Eschmun und Astarte.

Die Perserzeit endete mit Brand und Blut. Eine Revolte 351 v. Chr. ließ Artaxerxes III. rasch und vollständig niederschlagen; die Stadt wurde in Brand gesteckt, ihre Einwohner getötet. Aus der Asche soll klumpenweise Gold herausgeholt worden sein – der geschmolzene Schmuck reicher Sidonierinnen.

An der langen Belagerung und Eroberung von Tyrus durch Alexander den Großen nahm selbstverständlich auch eine sidonische Flotte teil. Sidon wurde in die hellenistischen Staatsgebilde und das spätere Imperium Romanum eingebettet, verlor seine Unabhängigkeit, aber gewann an merkantilem Einfluß. Das große Erdbeben von 551 setzte darunter einen Schlußstrich. Die Araber eroberten nur noch einen kleinen Fischerort (667). Fatimidische Architekten erweiterten den Nordhafen für die Kriegsflotte, doch wurde die Stadt 1110 von den Kreuzrittern eingenommen.

Spuren des Sagette genannten Ortes der Kreuzfahrerzeit sind immer noch sehr deutlich im heutigen Saida; Land- und Meeresburg sind die hervorstechenden Reste. Erst 1291 verließen die Franken nach islamischen Zwischenspielen wieder den Ort. In gewisser Hinsicht aber blieben die Franken, vor allem die Franzosen, weiter in der Stadt: französische Händler erhielten unter Emir Fakhr ed-Din II. besondere Handelsprivilegien – Teil seines Versuchs, aus dem Libanon eine unabhängige Herrschaft zu machen. Der Khan al-Franj ist *das* Zeugnis aus seiner Zeit. Erst 1791, als dieses Privileg zurückgenommen wurde und die Franzosen das Land verließen, brach Saidas Seehandel zusammen. Die Stadt versank innerhalb kürzester Zeit in die Beschaulichkeit eines Fischerortes.

Heute wächst Saida sehr stark. Dabei geht der Ort, aus dem Libanons Ministerpräsident Hariri stammt, über alte Strukturen hinweg: der mehrspurige Hafenboulevard, die Hafenerweiterung, emporschießende Neubauviertel, vor allem aber auch in die Altstadtsubstanz eingreifende Geschoßaufbauten haben erhebliche Schäden am Ortsbild und an der archäologischen Substanz angerichtet. Die UNESCO hat für Saidas Altstadt noch keinen Schutz ausgesprochen.

Der Eschmuntempel

Seit dem 7. Jh. v. Chr. stand am Ufer des Nahr Awali ein Heiligtum für Sidons Hauptgott Eschmun, den Heilbringenden, auch Baal von Sidon genannt (später mit dem griechischen Heilgott Äskulap identifiziert). Auf einer erhöhten Terrasse über dem Fluß und im ansteigenden Gelände darüber erstreckte sich die Tempelstadt, deren Reste seit 1926 ausgegraben werden. Die Anlage stammt vorwiegend aus der Perserzeit, als unter König Eschmunazar ein Podiumtempel im achämenidischen Reichsstil errichtet wurde. Das Podium mißt 60 × 40 m, der Tempel ist bis auf ein paar unwesentliche Reste verschwunden, nachdem er 351 v. Chr. beim letzten Perserangriff zerstört worden war.

Der Eschmun-Mythos erinnert stark an den Adonis-Mythos: die Göttin Astarte verliebte sich in den jungen Eschmun, der ihre Annäherung nicht anders abwehren konnte, als sich zu verstümmeln – und daran zu sterben. Die verliebte Astarte erweckte den Jüngling wieder zum Leben, diesmal sicherheitshalber als Gott. Eschmun war ein Gott der Heilkraft des Wassers, das besonders für Kinder als wirkungsvoll erachtet wurde. Die Heilung Suchenden brachten Votive mit; wer es sich leisten konnte, das Bild des eigenen Kindes in Marmor, das dem Gott geweiht wurde, bevor man sich an die vorgeschriebenen Waschungen und sonstigen rituellen Handlungen begab. Eschmun und Astarte wurden gemeinsam verehrt – hatte nicht Astarte den jungen Mann wieder zum Leben erweckt?

Die in Orangenhaine gebettete Anlage des Eschmuntempels (das Häuschen am Eingang ist manchmal besetzt, die Ausgrabungen werden bewacht, keine festen Öffnungszeiten) ist wegen des Nebeneinanders von Bauten aus zwölf Jahrhunderten nicht leicht zu interpretieren. Gleich hinter dem Eingang liegen links zwei spätantike Bauten, zunächst eine kleine **frühbyzantinische Kirche** (1) und dann ein **Haus aus der Zeit der Soldatenkaiser** (2; 3. Jh.) mit einem feinen Mosaik der vier Jahreszeiten; dieser Komplex hat im Bürgerkrieg stark gelitten. Die berühmten Knabenstatuen aus Marmor, Votive an die heilende Gottheit Eschmun, wurden hier gefunden. An dieser Stelle beginnt eine **römi-**

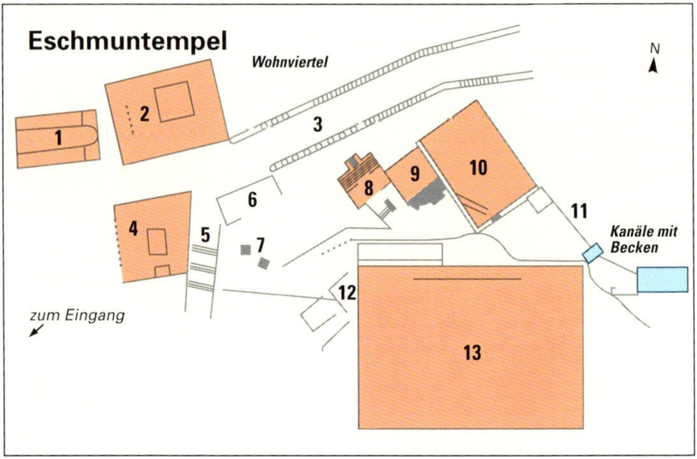

Sidon, Plan des Eschmuntempels 1 Frühbyzantinische Kirche 2 Haus aus der Zeit der Soldatenkaiser 3 Römische Kolonnadenstraße 4 Nymphaeum 5 Römische Prozessionsstiege 6 Bau mit Becken 7 Altar der Perserzeit 8 Becken mit Sitzreihen 9 Becken mit Astarte-Thron 10 Kleiner Tempel 11 Wasserleitungen und Becken 12 Neubabylonischer Stufentempel 13 Achämenidischer Tempel

sche Kolonnadenstraße (3) mit Resten schönen Marmorsäulen, deren weitere Trassierung taleinwärts noch nicht ausgegraben ist.

Ein mit Mosaiken geschmücktes **Nymphaeum** (Brunnenheiligtum; 4), markiert auf der anderen Seite den Beginn des eigentlichen Tempelbezirks, dessen an die Kolonnadenstraße grenzende Bauten ab hier fast alle vom Wasserkult des Esch-mun geprägt sind. Nach der **römischen Prozessionsstiege** (5; zu einem verschwundenen Tempel?) folgt ein **Bau mit Becken** (6) für rituelle Waschungen, erhöht steht dahinter ein **Altar aus der Perserzeit** (7), gut an dem Marmorkapitell mit den Stierköpfen zu erkennen, wie sie auch aus Persepolis, der Hauptstadt der Achämeniden, bekannt sind. Doch im deutlichen Unterschied zu den starren, an altorientalischen Formen orientierten Stierplastiken aus Persepolis sind die Stierprotomen aus Sidon vom Stil her griechisch. Tatsächlich wurde der Tempel Eschmunzars zwar nach persischem Modell, aber von griechischen Bauleuten ausgeführt!

Becken für Waschungen fanden sich in den nächsten beiden Monumenten, im ersten **Becken mit Sitzreihen** (8) und im zweiten **Becken**

mit Astarte-Thron (9) an der Rückwand. Solche Throne, von denen im Nationalmuseum drei Exemplare ausgestellt sind, waren nicht für ein Standbild der Gottheit gedacht, in den meisten Fällen nahm die Gottheit unsichtbar Platz.

Nach den Zerstörungen von 351 v. Chr. entstand ein **kleiner Tempel** (10), der den Abschluß der bisherigen Ausgrabungen bildet. Er liegt zum Teil über älteren **Wasserleitungen** (11), welche die Becken versorgten; hinter dem Tempel lassen sich solche Leitungen gut erkennen. Das Becken mit dem Astartethron wurde zeitgleich mit diesem Tempel errichtet.

Auf einem höheren Niveau stehen die Reste des **neubabylonischen Stufentempels** (12) und vor allem das **Podium des achämenidischen Tempels** (13). Von diesem Bau ist praktisch nichts erhalten, aber die sogenannte Tribüne des Nationalmuseums in Beirut, im 4. Jh. von Künstlern der Schule von Halikarnassos skulptiert, gibt vielleicht einen Hinweis auf seine Pracht.

Im Bezirk des Eschmuntempels bei Saida: Altar (?), Treppenaufgang zu einem der Becken; dahinter das Becken mit dem (verdeckten) Thron der Astarte

Die Altstadt von Saida

Im Hafen, dem alten Phönizierhafen, steht die **Wasserburg der Kreuzritterzeit** (1; tgl. 9.00–18.00 Uhr;

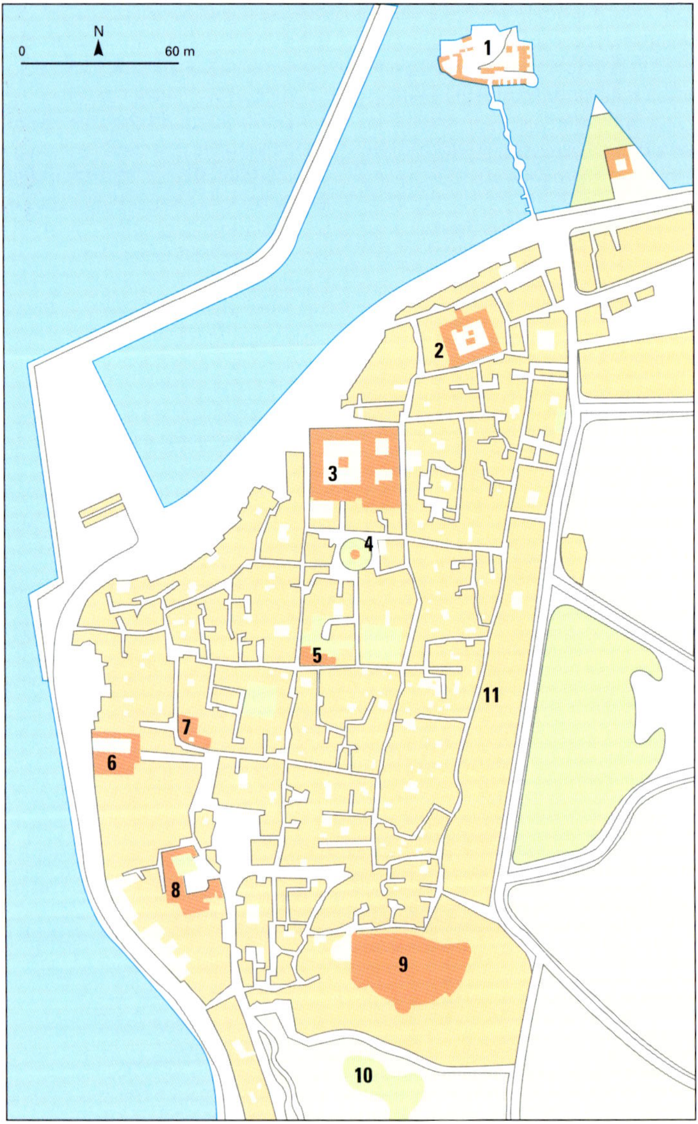
N
0
60 m
1
2
3
4
5
6
7
8
9
10
11

siehe Titelbild) auf einem überbauten Inselchen. Sie ist nur teilweise original erhalten. 1227/1228 wurde sie kurz vor Ankunft Kaiser Friedrichs II. im Heiligen Land für seinen Aufenthalt in Sagesse in Rekordzeit errichtet. Es mußte schnell gehen, massive Granitsäulen antiker Gebäude waren bei der Fundamentlegung und für die starken Außenmauern sehr willkommen. Das sonst verwendete Material war lokaler Kalkstein. Wenn man die Burg über die Brücke betritt, fallen die Säulenquerschnitte in der Mauer besonders ins Auge. Schon hier erkennt man auch, daß einige Teile ergänzt sind; Unwetter- und Kriegsschäden haben nur etwa ein Drittel der ursprünglichen Substanz unberührt gelassen. Zwei Türme (der Donjon links ist recht gut erhalten) waren durch eine Mauer miteinander verbunden, zum Festland war der Zugang durch eine Zugbrücke aus Holz gesichert. Erst unter Ludwig dem Heiligen von Frankreich wurden ab 1253 die Umfassungsmauern errichtet. Der am besten erhaltene Raum ist der große Saal im Donjon mit seinem durch Gurte verstärkten Kreuzgratgewölbe, der schönste Blick ist jener vom Turm auf die Stadt Saida.

Der **Khan al-Roz** (2; Reis-Khan, fälschlich Khan as-Sabun genannt) wird von der Hafenstraße aus erreicht. Wie der Khan al-Franj, den Sie gleich sehen werden, war dieser in Hafennähe gelegene Khan im 17. Jh. für ausländische Händler errichtet worden, die hier ihre Waren zwischenlagerten und im ersten Stock ihre Wohnquartiere hatten. Die Räume im Erdgeschoß sind einzelne abschließbare Zellen zur Warenlagerung, im ersten Stock läuft ein (teilweise verbauter) Gang hinter spitzbögigen Arkaden, der alle Zimmer erschließt. Besichtigen kann man den Khan während der üblichen Arbeitszeiten, wenn das Tor geöffnet ist; allerdings ist er in desolatem Zustand.

Der **Khan al-Franj** (3; Khan der Europäer, auch Khan al-Fransawi, also Franzosenkhan genannt) ist ein Bau von 58 × 58 m, der nach außen wie ein Bollwerk wirkt und im Inneren aus einem von zweistöckigen Arkaden umgebenen Hof mit Brunnen besteht. Der riesige Komplex wurde auf Befehl Fakhr ed-Dins II. errichtet und sollte europäischen, meist französischen Händlern bessere Bedingungen für ihren Aufenthalt in der Stadt geben. Wenn man die Ruhe im großzügig gestalteten Hofbereich mit der Enge und dem Lärm draußen vergleicht, wird der Wert dieses Gebäudes besonders

Saida, Plan der Innenstadt 1 Wasserburg der Kreuzritterzeit 2 Khan al-Roz 3 Khan al-Franj 4 Platz des Serail-Tores 5 Moschee Khiaiya 6 Moschee al-Omari 7 Hammam al-Ward 8 Palast des Fakhr ed-Din 9 Landburg der Kreuzritter 10 Murex-Hügel 11 Sukgasse der Juweliere

deutlich. Es wird jetzt von der Gemeinde als Kulturzentrum genutzt, in einigen Räumen wurden permanente Ausstellungen eingerichtet, so in den ehemaligen Ställen, wo sich eine wunderschöne Sammlung traditioneller Kostüme befindet. Die für die christlichen Händler errichtete Kirche ist ebenso erhalten wie das angeschlossene kleine Palais Fakhr ed-Dins, später als französisches Konsulat verwendet, das nun einer Schule als Sitz dient. In der Gasse vor dem Nordtor befindet sich ein angenehmes Kaffeehaus, wo man vor den weiteren Besichtigungen einen erfrischenden Stopp einlegen kann.

Der Südausgang des Khans führt auf den **Platz des Serail-Tores** (4; Place Bab al-Saraya). Zwei Moscheen und Privathäuser flankieren den belebtesten öffentlichen Raum der Altstadt.

Eine wichtige Achse der Stadt verläuft von der Westmauer des Khan al-Franj nach Süden. Sie ist wie die anderen Gassen immer wieder von Bogen überspannt, die das Zusammenfallen der begleitenden Häuser aufhalten sollen, ganze Partien sind von niedrigen Gewölben überdeckt, die dem Passanten einen ständigen Wechsel zwischen Sonnenlicht und Dunkel bieten. An der Kreuzung mit einer wichtigen Sukgasse liegt die jüngst restaurierte **Moschee Khiaiya** (5) aus der Mameluckenzeit.

Straße in der Altstadt von Saida. Die Wahlplakate zeigen den aus Saida stammenden Staatspräsidenten Rafiq Hariri

Bei der nächsten Kreuzung mit einer Sukgasse nach rechts erreicht man einen länglichen Platz, von dem aus ein schmales Gäßchen geradeaus weiter zur **Moschee al-Omari** (6) führt. Die Freitagsmoschee von Saida geht auf einen Kreuzfahrerbau zurück, wahrscheinlich auf den Großen Saal des Spitals der Templer, die hier ihren Sitz hatten. Die Moschee steht hoch über dem alten Meeresufer, das durch die mehrspurige Küstenstraße leider entstellend zurückgedrängt wurde. Mittelalterliche Reste – ob aus der Kreuzfahrerzeit oder mameluckisch, ist schwer auszumachen – prägen sich an mehreren Stellen durch den im 19. Jh. stark veränderten Bau. Die Nordseite des großen Hofes hat Arkaden mit Kreuzrippengewölben, die sicher auf die Templer zurückgehen; auch die Schmalseite des vierschiffigen Gebetsraumes mit seiner Rose weist in diese Zeit.

Wenn Sie vom Platz vor der Moschee rechts und vorbei am funktionierenden **Hammam al-Ward** (7) von 1728 in das Wohnviertel nördlich der Moschee gehen, kommen Sie in den dichtest besiedelten Teil der Stadt. Gehen Sie jedoch an der Schmalseite des Platzes weiter, so erreichen Sie den **Palast des Fakhr ed-Din** (8), dessen Innenhof derzeit ausgegraben und der wieder aufgebaut werden soll. Bei den Ausgrabungen wurden zahlreiche antike Sarkophage gefunden. Der Bereich, in dem sich die Palastruine befindet, war 1956 durch ein Erdbeben schwer beschädigt und anschließend großenteils abgetragen worden.

An der höchsten Stelle der Stadt liegen die wenig eindrucksvollen Reste der **Landburg der Kreuzritter** (9), auch Schloß des hl. Ludwig (von Frankreich) genannt. Die Kreuzritter errichteten diese Burg auf den Ruinen einer fatimidischen Festung. Kriege und Erdbeben haben wenig übriggelassen; wer über die Mauer lugt, die den Bereich umfriedet, erkennt wenige Baureste. Wer den Boden aufmerksam betrachtet, erkennt vielleicht, daß er sich vorwiegend aus Schneckenhäusern zusammensetzt. Der Hügel, auf dem Sie sich befinden, ist künstlich, er ist ein **Murex-Hügel** (10), ein Abfallhaufen der Purpurindustrie der Stadt!

Durch die **Sukgasse der Juweliere** (11) kommen Sie zum Ausgangspunkt zurück. Die alten Bögen und Durchgänge dieser Sukgasse sollen in Zukunft renoviert und, wo sie wie im Südteil verschwunden sind, wiedererrichtet werden.

Kurze Ausflüge führen in die Umgebung. Die **Nekropolen** von Sidon, wie in Ain el-Helwe etwas landeinwärts, wo so berühmte Funde gemacht wurden wie die Anthropoiden-Sarkophage und der Alexander-Sarkophag, wurden nach Ende der Ausgrabungen zugeschüttet und sind nicht mehr zugänglich.

Nördlich des Nahr Awali führt ein Sträßchen in die Berge, das Sie auf einem Abstecher bis nach **Jun** fahren sollten. Der Ort liegt mitten in ausgedehnten Ölbaumhainen und

Purpur aus Phönizien für die Oberschicht

Purpur ist der wohl bekannteste tierische Farbstoff. Seit dem Altertum wird er aus Meeresschnecken der Familie Stachelschnecken (Muricidae) hergestellt, die im Mittelmeer vorkommen. Purpurschnecke (Trunculariopsis trunculus), Herkuleskeule (Murex brandaris) und Rotmund-Leistenschnecke (Thais haemastoma) sind die drei wichtigsten, die beiden ersteren kommen heute noch an der Küste des Libanon und sogar im alten ägyptischen Hafen von Tyrus vor.

Die 7–10 cm kleinen Schnecken enthalten ein klares Drüsensekret, das unter Einwirkung von Sauerstoff einen roten bis violetten Farbton, den Purpur, ergibt. Um 1 g Farbstoff herzustellen, mußte man etwa 8000 Schnecken fangen, die Schalen öffnen und die Drüsen entfernen, in denen sich das begehrte Sekret befindet. Die Schalen wurden weggeworfen, was in der Nähe von Purpurfabriken zu regelrechten Murexschalenbergen führte, wie jenem in Sidon, auf dem sich die Landburg befindet. Die Drüsen wurden dann mehrere Tage lang mit etwas Salz in heißem Wasser bei konstanten Temperaturen geköchelt, dazu wurden große Metallkessel verwendet. Die Kessel wurden aus guten Gründen abwindig untergebracht, also im Südosten der Siedlungen, die Bewohner hätten den ständigen Gestank nicht ertragen können. Nachdem sich alles Fleisch von den Drüsen gelöst hatte, wurde die Flüssigkeit gefiltert, und man konnte mit dem Färben der Wolle beginnen.

Wegen des hohen Preises mit Purpur gefärbter Stoffe und dem ursprünglich konkurrenzlosen Angebot für diese Farbe wurde Purpur zur Farbe der Oberschicht, des Hochadels, der Machthaber. Homer definierte Purpurtuch als königliches Kleidungsstück, Nestor und Agamemnon werden explizit als Träger von Purpurkleidung bezeichnet, damit wird ihre königliche Würde unterstrichen. Römische Caesaren beanspruchten Purpurtuch für sich wie deutsche Herrscher des Mittelalters. Keine andere Farbe konnte sich im Preis oder in der Bedeutung mit Purpur messen, nur Purpur verlieh dem Gewand den Nimbus der Autorität.

Daß Purpur aus Phönizien kam, war eine Selbstverständlichkeit, ja eine Tautologie: die Vermittlung des Purpurs (griech. *phoinix*) gab den Vermittlern den Namen: Phoinikier, Phönizier. Neben dem Zedernholz war Purpur besonders für Tyrus und Sidon die große Einnahmequelle.

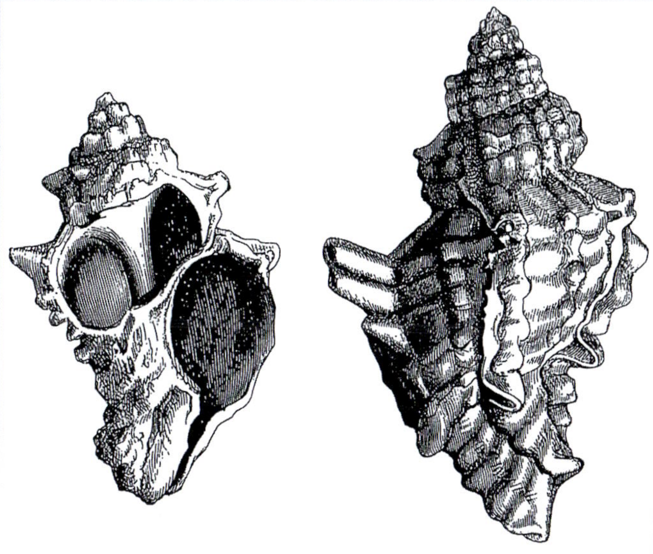

Drei Arten der mittelmeerischen Stachelschnecke (Murex) nutzten die Römer zur Purpurgewinnung; hier die Purpurschnecke, Truncularoipsis trunculus

Daß der Handel mit dem Purpur zum Erliegen kam, hat nichts mit den Beständen der Purpurschnecke zu tun. Vielmehr wurde der Farbstoff schon im Altertum häufig durch billigere (und nicht so lichtechte) Farben ersetzt, so vor allem durch Lackmus und später das Sekret der Kermesschildläuse, den Kermes. Als die Spanier im Aztekenreich Cochenille kennenlernten, das aus dem Weibchen der Nopalschildlaus gewonnen wird, war die Purpurproduktion endgültig auf dem absteigenden Ast. Heute noch ist Cochenille der wichtigste rote Farbstoff für Lebensmittel, Kosmetika und Tinte.

Obwohl es aus der Antike unzählige Beschreibungen von Purpurstoffen und ihrer Verwendung gibt, wissen wir wenig über die Verarbeitung der Murexschnecken. Die Geheimnisse liegen wohl noch unter dem jahrtausendelang überbauten Boden der phönizischen Küstenstädte.

So fotografiert, neigt sich die Gottesmutter Saidet al-Mantara gütig über ihre Schäflein im nahen Saida

blickt auf das Tal des Nahr Awali hinunter. Von vielen anderen Orten der Gegend unterscheidet er sich nur dadurch, daß hier Lady Hester Stanhope (1776–1839) lebte und starb, eine der bedeutendsten weiblichen Reisenden des 19. Jh. Das verfallene Wohnhaus erreichen Sie am oberen Ortsrand. Es gehörte ursprünglich einem christlichen Konvent, bevor es in die Hände eines Kaufmannes kam, von dem es Lady Stanhope übernahm. Ihr Grab, eine kleine Stufenpyramide, liegt im nahen Ölbaumhain.

Etwas südlich von Saida führt eine Straße nach **Marhducheh,** wo ein großes Denkmal der Gottesmutter steht, von dem aus man einen herrlichen Blick auf Saida und die Küste hat. Die Siedlung im Mittelgrund ist das Palästinenserlager Ain el-Helweh, wo sich die oben erwähnten phönizischen Felsengräber der Königsnekropole Sidons befinden. Der Turm der Saidet al-Mantara, der Gottesmutter der Erwartung, mit der Marienstatue auf der Spitze, steht neben einem alten Höhlenheiligtum, das wohl schon auf vorchristliche Zeiten und den Astartekult zurückgeht. Hier soll Maria auf ihren Sohn Jesus gewartet haben (vgl. Markus III, 8 und IV, 24–31), als er Sidon besuchte.

Die Fahrt nach **An-Nabatiyeh** und zur Kreuzfahrerburg **Beaufort,** die den Nordteil des Königreiches Jerusalem verteidigte, ist wegen andauernder Kämpfe nicht möglich.

Regelmäßige und häufige Servicetaxis nach und von Beirut und Sur, desgleichen Busse. Alle gehen am Platz Sahet en-Nejmeh ab, dem ersten Kreisel der Straße von Beirut im Nordosten der Stadt, erkennbar an der großen Moschee mit knallgrünem Kuppeldach.

Nur wenn Sie in Saida übernachten *müssen* – **Hotel d'Orient** in der Rue Bawayet al-Faouqa (Fortsetzung der Rue Moutran), ✆ (07) 72 03 64.

(Kat. 4) **Government Rest House** (s. Plan Nr. 12), am Hafen, stimmungsvoll in altem Bau, herrlicher Blick auf Meeresburg, besonders bei Sonnenuntergang, 9.00–16.00 und 18.00–24.00 Uhr geöffnet, ✆ (07) 72 24 69; ein gutes Dutzend Patisserien warten auf Kunden, probieren Sie **Abu Nawas,** auch kleine Speisen, ✆ (07) 72 28 63, in der Rue Riad Al-Solh; vor dem Hafeneingang zum Khan al-Franj liegt in der engen Gasse ein traditionelles, wenn auch völlig modern eingerichtetes **Kaffeehaus,** wo Sie unter schattenspendenden Sonnensegeln im Kreise Nargileh rauchender Saidawiten Tee oder Mokka schlürfen können.

Am 8. September jedes Jahres findet in Marhducheh das Fest der Gottesmutter der Erwartung statt, das viele christliche Pilger aus der Umgebung, aber auch von weither anzieht. Fremde aus dem christlichen Abendland sind willkommen.

Sarafand

Zwischen Sidon und Tyrus gab es in phönizischer Zeit einen weiteren Ort, der von Sidon abhängig war, **Sarepta,** etwa 1,5 km vom heutigen **Sarafand** direkt an der Küste gelegen. Die Grabungen auf dem Tell und in den Hügeln unterhalb Sarafands, das von der Küstenstraße aus gut sichtbar auf einem hohen Felsen gelegen ist, haben eine Stadt aufgedeckt, die von etwa 1600 v. Chr. bis in die hellenistische Zeit existierte. Ihr Haupteinkommen erzielte sie wohl mit der Purpurherstellung und der Metallverarbeitung; der Olivenanbau muß ebenfalls wichtig gewesen sein. Auch die Töpferei brachte der Stadt Einnahmen, Töpferöfen der späten Bronzezeit für die Herstellung von Transportamphoren beweisen das. Der Tell ist nach Beendigung der Ausgrabungen überwachsen, es gibt dort nichts zu sehen, wilde Siedlungen überziehen den nahen Küstensaum. In Kheizaran, an einem der alten Häfen des antiken Sarepta etwas weiter südlich, haben sich Fischrestaurants für die Beiruter Klientel etabliert. Der Ort Sarafand, oben auf dem Felsen, hat wenig zu bieten, das einen Besuch rechtfertigte, außer einem schönen Ausblick auf die Küste und das Meer. Wer jedoch Freude an mundgeblasenem Glas hat, der ist in Sarafand richtig, nur noch hier (und in Beddawi bei Tripoli) wird die alte phönizische Kunst geübt. Die neuen Gläser sind nicht nur, wie früher, bräunlich oder grünlich, sondern haben viele Farben und Formen.

Servicetaxis bleiben zwar entlang der Küstenstraße stehen, fahren aber nicht nach Sarafand oder zum Tell.

In Kheizaran, südlich Sarafand – (o. Kat.) **Mounes,** in die Bucht hinausgebaut, neu eröffnet, ✆ (07) 72 19 06.

Fischrestaurants an der Bucht von Kheizaran, südlich Sarafand, z. B. (Kat. 3) **Al-Chachrur,** ✆ (07) 86 40 80, oder, viel billiger und im bescheidenen Ambiente, aber auch nicht schlechter (Kat. 5) **Zahrat,** ✆ (03) 24 75 31.

Mundgeblasenes Glas aus Sarafand.

Sur: das antike Tyrus

Das moderne Sur liegt auf einem flachen Kalksteinplateau, das als Halbinsel weit ins Meer hinausragt und mit dem Festland nur durch einen relativ schmalen, sandigen Isthmus verbunden ist. Das antike Tyrus, die Vorgängerin von Sur, lag hingegen auf einer Inselgruppe mit vorgelagerten Klippen und Riffen, was im Kriegsfall große Vorteile hatte, denn eine Landarmee konnte die Stadt nicht angreifen. Zudem gab es zwei Häfen, den nördlichen Sidonhafen und den südlichen ägyptischen Hafen, so daß, wie in Sidon, die Schiffe jeder Wetterlage trotzen konnten. Das ging so, bis Alexander der Große die widerspenstige Stadt nach sieben Monaten Belagerung bezwang, indem er einen Damm vom Festland zur Insel baute, der es ihm erlaubte, seine Belagerungsmaschinen direkt an die Stadt heranzubringen und ihre Mauern zu brechen. Alexander ging, der Damm blieb und sperrte den Sandtransport der Meeresströmung entlang der Küste. Langsam, aber sicher wurde die Insel an das Festland angebunden und zur Halbinsel: heute ist der Isthmus an seiner schmalsten Stelle 400 m breit.

Auf einer der Inseln stand schon um 1000 v. Chr. der große Tempel des Stadtgottes Melqart, dessen Bauweise unter König Hiram (969–936) vom befreundeten König Salomo zum Vorbild für dessen Tempel in Jerusalem genommen wurde. Mangels Resten des Melqarttempels ist die Bibelbeschreibung des Tempels Salomonis unser einziger Anhaltspunkt für dessen Aussehen.

Tyrus' große Zeit setzte sich im 8. Jh. v. Chr. fort, als tyrische Kaufleute dazu übergingen, ihren Mittelmeerhandel durch die Errichtung fester Handelsstützpunkte abzusichern, Cádiz jenseits der Säulen des Herakles, Karthago und Dutzende weiterer Gründungen entstanden im gesamten Mittelmeer. Tyrischer Purpur, die Glasproduktion, Metallwaren wurden überall gehandelt. Wie in Sidon zog der wachsende Reichtum begehrliche Blicke der Nachbarn auf sich: Assyrer, Neubabylonier und Perser machten sich die Stadt untertan, was aber den Handel nicht sonderlich beeinträchtigte, eher im Gegenteil – so daß Alexander der Große 332 v. Chr. nicht einfach vorbeimarschierte, sondern sich den dicken Brocken einverleibte, allerdings mit großer Mühe und nach siebenmonatiger Belagerung.

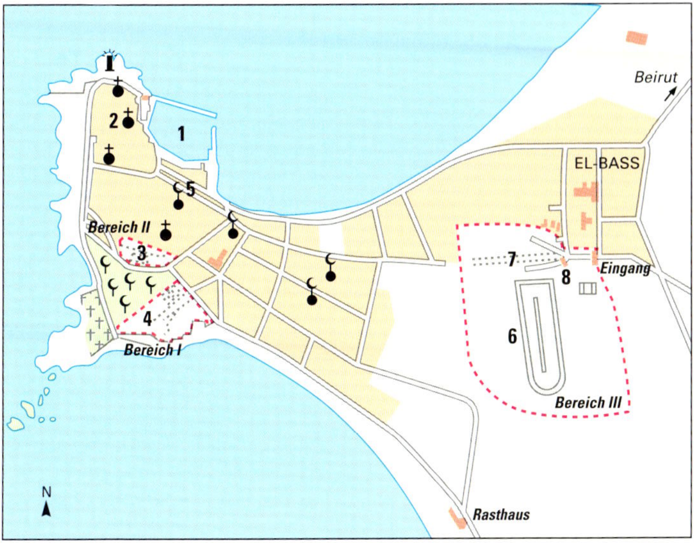

Sur/Tyrus, Plan der Stadt 1 Hafen 2 Maronitische Erzbischofskirche 3 Kreuzfahrerbasilika 4 Kolonnadenstraße 5 Sukgassen 6 Hippodrom 7 Gräberstraße 8 Triumphbogen

Das hellenistische Tyrus wurde prächtig wiedererrichtet, das römische Tyrus konnte bereits den breiter gewordenen Isthmus in die Stadterweiterung einbeziehen, wo dann auch die wichtigsten Neubauten entstanden, darunter ein großes Hippodrom. Die Stadt florierte – als Provinzstadt. Das sehr früh christliche Tyrus errichtete 314 bis 317 über dem Melquarttempel (?) eine bedeutende Basilika, möglicherweise die älteste christliche Basilika der Geschichte. Seine Erzbischöfe beriefen unter Kaiser Konstantin dem Großen 335 eines der frühesten Kirchenkonzile ein. Noch heute hat der maronitische Erzbischof von Tyrus den Titel ›von Tyrus und dem Heiligen Land‹.

In byzantinischer Zeit führte Tyrus Zuckerrohr und Maulbeerbaum ein und begann mit Zucker- und Seidenproduktion. Diese beiden Industrien waren neben der herkömmlichen Glasindustrie die Einkommensquellen der Tyrener in islamischer Zeit. Die Kreuzfahrer eroberten den Ort erst 1124, schleiften die meisten Gebäude, auf der konstantinischen Basilika errichteten sie eine gewaltige Kathedrale, die größte im Vorderen Orient nach der Grabeskirche und der Kirche auf dem Berg Zion in Jerusalem. Einem Erzbischof von Tyrus verdanken wir die wichtigsten Nachrichten aus der Kreuzritterzeit.

Die mameluckische und osmanische Stadt konnte nie mit Tripoli oder Saida konkurrieren. Die verfallenen Bauten größerer Zeiten versandeten oder wurden als Baumaterial in größere Orte (so nach Akko) verschifft. Auf ein Drittel der phönizischen Inselstadt geschrumpft, war Sur im 19. Jh. nur noch ein unbedeutender Fischer- und Handelshafen. Die UNESCO hat das alte Tyrus 1979/84 zum Welterbe erklärt; dies hat die Schäden während des Bürgerkriegs leider nicht verhindern können.

Erst 1997 haben die Ausgrabungen des alten Tyrus die phönizischen Schichten berührt, als man auf einen von Schatzgräbern entdeckten *tophet* (Friedhof) aufmerksam wurde. Die für die Öffentlichkeit zugänglichen Ausgrabungen stammen alle aus späterer Zeit, vor allem aus der römischen Phase der Stadt, die im zweiten nachchristlichen Jahrhundert eine Periode intensiver Bautätigkeit hatte. Sie befinden sich an drei verschiedenen Stellen, die beiden ersten, Kreuzfahrerkathedrale und römische Kolonnadenstraße, kann man bei einem Rundgang durch das mameluckisch-osmanische Tyrus besuchen, für den dritten Bereich, Hippodrom und Gräberstraße, ist ein PKW sinnvoll.

Beginnen Sie die Besichtigung am heutigen **Hafen** (1), er entspricht dem Sidonhafen des alten Tyrus und ist immer noch sehr belebt, wenn auch heute nur von Fischerbooten. In den Lokalen um das Halbrund des Hafens läßt sich übrigens ganz ausgezeichnet Fisch essen. Umrunden Sie die Halbinsel von hier aus gegen den Uhrzeigersinn. Sie erreichen zunächst das Christenviertel, links steht erhöht die schlichte **maronitische Erzbischofskirche** (2). Das Sträßchen führt an der Nordspitze der Halbinsel vorbei, auf der sich ein Leuchtturm befindet, und wendet sich nach Süden. Hier hat man schöne Ausblicke auf das Meer, ein Teehäuschen mit Garten lädt zum Verweilen, unten im Wasser sieht man umgestürzte Granitsäulen. Der erste Ausgrabungsbereich liegt etwas weiter südlich, wo sich die Straße wieder nach Osten wendet. Hier wurden die Reste der ab 1127 errichteten **Kreuzfahrerbasilika** (3) ausgegraben. Die Maße der dreischiffigen Basilika betrugen 70 × 22 m. Heute stehen die riesigen Pfeiler auf gemauerten Fundamenten, so daß man in den darunter liegenden römisch-frühbyzantinischen Bereich mit seinen viel kleineren Säulen, seinem Straßennetz und seinen Häusern blicken kann.

Wenige Schritte weiter erblickt man rechts bereits das zweite Ausgrabungsgebiet, die **Kolonnadenstraße** (4) des 2. Jh. n. Chr. durch ein zentrales Viertel der Römerstadt, das

Die Kolonnaden der römischen Hafenstraße in Tyrus gehören zu den Attraktionen der Nachfolgerstadt Sur

zum ägyptischen Hafen führte, der heute durch Erdbeben und Landanhebung bedingt unter den Meeresspiegel gesunken, aber bei Windstille noch deutlich erkennbar ist. Die ausgegrabene Kolonnadenstraße mit ihren teilweise wieder aufgestellten monolithischen (!) Säulen ist 175 m lang, bei einer Breite von 11 m und zwei begleitenden, ehemals überdachten Fußgängerzonen zu je 5 m Breite. Auf der rechten Seite der Straße befinden sich die Reste einer rechteckigen **Arena,** deren fünf Sitzbankstufen eine nicht mehr existierende Laufbahn umgeben (die Wasserbehälter darunter wurden aufgedeckt). Die **Thermen** auf der anderen Seite der Straße, deren Hippokausten (gemauerte Stützpfeiler für den Fußboden eines darüberliegenden Raumes, der mit

Bogen über der spätrömisch-byzantinischen Gräberstraße von Tyrus (Sur)

Heißluft von unten geheizt werden sollte) sich gut erhalten haben, dürften die größten der Stadt gewesen sein. Die wie große Gräber mit Tonnengewölbe wirkenden Wannen waren **Zisternen** der byzantinischen Stadt. Man erkennt Verbindungsöffnungen zwischen den einzelnen Zisternen; sie dienten der Reinigung und Versorgung dieser unterirdischen Anlagen. Die Arbeiter konnten auf diese Weise von Zisterne zu Zisterne schlüpfen, ohne jedesmal wieder an die Oberfläche steigen zu müssen. Eine quadratische **Palästra** (offene Sporthalle mit gedecktem Säulenumgang) lag in der Nähe der Thermen an der Küste. Von der Mauer über dem ägyptischen Hafen kann man Tauchern zusehen, die ihr Glück auf dem Meeresboden zwischen Gesteinstrümmern, Mauerresten und Säulentrommeln versuchen: sie tauchen nach antiken Fundstücken und Purpurschnecken.

Von hier geht man über den engsten Teil des Isthmus in die Altstadt zurück, die man an einem Platz (mit Taxi-Stand) erreicht, wo zwei parallele **Sukgassen** (5) nach links abgehen (rechts ein noch unpubliziertes Ausgrabungsgelände). Die belebten Suks führen zum Hafen, wo Sie Ihren Spaziergang um Alt-Tyrus begannen. Oder Sie fahren gleich vom Taxi-Stand aus in das dritte Ausgrabungsgebiet, nach dem dortigen Ortsteil **alBass** genannt. Vom Kiosk am Eingang wendet man sich halblinks zum römischen **Hippodrom** (6), dem größten, das je ergraben wurde: 480 m lang, 160 m breit. Eine Tribüne der ursprünglich bis zu 30 000 Personen fassenden Pferderennbahn wurde von den Ausgräbern wieder aufgebaut, so daß man gut erkennen kann, wie die Besucherströme durch Treppenhäuser auf die Ränge gelenkt wurden. Die Säulen der Umkehrpunkte, um die sich die Pferdegespanne mit hohen Geschwindigkeiten winden mußten, was immer wieder schwere Unfälle auslöste, sind erhalten, so daß man sich Wagenkämpfe, wie sie der klassische Römerzeit-Film ›Ben Hur‹ gezeigt hat, sehr gut vorstellen kann.

Obwohl sich die schönsten Sarkophage aus Tyrus heute im Beiruter Nationalmuseum befinden, sind an der Gräberstraße immer noch zahlreiche hervorragende Beispiele zu sehen

Das zweite Ziel dieses Ausgrabungsgebietes ist die **Gräberstraße** (7) mit dem **Triumphbogen** (8) aus dem 2. und 3. Jh. Die Ausgrabungen der frühen 60er Jahre förderten eine Fülle von Grabmälern, Sarkophagen, Grabmonumenten mit Loculi (Wandgräbern) und eine komplette Säulenstraße mit begleitenden gedeckten Gängen zutage. Die Eingänge von der Straße zum Hippodrom sind erhalten geblieben.

In mehreren Reihen liegen die Gräber links und rechts der Straße, Einzelgräber mit Marmorsarkophagen gibt es genauso wie Gräber, die als Podeste für mehrere Sarkophage gestaltet wurden, und regelrechte Grabtürme, die Loculi für zahlreiche Bestattungen enthielten. Die schönsten der Sarkophage wurden sichergestellt und sind z. T. im Nationalmuseum in Beirut zu bewundern.

Dort sieht man etwa den Sarkophag der betrunkenen Eroten oder jenen mit Achilles, der den Leichnam des Hektor um die Mauern von Troja schleift, und jenen besonders eindrucksvollen, auf dem über einem Fries mit Szenen der Achillesthematik ein Ehepaar ruht, das so römisch-portraitähnlich getroffen ist, daß man meint, die beiden schon einmal in den Straßen von Sur gesehen zu haben (Nr. 2054).

Sur hat relativ häufige Servicetaxiverbindungen mit Saida und Beirut; Taxistand Nähe Hafen (siehe oben).

******Government Rest House,** sehr schönes, gut geführtes Hotel direkt am Strand südlich Sur, beliebt bei UN-Offizieren und ihren Damen, ✆ (07) 74 06 77/8, (03) 35 66 63, Fax (07) 74 06 78.

(Kat. 2/3) Restaurant im **Rest House,** sonntags Buffet, noch niemand hat sich durch alles durchgegessen, herrliche rohe *kibbeh,* ✆ (07) 74 06 77/8, (03) 35 66 63, Fax (07) 74 06 78; (Kat. 2) **Le Phénicien,** am Fischerhafen, perfekter Fisch, ausgezeichnete Mezze, ✆ (07) 74 05 64.

Die Umgebung von Sur

In **Ras al-Ain,** 6 km südlich von Sur, entspringen starke Quellen, deren Wasser in phönizischer Zeit in einer z. T. submarin geführten Wasserleitung nach Tyrus gebracht wurde. Im Ort sieht man vier große Becken mit Resten von römischen und byzantinischen Fassungen. Die Gegend, auch um das nahe Ar-Rachidieh, war wohl in phönizischer Zeit der Standort des festländischen Ortsteils von Tyrus. – Wer weiterführe, käme in das Territorium der Südlibanesischen Armee und zur (gesperrten) israelischen Grenze.

Die Straße nach Qana biegt etwa 2 km südlich von Sur von der Küstenstraße ab. Die Dörfer hier sind schiitisch, wie auch ganz überwiegend Tyrus (trotz der beiden christlichen Erzbistümer!); es wird viel gebaut. Wenn Sie rechts und direkt neben der Straße einen Bau sehen, der wie ein riesiger Sarkophag auf einer Plattform aussieht, haben Sie **Kabr-Hiram,** das sogenannte Grab des Hiram, vor sich. Ernest Renan, der erste archäologische Erforscher des Libanon, ergrub das aus einem einzigen Stein gearbeitete Mausoleum in den 60er Jahren des 19. Jh. Darunter befand sich ein großer Grabraum, der heute zugeschüttet und völlig überwuchert ist. Es gibt keine Inschrift, aber die Bauweise deutet auf die Perserzeit hin. Mit dem König Hiram der frühen phönizischen Zeit hat das Grabmal jedenfalls nichts zu tun.

Nach ein paar weiteren Straßenkilometern passieren Sie die UN-Kontrollen (Soldaten aus Fidschi, die sich über jedes Gespräch in Englisch freuen!) und erreichen Qana, auch **Qana al-Halil** (das galiläische Kana) genannt. Die biblischen Berichte über Christi erstes Wunder sprechen nur von Qana, sagen aber nicht, ob

Qana, christliche Andachtsstätte in der Grotte von Al-Dalafa

sie das nördliche bei Tyrus/Sur meinen oder das südliche bei Sepphoris (Israel). Der Text des Neuen Testaments (Johannes 2, 1–11 und 4, 46/47) spricht eher für Qana bei Tyrus. In der Spätantike und im Mittelalter haben die Wallfahrer, so heißt es heute vielfach, aus Bequemlichkeitsgründen das südlichere Qana als das biblische angesehen – man konnte es besser auf der Pilgerroute unterbringen. Um eine Gruppe von Reliefs, die in einem felsigen Tal südwestlich des Ortes gezeigt werden, rankt sich die Legende, sie stelle Christus mit seinen Jüngern dar.

Qana kam 1996 in die Schlagzeilen, als israelische Granaten ein Krankenhaus der UNO trafen und 107 libanesische, meist schiitische Zivilisten, darunter viele Frauen und Kinder töteten. Krankenhaus und Vorplatz wurden zu einem Mahnmal schiitischen Widerstandes und Heldenmutes umgebaut, Gräber und Gebäude (mit ungeschminkten Bildern des Zustandes am 18. 04. 1996) sind ein zeitgenössischer Wallfahrtsort geworden.

Über Qana hinaus ist die Weiterfahrt nur mit Genehmigung der UNIFIL möglich, touristische Ziele wie die Kreuzritterburg Tibnin bzw. Toron, die Burg, nach der die Deutschordensburg Thorn ihren Namen erhielt, werden so lange verschlossen bleiben, wie es keinen Friedensvertrag mit Israel gibt.

Auch ganz nett: Hotelpool in Jbeil ▷

TIPS & ADRESSEN

Alle wichtigen Informationen rund ums Reisen – von ärztliche Versorgung bis Zeitunterschied – auf einen Blick

INHALT

REISEVORBEREITUNG

Informationsstellen

Tourismusministerium des Libanon
Tourismus- und Informationsbüro
Direktion für Deutschland, Österreich und die Schweiz
Wiesenhüttenplatz 26
60329 Frankfurt/M.
✆ (069) 24 26 47-0 und 24 26 47-11
Fax (069) 24 26 47-2 20

Die Mitarbeiter des Büros sind sehr bemüht, Prospekte werden prompt verschickt. Fordern Sie die Liste der zur Verfügung stehenden Prospekte an, Sie müssen dann nur noch Ihre Wünsche ankreuzen und die Liste wieder abschicken, woraufhin Sie die gewünschten Informationen zugeschickt bekommen.

Diplomatische Vertretungen des Libanon

... in Deutschland
Botschaft des Libanon, Rheinallee 27, 53173 Bonn, ✆ (02 28) 95 68 00, Fax (02 28) 35 75 60
Außenstelle: Esplanade 8, 13187 Berlin, ✆ (030) 4 72 41 93
Konsulat: Mainzer Landstraße 268, 60326 Frankfurt/Main, ✆ (069) 7 39 22 44, Fax (069) 7 30 61 65

... in Österreich
Botschaft des Libanon, Oppolzergasse 6, 1010 Wien, ✆ (01) 5 33 88 21/22, Fax (01) 5 33 49 84

... in der Schweiz
Botschaft des Libanon, Thunstraße 10, 3074 Muri, ✆ (031) 9 51 29 72, Fax (031) 9 51 81 19

Einreisebestimmungen

Staatsbürger Deutschlands, Österreichs und der Schweiz benötigen für den Libanon ein Visum, das sie bei Ankunft auf dem Internationalen Flughafen Beirut erwerben können (derzeit ca. DM 27,–). Es ist 14 Tage gültig und kann im Libanon verlängert werden. Für Ausflüge nach Syrien mit Rückkehr in den Libanon muß ein Visum für *multiple entry* beantragt werden. Visa stellen auch die syrisch-libanesischen Grenzposten aus. Bei der Beantragung sind ein noch mindestens drei Monate über die beabsichtigte Ausreise gültiger Reisepaß ohne israelische Stempel und ein Rückflugticket vorzulegen. Visa können auch im voraus über die libanesischen Botschaften beantragt werden.

Der Zoll akzeptiert die Einfuhr von 1 l Alkohol und 200 Zigaretten; Dinge des persönlichen Gebrauchs, auch eine durchschnittliche Fotoausrüstung etc., sind ebenfalls zollfrei. Einfuhr- oder Ausfuhrbeschränkungen für libanesische oder ausländische Devisen gibt es nicht. Verbote betreffen Drogen, Waffen und Pornographie.

Gesundheitsvorsorge

Für den Libanon sind keine Impfungen vorgeschrieben, es empfiehlt sich jedoch, Polio-, Tetanus- und Typhus- sowie Hepatitis A/B-Impfungen vornehmen bzw. auffrischen zu lassen. Mittel gegen Durchfall, ein Antibiotikum und ein fiebersenkendes Mittel sollten in der Reiseapotheke nicht fehlen.

Klima und Reisezeit

An der Küste und im küstennahen Hügelland ist der Sommer heiß und schwül, der Winter kühl und regnerisch. Die schönste Zeit des Jahres ist der späte Frühling, wenn zwischen Anfang April und Mitte Juni die Temperaturen noch gemäßigt sind und alles grünt und blüht. Auch der Herbst, besonders der Oktober, ist eine gute Reisezeit, doch kann es dann schon die ersten Winterregen geben. Das Hügelland liegt besonders in den Übergangsjahreszeiten oft in feuchtem Nebel, während in den Bergen die Sonne scheint.

Im Bergland ist der Sommer kühl und angenehm, viele Bergdörfer wurden im letzten Jahrhundert allmählich zu Sommerfrischen. Dafür hält sich der Winter lang, Schnee kann vom Dezember bis in den Mai liegenbleiben. Die Beqaa im Regenschatten des Libanongebirges hat trockene, sehr heiße Sommer und kalte, schneearme Winter.

Reisegepäck

Nehmen Sie mit, was Sie für eine Reise in den Süden sonst auch mitnehmen, und wappnen Sie sich für Extreme: Pullover für die kalten Morgen in den Bergen, gute Schuhe für Wanderungen über Stock und vor allem Stein, ganz leichte Baumwollsachen für die Schwüle an der Küste, Regenschirm für Winter und Übergangsjahreszeiten, für die guten Restaurants und die Hotels der Oberklasse Anzug und Krawatte bzw. schickes Kleid, mit dem Sie den Libanesen zeigen, daß Sie jemand sind – im kleidungsbewußten Libanon können Sie gar nicht overdressed sein.

Reisekasse

Ihre Heimatwährung wird schon am Flughafen und in jeder Bank oder Wechselstube kommentarlos und zum festen Kurs umgetauscht, sicherer ist jedoch das Mitführen von Reiseschecks, vor allem in US-Dollar, die Sie noch dazu etwas günstiger umgetauscht bekommen als Bargeld (auch von Wechselstuben). Hotels, Restaurants, Mietwagenfirmen und größere Läden akzeptieren alle gängigen Kreditkarten. Ein Mix aus Bargeld, Reiseschecks und Kreditkarten ist die sicherste Reisekasse.

Reisevorbereitung mit Büchern und Web-sites

Bernhardt, Karl-Heinz: Der alte Libanon. Wien und München 1977

Betts, Robert B.: The Druze. New Haven (Conn.) 1988

Ettayeb, Twefik (Hrsg.): Saida, Cité du monde. Madina No. 1997/3, Paris 1997

Folda, Jaroslav: The Art of the Crusaders in the Holy Land. Cambridge (Engl.) 1995

Herm, Gerhard: Die Phönizier. Das Purpurreich der Antike. Hamburg 1975

Malouf, Amin: Der heilige Krieg der Barbaren: Die Kreuzzüge aus der Sicht der Araber. o. O. 1996

Moscati, Sabatino (Hrsg.): Die Phönizier (= Ausstellungskatalog Venedig). Hamburg 1988

Parrot, André, M. H. Chéhab, S. Moscati: Die Phönizier. München 1977

Rajab, Moushah: Le Vieux Tripoli; Diss. Sorbonne, Paris 1993

Sader, Hélène: Den Ruinen entsteigt die Vergangenheit – Archäologie in Beirut. Antike Welt 1997/5, S. 397–406

Stucky, Rolf A.: Die Skulpturen aus dem Eschmun-Heiligtum bei Sidon. Beiheft zu Antike Kunst 17. Basel 1993

Wein, E. J., und R. Opificius: 7000 Jahre Byblos. Nürnberg 1963

http://www.laa.org/directory.htm – web-site der Libanese American Association; eine Fülle libanesischer Seiten aus aller Welt, auch zu Archäologie, Kultur, Kunst, Medien, Politik und Zeitgeschichte

http://lib.uchicago.edu/LibInfo/SourcesBySubject/MiddleEast/ – Web-site des Bibliotheks-Informationssystems der Universität Chicago, Themenkreis Naher Osten, Index für Bücher und andere Medien, Zugriff auf MEDOC, das Middle East Documentation Center und weitere interessante Web-sites

http://www.arabicnews.com – tägliche Nachrichten und Artikel aus dem Libanon

http://lebanon-online.com/news/index.html – tägliche Nachrichten und Artikel aus dem Libanon, Verbindungen zu mehreren Zeitungen und Zeitschriften

http://almashriq.hiof.no/lebanon – Informationen, Bilder und Artikel über den Libanon, nach zehn Sparten geordnet

http://rdl.com.lb/1919/archeologie.htm – Ausgrabungsberichte Tell Arqa des Institut Français d'Archéologie

http://www.uni-freiburg.de/aorient/arch/kamid/loz1997.html – Ausgrabungsberichte Kamid al-Lauz der Universität Freiburg

ANREISE IN DEN LIBANON

Mit dem Flugzeug

Libanon hat nur einen internationalen Flughafen in Beirut, der von zahlreichen ausländischen Linien, darunter der Lufthansa, und MEA=Middle East Airlines, der libanesischen Linie angeflogen wird. Der Terminal, der im Bür gerkrieg stark in Mitleidenschaft gezogen war, ist inzwischen durch einen Neubau ersetzt worden. Taxen in die Stadt sind teuer (US $ 25), zu Alternativen vergl. Beirut. Von der Möglichkeit, gleich am Flughafen einen Mietwagen zu nehmen, ist wegen des gewöhnungsbedürftigen Fahrstils der Beirutis abzuraten. Gute Hotels haben einen Shuttle-Dienst, der Gäste zum Hotel und zurückbringt. Bei der Ausreise wird eine Steuer erhoben, die je nach Flugklasse zwischen LL 50 000 und LL 100 000 beträgt.

Überland: Wagen und Fähre

Wer mit dem Wagen in den Libanon fahren will, kann dies entweder über den Balkan, die Türkei und Syrien tun oder über Italien, von wo er die Fähre nach Patras, von dort den Landweg nach Piräus, die Fähre nach Larnaka und eine weitere Fähre nach Lattakia in Syrien zu nehmen hat; die letztere verkehrt einmal wöchentlich. Er oder sie braucht gute Nerven, viel Zeit und eine Menge Bargeld, da der libanesische Zoll für PKW mit ausländischer Nummer ein Sicherheitsdepot erhebt (das bei Ausreise zurückgezahlt wird). Die ehemalige Fährverbindung von Junieh nach Larnaka auf Zypern existiert nicht mehr. Die Verbindung von Flug und Leihwagen im Lande ist auf jeden Fall die bessere Lösung.

Überland: Bus

Wer mit dem Bus anreist, kann einen der direkten Busse aus Deutschland oder Österreich nach Istanbul oder Ankara nehmen. Von dort aus gibt es wieder Busse nach Aleppo oder Damaskus in Syrien, von wo täglich mehrere Busverbindungen nach Tripoli und Beirut existieren. Von Syrien aus gibt es auch Servicetaxis, die Damaskus, Aleppo und Homs in kurzen Abständen verlassen.

Eine direkte Verbindung ins Nachbarland Israel besteht nicht; der Libanon hat mit Israel keinen Friedensvertrag abgeschlossen, und es gibt keine gegenseitige diplomatische Anerkennung oder Vertretung. Ein Abstecher von Israel aus ist also nur möglich, wenn über ein Drittland gereist wird, das Israel anerkennt, in diesem Falle Jordanien.

Überland: Bahn

Wer die Anstrengung nicht scheut, kann den Großteil der Anreise mit der Bahn bewältigen. Von Mitteleuropa nach Istanbul werden Umsteigeverbindungen über Bukarest oder Belgrad angeboten, ab Istanbul gibt es zweimal wöchentlich eine direkte Verbindung nach Aleppo (Fahrzeit 40 Stunden) in Syrien, wo man in Bus oder Servicetaxi umsteigt.

REISEN IM LIBANON

… mit dem Bus

Die Hauptstrecken des Landes, Beirut–Damaskus, Beirut–Baalbek, Beirut–Tripoli und Beirut–Saida, werden von modernen, klimatisierten Reisebussen bedient, die sehr billig sind (Beirut–Tripoli LL 2000); in die anderen größeren Orte gibt es seltener und weniger komfortable Busse. Auf allen Busstrecken und auf vielen Nebenstrecken verkehren Minibusse privater Unternehmen ohne festen Fahrplan, sie fahren meist vom selben Platz ab wie die großen Reisebusse. Busse wie Minibusse werden durch Handzeichen angehalten und setzen jederzeit auf Zuruf *(wa'if!)* ab. Wo Autobahnen existieren, werden sie benutzt, man muß also, steigt man nicht in einem großen Ort in den Bus, an der Autobahn warten und dort auch aussteigen – abends und nachts ein gefährliches Unternehmen.

... mit dem Servicetaxi

Zunächst einmal heißt es, zwischen normalen und Linientaxen zu unterscheiden. Die normalen Taxen sind etwa fünfmal so teuer wie die Linientaxen, die nur auf festgelegten, populären Routen zwischen bekannten Standorten verkehren. Da sich Taxen und Servicetaxen äußerlich nicht unterscheiden (beide haben rote Nummernschilder) und jeder Servicetaxifahrer für den nichtsahnenden Ausländer nur zu gerne automatisch zum normalen Taxifahrer wird, ist es sinnvoll, den Taxler gleich zu Anfang mit der Frage *»serviis?«* (so wird es ausgesprochen) darauf aufmerksam zu machen, daß man die Regeln kennt. Die Preise stehen fest, sind aber nirgendwo angegeben; zunächst ist man also aufs Raten und die Beobachtung anderer Fahrgäste angewiesen (Beirut–Tripoli LL 5000).

... mit dem Taxi

Libanesische Taxen besitzen vielleicht Taxameter, auf jeden Fall verwenden sie sie nicht. Potentielle Interessenten werden durch Hupen auf ein passierendes Taxi aufmerksam gemacht; das bewirkt in Straßen wie der Rue Hamra in Beirut ein Hupkonzert, das auch in der Nacht kaum abebbt. Es lohnt sich, den Preis vor dem Einsteigen auszuhandeln (in Beirut innerstädtisch LL 5000 bis 10 000 je nach Streckenlänge, für die Fahrt von Beirut nach Rabieh zur deutschen Botschaft etwa LL 25 000 bis 35 000), auf den ausgehandelten Preis kommt immer noch ein Trinkgeld. Der Fahrstil fast aller Taxler ist todesmutig, eine einstündige Fahrt entläßt den Beifahrer schweißgebadet und zitternd.

Besonders in Beirut ist es weniger wichtig, eine Straßenangabe zu machen, als ein Viertel zu nennen. Mit den Straßennamen können die Taxler nichts anfangen, da die Namen ständig geändert werden und zudem auf Arabisch anders heißen als auf Französisch oder Englisch, wie sie auf den Plänen erscheinen. Man fährt also nicht in eine bestimmte Straße, sondern nennt das Stadtviertel und ein naheliegendes Ziel, das dem Fahrer bekannt sein müßte. Auch die Hotelnamen sind den Fahrern häufig nicht bekannt, da sie nur die arabischen Aufschriften lesen und nicht die internationalen Leuchtreklamen entziffern (ein Tower Hotel hieße also Funduk Burj).

... mit dem Mietwagen

Mietwagen kosten etwa soviel wie in Mitteleuropa, evtl. kann man die ausgedruckten Preise etwas drücken, die Konkurrenz ist groß. Mehrere internationale Unternehmen sind neben den nationalen auf dem Markt (Liste vom libanesischen Fremdenverkehrsamt in Frankfurt/Main). Zum Vertragsabschluß sind Paß, internationaler Führerschein und (meist) Kreditkarte vorzulegen. Der rüde und halsbrecherische Fahrstil der Libanesen sollte durchschnittliche Fahrer davon abhalten, sich einen Mietwagen zu nehmen.

Der Grenzübertritt nach Syrien ist mit dem Mietwagen nicht möglich. Vor Nachtfahrten sei gewarnt. Internationale Firmen sind z. B. Budget, ✆ (01) 74 07 41, und Avis, ✆ (01) 39 88 50. Die lokale Firma Speedy, ✆ (01) 74 15 74/5, bietet persönlichen Service (auch in Deutsch) zu fairen Preisen.

... mit einem Reiseveranstalter

Eine Reihe von Reiseveranstaltern in Deutschland, Österreich und der Schweiz bietet Touren in den Libanon an, dazu kommen die Tagesausflüge, die im Rahmen von Syrienprogrammen nach Baalbek unternommen werden. Im Lande gibt es mehrere verläßliche Reiseveranstalter, deren Preise allerdings üppig sind, ein eintägiger Ausflug mit Mittagessen kostet um die LL 100 000.

... per Anhalter

Fremde Gäste sind den Libanesen auch willkommen, wenn sie per Anhalter fahren, es kommt sogar vor, daß der entlang der Straße wandernde Ausländer eingeladen wird, doch im Wagen zum nächsten Ort mitzukommen. Die Frequenzen in den Bergen sind allerdings sehr gering; es ist mit langen Wartezeiten zu rechnen. Frauen ohne Männerbegleitung sollten unter keinen Umständen per Anhalter fahren; die Gestik der Anhalterin wird von jedem Mann mißverstanden werden, ganz egal, welcher Religion er angehört.

... zu Fuß

Grundbedingung für jeden Spaziergang und jede Wanderung auf Wegen und Straßen, die von Autos befahren werden können, besonders aber in Beirut und den großen Städten, sind eiserne Nerven, hohe Reaktionsgeschwindigkeit, Trommelfelle aus Stahl und eine unerschütterliche Gemütsruhe. Für den libanesischen Autofahrer sind Fußgänger nur störende Elemente, auf die man keine Rücksicht zu nehmen braucht. Das Unfallrisiko ist dennoch nicht höher als irgendwo in Südeuropa, denn auch die Autofahrer bringen kurze Reaktionszeiten mit.

UNTERKUNFT

Hotels im Libanon sind teuer, es gibt wenige akzeptable (saubere und hygienische) Billighotels, keine Jugendherbergen und nur einen einzigen Campingplatz. Wer als Tourist ins Land kommt, ist gezwungen, die gehobene Mittelklasse und internationale Hotelkategorie zu buchen.

Nach dem Bürgerkrieg hat man die Hotellerie recht rasch wiederaufgebaut, aber fast ausschließlich mit Hotels der Viersterne- und Luxuskategorie. Das bedeutet jedoch auch, daß an Ferienorten während der Woche und in Beirut am Wochenende sowie generell außerhalb der Sommermonate (während derer viele reiche arabische Familien das Land besuchen) die Hotels stark miteinander konkurrieren. In diesen Zeiten ist es möglich, von den ausgewiesenen Hotelpreisen auf Zweidrittel herunterzuhandeln; fragen Sie nach einem ›special price‹. Der Hotelstandard ist hoch, doch gibt es außerhalb der Küstenzone und der Sommerfrischen nur wenige gute Hotels.

Die bei den Routen angegebenen Kategorien entsprechen der offiziellen Einstufung durch das Beiruter Tourismusministerium. Sie geben zwar recht gut die Preis-, aber nicht unbedingt die Komfortkategorie eines Hotels wieder. Die hier genannten Preise in LL entsprechen einem Einbettzimmer mit allen Steuern (16 % + 6 %), das Frühstück ist nicht immer automatisch inbegriffen, ist aber in diesen Preisen enthalten. Für ein Doppelzimmer sind etwa 20 % aufzuschlagen.

INT ist ein Hotel der internationalen Luxusklasse, ab LL 285 000. Hotels der Kategorie ****A sind ab 190 000, ****B ab 145 000 zu haben, diese Hotels haben internationalen Viersternestandard, sie werden auch als 1. Class bezeichnet. 2. Class oder ***A und ***B gibt es ab LL 110 000 bzw. 85 000, diese Klasse umfaßt recht unterschiedliche Hotels, einige haben internationalen Hotelstandard, andere sind ziemlich heruntergekommen (und wurden natürlich nicht in die Hotelvorschläge aufgenommen). Die 3. Class bietet **A ab LL 65 000, **B ab LL 45 000, es handelt sich um einfache Hotels, die Zimmer haben akzeptablen Sanitärstandard. Die 4. Class mit *A und *B bekommen Sie ab LL 20 000, für diesen Preis müssen Sie Etagendusche und spartanische Ausstattung akzeptieren.

Die einzige Alternative zu den Hotels sind die Aparthotels in Beirut und Umgebung, Apartments werden jedoch meist nur für einen längeren Aufenthalt vermietet (Minimum ein Monat, selten für eine Woche). Die Preise schwanken sehr stark und je nach Komfort und Lage, eine offizielle Klassifizierung gibt es nicht.

Das libanesische Tourismusministerium veröffentlicht jährlich eine Liste der Hotels, die Sie über das Fremdenverkehrsbüro in Frankfurt/M. anfordern können.

ESSEN & TRINKEN

Essen ist eine Leidenschaft der Libanesen, Restaurants gibt es deshalb wie Sand am Meer. Besonders viele Restaurants drängen sich an Stellen landschaftlicher Schönheit, der Mix aus Essen, Trinken, Plaudern, guter Luft und schönen Ausblicken stellt das Ideal eines gelungenen Abends dar.

Das Hotel-Frühstück ist meist vom internationalen Typ: Kaffee, Croissant, Butter und Marmelade; die teuren Hotels bieten auch ein Frühstücksbuffet. Mittags ist Selbstversorgung an zahllosen Ständen und Minirestaurants möglich. *Schawarma* (Döner), *zaatar* (Pitateigtasche mit Füllung), *fuul* (Saubohnenpüree) und *falafal* (im heißen Öl ausgebackene Bällchen aus Saubohnenmus) sind die beliebtesten Snacks.

An Getränken werden Wasser, Soft Drinks, Bier und Wein angeboten, einfachere Restaurants und Snackbars führen oft keinen Alkohol oder nur Bier, das trifft vor allem auch auf moslemische Gebiete zu. Frischgepreßter Fruchtsaft ist weit verbreitet, er wird oft in Ständen an der Straße angeboten. Libanon produziert sein eigenes Bier und seinen eigenen Wein, beide in ausgezeichneter Qualität. In vielen Restaurants der gehobenen Klasse werden aber vor allem importierte Alkoholika angeboten, die wesentlich teurer sind.

Am Abend kann man aus der ganzen Palette libanesischer und internationaler Restaurants wählen. Die hier verwendeten Kategorien spiegeln den Preis wider. Der genannte Wert umfaßt ein der Kategorie entsprechendes Abendessen, alkoholisches Getränk und Bedienungsgeld, aber nicht persönliche Trinkgelder: **Kat. 1** ab LL 120 000, **Kat. 2** ab 90 000, **Kat. 3** ab 60 000, **Kat. 4** ab 30 000, **Kat. 5** ab 15 000. In der Kategorie 1 umfaßt dieser Preis Mezze, einen Hauptgang, Nachtisch, Mokka und $^1/_2$ Flasche Wein, in der Kategorie 5 ein einfaches Hauptgericht (Pizza, Fleischspießchen) und ein Bier.

URLAUBSAKTIVITÄTEN

Baden, Schnorcheln, Tauchen

Es gibt wenige öffentliche Strände, die Libanesen selbst zahlen bis zu LL 20 000, um an einem privaten Strand baden zu können. Nur südlich von Saida und nördlich von Tripoli findet man längere freie Sandstrände. Die vielen felsigen Vorgebirge sind gute Schnorchel- und Tauchgebiete. Das Vergnügen wird in der Nähe antiker Orte, wie südlich von Tyrus, dadurch erhöht, daß man immer wieder versunkene Mauern und Säulenteile findet. Purpurschnecken kommen heute noch an der Küste vor, wo libanesische Taucher nach ihnen suchen, damit die Schalen an Touristen und die zahlreichen Sammler von Murex-Schnecken in aller Welt verkauft werden können.

Wandern und Bergsteigen

Wandern und Bergsteigen sind im Libanon wenig bekannte Sportarten, der durchschnittliche Libanese kann sich nicht vorstellen, daß man zu Fuß gehen könnte, wenn man ein Auto besitzt. Die herrliche Landschaft und die vielen alten Wege fordern aber regelrecht zum Wandern auf; dem auch, bei entsprechender Ausrüstung und Vorplanung, nichts im Wege steht als die schlechte Nächtigungssituation: im Gebirge gibt es kaum eine Möglichkeit zu übernachten; Berghütten sind unbekannt. Wer nicht allein gehen will, wendet sich z. B. an den Club des Vieux Sentiers, Ms. Hela Zein, ✆ (03) 71 40 27. Dieser private Wanderklub organisiert jeden Sonntag eine Tour für seine Mitglieder und Gäste. Organisierte Wanderungen und Bergtouren bieten auch einige Unternehmen an, so Wild Expeditions in Beirut, ✆ (03) 29 32 10, ✆/Fax (01) 61 53 81. Touren veranstaltet auch das Hotel Shangri-la in Laqluq (siehe dort). Diese Unternehmen organisieren auch im Libanon noch wenig verbreitete Sportarten wie Canyoning, Höhlentouren, Drachenfliegen, Paragliding u.a.

Skifahren

Skifahren kann man im Libanongebirge zwischen Dezember und April, fünf ausgebaute Sportzentren erlauben komfortablen Skiurlaub und bieten mehrere Aufstiegshilfen sowie planierte Pisten. Dazu Kasten auf S. 113f.!

INFORMATIONEN VON A BIS Z

Alkohol

Das Nationalgetränk Arrak wird auch von Muslimen konsumiert, wenn auch weniger öffentlich als von Christen. In den christlichen Landesteilen gibt es Wein, Arrak und sämtliche internationalen Spirituosen in jedem Laden zu kaufen, anderswo übernimmt der eine oder andere, meist von Christen geführte Laden die Versorgung. In Hotels und Restaurants gibt es überall Alkohol.

Antiquitäten

Echte Antiquitäten gibt es kaum, was auf den Markt kommt, ist häufig für die Oberschicht aus Europa importiert oder zeitgenössische Ware. Wirklich alte Stücke lokaler Tradition, etwa alte Knüpfteppiche, gibt es nur bei wenigen exklusiven Antiquitätenhändlern in Beirut und im christlichen Teil, die Preise sind exorbitant.

Apotheken

Apotheken gibt es auch in kleineren Orten, die Apotheker sprechen Englisch oder Französisch, viele auch Deutsch. Eine ganze Reihe von Medikamenten, für die man in Mitteleuropa eine Verschreibung braucht, können frei erworben werden, das Angebot entspricht dem in Mitteleuropa.

Ärztliche Versorgung

Im Krankheitsfall kann jedes Hotel einen Englisch oder in vielen Fällen auch Deutsch sprechenden Arzt vermitteln: Viele libanesische Mediziner haben an deutschen Universitäten studiert. Der Libanon hat kein Abkommen zur Anerkennung von Krankenscheinen, der Abschluß einer Reise-Krankenversicherung ist also sehr sinnvoll. Die Qualität der Krankenhäuser ist recht unterschiedlich, schon aus sprachlichen Gründen sollte man sich für das englischsprachige Krankenhaus der American University Beirut, ✆ (01) 34 04 60, im Stadtteil Hamra oder das französischsprachige Hôtel Dieu de France, ✆ (01) 61 54 00/6 15 30, im Stadtteil Ashrafieh, Boulevard Alfred Naccache, entscheiden.

Auskunft

Neben Beirut haben Jbeil, Zahleh und Tripoli eine Touristeninformation (Adressen und Telefon siehe dort), die aber an Prospekten kaum mehr bieten können als die Zentrale für Mitteleuropa in Frankfurt am Main.

Banken und Geldwechsel

Banken gibt es im Libanon wie Sand am Meer, sie sind Mo–Fr 8.00–12.30 Uhr, samstags 8.00–12.00 Uhr geöffnet. Da die Wechselkurse aber meist erst um 9.00 Uhr bekanntgegeben werden, empfiehlt es sich nicht, vorher zu kommen. Wechselstuben gibt es ebenfalls recht häufig, sie verrechnen den Bankenkurs und sind meist von 8.00 Uhr bis spätabends geöffnet, manche auch am Wochenende. Lassen Sie sich vorher die eventuellen Gebühren nennen, diese können sehr unterschiedlich sein!

Bekleidung

Sommer und Winter, Küste und Gebirge: Jahreszeit und Reiseziel bestimmen die Kleidung. An der Küste wird es im Sommer sehr schwül, leichte Baumwollkleidung ist angebracht, die Berge können auch im Sommer und besonders morgens sehr niedrige Temperaturen aufweisen, da wärmt nur der dicke Pullover. Männer wie Frauen betreten Kirchen und Moscheen nur, wenn sie korrekt gekleidet sind: Arme und Beine bedeckt, kein Dekolleté. In einigen Moscheen wird für Frauen ein schwarzer Umhang ausgegeben, der auch die Haare verhüllt und unbedingt zu tragen ist.

Diplomatische Vertretungen im Libanon

… von Deutschland
Deutsche Botschaft, Rabieh-Mtaileb, P.B. 28209 Beirut, ✆ (04) 91 44 44, Fax (04) 91 44 50

… von Österreich
Österreichische Botschaft, Rue Sadat, Ras Beirut, Beirut, ✆ (01) 80 15 74/ 80 54 63; ein Provisorium, die Botschaft ist noch nicht wiedereröffnet
Österreichisches Honorarkonsulat, Rue Riad al-Solh, Imm. Al-Tanmiah/2, Saida, ✆ (07) 2 53 12

… der Schweiz
Schweizer Botschaft, Kaslik, Centre Debs, P.B. 2008 Beirut, ✆ (09) 91 62 79/ 93 88 94, Fax (09) 93 88 95

Drogen

Der Libanon liegt auf einer Hauptroute des Drogenschmuggels. Wenn Sie unangenehmen Kontakten mit Rauschgiftgangs, aber auch mit Justiz, Polizei und Gefängnissen entgehen wollen, dann lassen Sie die Finger davon, auch wenn Ihnen das Zeug im freundlichsten Ton und in familiärer Situation angeboten wird. Lassen Sie sich nichts und von niemand zum Transport mitgeben, die internationalen Drogenbanden wissen, wer von ihren Mitgliedern vertrauensvoll wirkt.

Einkaufen

In einem Hochpreisland wie dem Libanon kann man auch mal ein Schnäppchen machen, auf dem Trödelmarkt in Beirut ein altes Mokkaset um einen Spottpreis erstehen und in der Schmuckhandlung in Rashaiya eine Silberkette um den halben Preis, den sie in Mitteleuropa kosten würde (wenn es sie dort gäbe). Aber die Regel ist das nicht. Mitbringsel sind Tongefäße, Flechtwaren, Silberschmuck, Mokkasets aus Silber und Email, Kupfer, Glas und Holzeinlegearbeiten; traditionelles Kunsthandwerk also, das man an Ort und Stelle erwerben muß, will man nicht übervorteilt werden. Ein schönes Mitbringsel für Leute, die gerne essen und kochen, sind Bücher über die libanesische Küche und eine Auswahl an Gewürzen!

Elektrizität

220 V, zweipolige Kontakte. Störungen treten nach wie vor auf, wenn auch in der Regel nur kurzfristig. Eine Taschenlampe ist dennoch eine gute Idee.

Feste und Feiertage

Im Libanon gibt es neben den **gesetzlichen Feiertagen** 1. Januar/Neujahr, 18. April/Qanatag (Trauertag für die Opfer von Qana, vergl. Route ›Der Süden‹), 1. Mai/Tag der Arbeit und 22. November/Unabhängigkeitstag eine ganze Reihe religiöser Feiertage. Die wichtigsten sind:

Christliche Feiertage: 9. Februar/Tag des hl. Maro, Karfreitag und Ostermontag, unterschiedlich; je nachdem, ob die Kirche westlichem oder orthodoxem Ritus folgt, 15. August/Mariä Himmelfahrt, 1. November/Allerheiligen, 25. Dezember/Weihnachten, Lokalheilige an den entsprechenden Orten.

Muslimische Feiertage: Id el-Fitr (Ende des Fastenmonats Ramadan), Id al-Adha (Ende des Pilgermonats Zul-Hidja), Mawlid an-Nabi (Geburtstag des Propheten), Ras as-Sana (Islamisches Neujahr), Ashura (Tag der Ermordung Husseins in Kerbela, ein schiitischer Feiertag). Die islamischen religiösen Feiertage folgen einem Mondkalender und sind daher nicht wie Ostern oder Pfingsten innerhalb des Sonnenjahres beweglich, sondern finden an starren Terminen statt, die sich aber mit dem Mondjahr, das ca. 11 Tage kürzer ist als das Sonnenjahr, in einem Zyklus von 35 Jahren einmal durch das Kalenderjahr bewegen.

Fotografieren, Filmen

In christlichen Gebieten ist Fotografieren selbstverständlich, aber auch von Sunniten und Drusen wird man manchmal regelrecht aufgefordert, ein Gruppenbild oder Portrait zu machen. Schiiten sind weniger begeistert, schiitische Frauen lassen sich selten fotografieren. Ob jemand fotografiert werden will, sollte man nicht erst nach dem Schnappschuß feststellen; die Bitte, jemand aufnehmen zu dürfen, ist eine zwischenmenschliche Selbstverständlichkeit. Militärpersonal und militärische Anlagen jeder Art sind als Filmmotiv tabu.

Papierfilm bekommt man im Libanon überall, er wird auch in modernen Maschinen rasch entwickelt, die Preise entsprechen internationalem Mittel. Diafilme sind nicht ganz so verbreitet, es empfiehlt sich, immer einen größeren Vorrat bei sich zu haben. VHS-Videofilm ist etwas teurer als in Mitteleuropa. Batterien und Zubehör sind überall zu haben.

Frauen ohne Männerbegleitung

Im Nahen Osten sind alleinreisende Frauen unbekannt, die wenigen, die es gibt, sind im Zweifelsfall Prostituierte. Obwohl die meisten Libanesen, besonders in christlichen Gebieten, wissen, daß man dies in Europa anders sieht, ist ein großes Maß an Takt und Anpassungsvermögen angebracht, wenn frau alleine reist. Ehemann und Kinder im Hintergrund und eine gute Geschichte, warum sie gerade nicht dabei sind, helfen die für Libanesen ungewöhnliche Situation zu entschärfen. Unauffällige Kleidung, Vermeidung von Augenkontakten und die rasche Kappung jedes Anbandelversuchs sind nötig, wenn die Besucherin nicht als Prostituierte abgestempelt und entsprechend behandelt werden will. In den Schnellimbissen gibt es auch abends keine Probleme, Restaurants sollten jedoch nur nach Voranmeldung besucht werden, sonst könnte der Eintritt verweigert werden.

Geld

Die libanesische Lira (LL), auch libanesisches Pfund genannt, gibt es in Scheinen mit dem Nennwert 50, 100, 1000, 5000, 10 000, 20 000, 50 000 und 100 000. Alte Münzen zu LL 250 und LL 500 sind noch im Umlauf. Derzeitiger Kurs: 1 DM = ca. LL 1000.

Jagd

Die Jagd ist im Libanon derzeit noch verboten, nach Wiedererlaubnis ist zu hoffen, daß sich frühere Exzesse nicht mehr einstellen (wie, daß die Armee ziehende Zugvögelschwärme als bewegliche Ziele verwendet).

Notruf

Tourismus-Polizei ✆ (01) 34 32 09. Polizei, Rettung und Feuerwehr haben von Ort zu Ort unterschiedliche Nummern, einen speziellen Notruf gibt es nicht. Wenn irgend möglich, ist es besser, ein Taxi zu nehmen und zum Krankenhaus zu fahren, als zu versuchen, einen Krankenwagen zu bestellen.

Öffnungszeiten

Ämter und Behörden haben offiziell Mo–Fr 8.00–14.00 Uhr, Fr 8–11.00 Uhr geöffnet, der Sonntag ist gesetzlicher Feiertag. Vor 9.00 Uhr werden Sie jedoch kaum jemand antreffen. Geschäfte und Büros sind Mo–Sa ca. 9.00–18.00 Uhr geöffnet, dies sind jedoch nur ungefähre Werte.

Post und E-Mail

Die libanesische Regierung hat mit der kanadischen Firma Profac ein Abkommen getroffen, das die Errichtung eines voll leistungsfähigen Postnetzes bis zum Jahr 2010 vorsieht; diese Privatisierung wurde vorgenommen, obwohl die Regierung vorher das Gegenteil verkündet hatte. Bisher waren Postkästen unbekannt, wurden Briefe und andere Sendungen nur an Postfächer in den wenigen Postämtern befördert. Wer kein Postfach mieten konnte, der konnte eben keine Post empfangen. Bis dahin gibt es Briefmarken nur in den Postämtern der größeren Orte, Briefe können nur dort aufgegeben und in Empfang genommen werden.

E-Mail gibt es seit 1994, bei den wenigen privaten PCs im Lande ist diese Kommunikationsmöglichkeit jedoch nicht sehr verbreitet.

Preise

Der Libanon ist ein teures Reiseland. Konsumgüter des gehobenen Bedarfs werden fast ausschließlich importiert und von einer äußerst zahlungskräftigen Mittel- und Oberschicht gekauft, was die Preise hochschraubt. Ein Abendessen samt Mezze und Wein in einem guten Beiruter Restaurant kostet pro Person kaum unter DM 50.–, ein Zimmer im Hotel der gehobenen Mittelklasse ab DM 130.–, der kleine Mokka kann in einem internationalen Hotel samt Steuern und Trinkgeld mit DM 9,– zu Buche schlagen.

Billig sind Busse und Servicetaxen, wer in einfachen Straßenlokalen ißt und in den einfacheren Hotels logiert, kann mit DM 100.– pro Tag über die Runden kommen.

Radio und Fernsehen

Dem Touristen, der kaum arabischsprachige Sender sehen wird, bieten die Kabelprogramme der meisten Hotels Euronews, CNN und sogar deutsche Sender. Das Radioprogramm ist äußerst vielfältig, in einem Rahmen, der von Techno bis Hisbollah reicht.

Sicherheit

Im südlichen Grenzstreifen des Libanon und im Norden der Beqaa ist das Reisen nach wie vor nicht möglich, UNIFIL-Kontrollen überprüfen den Zugang zum südlichen Grenzstreifen, zu den noch unsicheren Gebieten der Beqaa, vergl. Text zu dieser Region. Die libanesische Fremdenverkehrswerbung macht in ihren Prospekten keinen Unterschied, verlassen Sie sich deshalb nicht darauf, daß Sie einen Ort besuchen können, nur weil er in einem Prospekt angepriesen wird! In allen anderen Gebieten ist das Reisen wieder völlig normalisiert; Vorkehrungen, die über die üblichen gegen Diebstahl hinausreichen, sind nicht nötig.

Das größte Sicherheitsproblem des Libanon ist der Straßenverkehr, der Autofahrer wie Fußgänger ständig mit kritischen Situationen konfrontiert. Die sonst so freundlichen und einfühlsamen Libanesen werden am Steuer eines Wagens zu aggressiven Serientätern. Fußgänger werden überall auf die Straße abgedrängt, weil die Gehsteige, wenn vorhanden, zugeparkt sind. Jederzeit und in jeder Situation ist höchste Achtsamkeit nötig!

Steuern

Preise werden immer ohne Steuern und Aufschläge angegeben. Im Restaurant werden noch mal 16 % Bedienungsgeld, im Hotel 22 % (Bedienungsgeld und eine Hotelsteuer) aufgeschlagen. Bedenken Sie das beim Gespräch an der Rezeption!

Telefon und Fax

Seit 1997 wurden zwar nach amtlichen Erklärungen im ganzen Lande mehrere tausend Telefonzellen aufgestellt, es scheint aber, daß sie äußerst schwer zu finden sind. Telefonieren kann man am ehesten vom Hotel aus, die Verbindungen sind recht gut (in den Jahren nach dem Krieg mußten innerlibanesische Verbindungen zeitweise über eine New Yorker Nummer hergestellt werden, wenn sie Erfolg haben sollten). Dennoch verlassen sich die Libanesen nicht auf ihr Festnetz; wer irgend kann, benutzt ein Handy *(cell)*. Die Vorwahlnummer für alle Handys ist 03. Mobiltelephone kann man mieten, z. B. im Paket mit dem Mietwagen, die Preise entsprechen dann aber fast jenen, die deutsche Mobilnetzbetreiber für Gespräche im, nach dem und vom Libanon verlangen. Für einen längeren Aufenthalt lohnt sich der Abschluß eines Vertrags mit einer libanesischen Betreiberfirma, die Preise sind nur ein Bruchteil der mitteleuropäischen. Faxe werden sehr häufig benutzt, fast jedes Hotel hat ein Fax, billiger sind Faxsendungen von privaten Faxbüros, die es in Beirut und den größeren Städten gibt.

Vorwahl für den Libanon von Deutschland, Österreich und der Schweiz 09 61; nach Deutschland 00 49, nach Österreich 00 43, nach der Schweiz 00 41, bei der darauffolgenden Ortsnetzkennzahl wird die Null weggelassen.

Trinkgeld

Ein Trinkgeld wird für jede Dienstleistung erwartet, auch im Restaurant und Hotel, wo bereits 16% bzw. 16 % und 6 % auf die Rechnung aufgeschlagen werden.

Es ist üblich, diesen Betrag noch einmal um 5–10 % aufzurunden. Dies gilt ebenso für Taxen, die Fahrer erwarten 10–15 % Trinkgeld zum vorher ausgehandelten Preis.

Wasser

Leitungswasser sollten Sie niemals trinken, dafür gibt es in allen Läden und in jedem Lokal abgefülltes Tafelwasser.

Nur in guten Hotels und Restaurants, wo dafür abgekochtes Wasser verwendet wird, sollten Sie Eiswürfel im Getränk akzeptieren, dasselbe gilt für Fruchtsäfte, die oft mit Wasser aufgefüllt werden.

Zeitungen

In Beirut erscheinen zwei Tageszeitungen in englischer Sprache, Daily Star und Beirut News, sowie L'Orient-Le Jour in französischer Sprache, daneben gibt es Wochen- und Monatsmagazine in diesen Sprachen. Ausländische, insbesondere deutschsprachige Zeitungen und Wochenmagazine gibt es an den Ständen der Rue Hamra in Beirut und evtl. an anderen Zeitungsständen. Die Librairie Antoine in der Rue Hamra hat die größte Auswahl an internationalen Zeitungen und Magazinen des Landes.

Zeitunterschied

Der Libanon ist der MEZ eine Stunde voraus.

KLEINER ARABISCH-SPRACHFÜHRER

Zur Umschrift arabischer Begriffe

Die Aussprache des Arabischen umfaßt einige Laute, die im Deutschen nicht vorkommen und nur schwer wiedergegeben werden können. Das ganz hinten im Gaumen gesprochene ›r‹ ist ein Beispiel dafür, es klingt, wie wenn jemand gurgelt, der ziemlich heiser ist. Hier wird es mit ›rh‹ wiedergegeben; das ist natürlich ein Kompromiß, aber immer noch besser als das aus dem Französischen übernommene ›gh‹, das meist verwendet wird. Die Schreibung wurde mit Rücksicht auf die Lesbarkeit möglichst einfach gehalten, auf alle Hilfszeichen (Betonungen, Trennungen, Längen, Kürzen) wurde verzichtet. Nur einige wichtige Sprechabsätze wurden durch das Zeichen ' gekennzeichnet. Die Betonung liegt im Arabischen normalerweise auf der vorletzten Silbe.

Im Duden vorkommende Begriffe wurden so wie dort verwendet, z. B. *Medrese* und *Kibla*.

Einige wenige Wörter (meist Straßennamen) wurden dem allgemeinen Gebrauch im Libanon folgend in französischer Umschrift belassen (*Rue Eddé* in Beirut, aber *Eddeh al-Batrun*, ein Ort bei Batrun im Norden, aber auch *Mar Charbel*).

Die Kennzeichnungen (m) und (w) bei den unten angeführten Wörtern bezeichnen die jeweiligen Formen für Gespräche mit Männern respektive Frauen.

Aussprache

Nicht erwähnte Vokale, Konsonanten und deren Kombinationen werden wie im Deutschen ausgesprochen. Ein h am Wortanfang oder im Wortinneren muß immer zu hören sein (wie in *Mühe* oder *Ehe*), nur am Wortende kennzeichnet es eine Dehnung (wie in *Reh*).

aa	=	langes a (im Wort)
ah	=	langes a (am Wortende)
eh	=	langes e (am Wortende)
au	=	getrennt gesprochen: Qala'un, nicht Qalaun
j	=	weiches sch (wie j in französisch **j**our)
dj	=	dsch
sh	=	sch
ch	=	sch (eine eingebürgerte, aus dem Französischen übernommene Umschrift, z. B. im Ortsnamen Chtaura, der wie Schtuura auszusprechen ist, im Deutschen z. B. in Champagner oder Chance)
s	=	stimmloses s wie in Hau**s**
z	=	stimmhaftes s wie in lei**s**e
zz	=	emphatisches stimmloses s wie in wei**ß**
q	=	hauchloses, hinten in der Kehle gesprochenes k
k	=	k wie im deutschen **k**alt
kh	=	ch wie im deutschen a**ch**t
rh	=	gutturales r

Begrüßungsfloskeln, Bekanntschaft

Guten Tag! Hallo!	marhaba!
Guten Morgen!	sabah el-kher!
Guten Abend!	masa'l-kher!
Gute Nacht!	tisbah el-kher!
Willkommen!	ahlan wa sahlan!
bitte (keine Ursache)	afwan
bitte (Ersuchen)	min fadlak (m)/min fadlik (w)
bitte (nur zu!)	tfaddal (m)/ tfaddali (w)
danke	shukran
ja	na'am/aiwa
ja bitte	na'am min fadlak (m)/fadlik (w)
nein	lä
nein danke	lä shukran
Entschuldigung (tut mir leid)	mut assif (m)/ assifa (w)
Ich bitte um Verzeihung	bi'tiser
Wie heißen Sie?	shu ismak (m)/ ismik (w)?
Ich heiße …	ismi …
Ich spreche …	ana baa-ki …
… Englisch	… inglisi
… Französisch	… fransi
… Deutsch	… almaani
Verstehen Sie mich?	am tifham (m)/ tifhami (w) alaiyi?
Ich verstehe nicht	lä af-ham
Macht nichts	maläsh

Fragen

Wo?	wen?
Wo ist …?	wen …?
Gibt es …?	fi andakum …?
Wieviel (kostet es)?	addesh?
Was?	shu?
Was ist das?	shu hädda?

Wie?	kif?
Warum?	läsh?
Wann?	mata?

Ausrufe

He!	jalla!
Weg da!	jalla emshi!
Hilfe!	musa'ada!

Verkehr, Orientierung

Flughafen	mataar
PKW	saiyara
Taxi	tax
Linientaxi	serviis
Bus	bas
Straße	sharia
Weg	tariq
hier	hon
dort	hinak
links	shmäl
rechts	jamiin
geradeaus	durhri
Fahren Sie mich nach/zum …	khudni'ala
Ich möchte zum Hotel …	biddi ruh'ala otel/ funduk
Langsam	shuwaiya
Warten Sie hier!	stannani hon!

Zahlen

0	sifr
1	wahed
2	tnin
3	tleta
4	arba
5	khamsa
6	sitta
7	saba
8	tamaniya
9	tisa
10	ashra
11	hida'shar
12	itna'shar
13	talat-ashar
14	arbaat-ashar
15	khams-ta'shar
16	sitta'shar
17	sabata'shar
18	tamanta'shar
19	tisata'shar
20	ishriin
21	wahed wa ishriin
30	talatiin
40	arbaiin
50	khamsiin
60	sittiin
70	sabiin
80	tamaniin
90	tisiin
100	miye
200	mitän
300	tlatmiye
1000	alf
2000	alfen
3000	talatalaf
10 000	ashratalaf
1 000 000	miliyon

Wochentage = Markttage

Sonntag	al-ahad
Montag	el-itnän
Dienstag	at-talata
Mittwoch	al-arba
Donnerstag	al-khamiis
Freitag	el-djemaa
Samstag	as-sabt

Im Hotel

Hotel	otel/funduk
Zimmer	rhurfa
Einbettzimmer	rhurfa mufrada
Zweibettzimmer	rhurfa bi sariraiyn
Dusche	dusch
Toilette	hammam/twalet
Aircondition	kondishon
Es fehlt …	ma'fi
Seife	sabun
Handtuch	futa
Bringen Sie mir bitte …	zibli min fadlak (m)/fadlik (w)

Im Restaurant

Restaurant	restoran/mata'am
Kellner	garson
Speisekarte	listit al akl
Teller	tibaa
Trinkglas, Becher	kaseh
Messer	sikkiin
Gabel	shokeh
Löffel	mala
Rechnung	hisab

Nahrungsmittel, Getränke

Arrak	araq
Bier	bira
Braten	meshwi
Brot	khubz
Eier	beed
Eiskrem	busa
Fisch	samak
Fleisch	lahm
Gemüse	khadar
Hühnchen	jaj
Käse	jibne
Kaffee	ahweh
Kartoffeln	batata
Kuchen	gato
Milch	halib
Mineralwasser	mai madaniyeh
Nudeln	makronah
Obst	fawaki
Öl	sat
Oliven	zetun
Pfeffer	filfil
Reis	roz
Salz	mäläh
Wasser	maiya
Wein	nabid
Yoghurt	lebenn
Zucker	sukkar

Einkaufen

Was kostet das?	addesh ha-o hadda?
Was kostet ein Kilo ...?	addesh kilu il ...?
ein halbes Kilo	nuss kilu
Wo gibt es ...?	wen fi ...?
Ich möchte ... kaufen	biddi ishtiri ...
Markt	suq
genug	käfi
Das ist zu teuer!	hädda rhali ktiir!
Kleingeld	faqqa

Gesundheit

krank	mariid
Arzt	hakiim/duktor
Zahnarzt	duktor asnän
Krankenhaus	mustashfa
Ich fühle mich nicht wohl	mäni mabsut
Ich suche einen Arzt	biddi schuf hakiim
Bringen Sie mich ins Krankenhaus!	chudni al mustashfa!
Schmerzen	wagah
Unfall	hadis
Durchfall	ishal
Fieber	harara
Entzündung	iltihab
Verletzung, Wunde	zarh

GLOSSAR

Adyton (griech.: das Unbetretbare): Allerheiligstes, Raum des Kultbilds im antiken Tempel; im römischen Tempel des Libanon meist erhöhter Raumteil der Cella

Antentempel: Tempel, dessen Längsmauern vorgezogen sind; die dadurch entstehende Vorhalle hat im allgemeinen zwei Säulen

Apsis: Meist halbrunder, mit einer Halbkuppel überdeckter Raum, der sich zu einem Hauptraum hin öffnet; in der christlichen Baukunst überwiegend der östliche Abschluß einer Kirche

Architrav: Der den Oberbau tragende Hauptbalken über Säulen oder Pfeilern

Atrium: Von Säulenhallen umgebener Tempelvorhof oder westlicher Vorhof einer Kirche

Baptisterium: Nebenbau einer Kirche für die Taufe

Basilika: Drei- oder mehrschiffige Kirche, deren Mittelschiff höher und breiter ist als die Seitenschiffe. In der römischen Architektur: Markt- und Gerichtshalle, in der christlichen Baukunst früh bevorzugter Kirchentypus

Cardo: Nord-südlich verlaufende Hauptstraße römischer Städte und Lager

Caza: Verwaltungseinheit im Libanon

Cella: Fensterloser Hauptraum in einem antiken Tempel zur Aufnahme des Kultbildes

Decumanus: Ost-westliche Hauptstraße römischer Städte und Lager

Deesis: Darstellung des thronenden Christus (z. B. beim Jüngsten Gericht) zwischen den Fürbittern Maria und Johannes dem Täufer

Deir: Christliches Kloster (im arabischen Sprachraum)

Derwisch (pers.: Bettler): Islamischer Bettelmönch

Donjon: Wehrhafter Hauptturm vor allem normannischer Burgen, der im Gegensatz zum Bergfried dauerhaft bewohnbar war

Emir: Titel arabischer Fürsten, Stammesführer

Exedra: Halbkreisförmige Erweiterung mit Sitzplätzen an den Säulengängen öffentlicher Gebäude oder Plätze der Antike

Hammam (arab.): Arabisch-türkisches Bad

Harim, Harem: Der von Frauen bewohnte Teil des islamischen Hauses; auch Bezeichnung für die Frauen, die darin wohnen

Hippodrom: Antike Pferderennbahn; in der Anlage dem Stadion ähnlich, d. h. mehrspurig, mit Kehre an der einen und geradem Abschluß an der anderen Seite

Hohe Pforte: Sitz der Regierung des Osmanischen Reiches in Istanbul

Ikonostase: In byzantinischen Kirchenbauten hohe Schranke zwischen Längsschiff und Chor, die von drei Türen durchbrochen und durch Säulen und Pilaster gegliedert ist. In solchermaßen gebildeten Nischen befinden sich meist Ikonen (geweihte Tafelbilder), daher der Name

Insula: Von Straßen umgebener Wohnblock in einer antiken Stadt

Kapitell: Oberer Abschluß von Säule, Pfeiler oder Pilaster mit ornamentaler, figürlicher oder pflanzlicher Dekoration

Karawanserei: An einem Karawanenweg gelegene Herberge

Kathedrale: Bischofskirche

Khan: Großhandelshof der arabisch-orientalischen Stadt (auch Funduk)

Kisseriya: Gewerbehof in der arabisch-orientalischen Stadt

Kolonnade: Säulenreihe, die einen Architrav trägt; als Begrenzung von Straßen und Plätzen

Kreuzgratgewölbe: Gewölbe, das bei der Durchdringung zweier gleich hoher, im Querschnitt identischer Tonnengewölbe entsteht, die Durchdringungslinien heißen Grate

Levante: Bezeichnung für die Länder um das östliche Mittelmeer (Kleinasien, Syrien, Palästina, Ägypten)

Liwan, Iwan: In der orientalischen Baukunst gewölbte Halle, die sich mit großem Bogen zu einem Innenhof öffnet; gebräuchlich in der sassanidischen Palastarchitektur, schon früh vom Islam übernommen

Medrese, Medersa: Islamische Hochschule oder theologische Lehranstalt mit Schul- und Beträumen

Mihrab: Gebetsnische der Moschee, welche die Gebetsrichtung (nach Mekka) anzeigt

Mimbar (Minbar): Predigtstuhl, -kanzel in einer Moschee

Minar, Minarett: In der islamischen Baukunst Turm für den Gebetsrufer (Muezzin)

Muqarnas (arab.): Vorkragende, konkave, zellenartige Dekorationselemente, die die Trompen einer Kuppel ausfüllen (islam. Baukunst)

Nymphäum: Bei den Römern ein den Nymphen (weibl. Wassergötter) geweihtes Quellheiligtum

Patriarch (griech.: Erzvater): Titel der obersten orthodoxen Geistlichen und der leitenden Bischöfe in den einzelnen unabhängigen und unierten Ostkirchen

Podium: Erhöhter Unterbau römischer Tempel

Portikus: Vorhalle; eine von Säulen getragene und meist von einem Dreiecksgiebel überfangene Halle vor der Hauptfront eines Gebäudes

Propyläen: Monumentale Tor- und Treppenanlage eines geschlossenen Tempelbezirks oder Heiligtums

Protom/-en: Skulptierte Hinzufügung in Form von Mensch oder Tier an Stützgliedern und Fassaden, aber auch an Gefäßen

Qibla-Wand (arab.: Gebetsrichtung): Nach Mekka weisende Wand im Gebetssaal der Moschee. Gekennzeichnet wird diese Wand durch den Mihrab

Rentenkapitalismus: Wirtschaftssystem, besonders im arabisch-orientalischen Raum, in dem abgeschöpfte Erträge nicht wieder in neue Unternehmen investiert werden. Renditen (Renten) werden in Grundbesitz angelegt bzw. dazu verwendet, Handwerker und Bauern durch Vermietung oder Vorstrecken von Produktionsmitteln in Abhängigkeit zu bringen.

Sahn: Offener Innenhof der Moschee

Stichkappe: Gewölbeteil über Fenstern und anderen Maueröffnungen, der senkrecht in das Hauptgewölbe einschneidet

Substruktion: Erweiterung der Baufläche an Abhängen

Suk (arab.): Basar

Tell (arab.): Hügel, Ruinenhügel, entstanden durch Übereinanderschichtung von Trümmern und Hinterlassenschaften lang bewohnter Siedlungen

Temenos: Umfriedeter heiliger Bezirk mit Tempel oder Kultplatz

Tonnengewölbe: Gerundete Raumüberdeckung. Als Querschnitt kommen Halbkreis, Segment- und Spitzbogen vor

Trifore: Dreibogiges Fenster; entsprechend Bifore für ein zweibogiges Fenster

Tympanon: Bogenfeld über einem mittelalterlichen Portal, meist mit plastischem Schmuck

Zawiya: Versammlungsraum einer islamischen religiösen Bruderschaft

ABBILDUNGSNACHWEIS

Axel Krause/laif, Köln Titelbild, Umschlagklappen, S. 1, 2/3, 8, 10/11, 15, 19, 24, 35, 38, 41, 44, 48, 49, 54/55, 61, 63, 71, 72, 79, 81, 84, 89, 95, 98/99, 101/102, 106, 110, 116/117, 122, 129, 130, 134, 136, 140, 153, 156/157, 160, 162, 163, 170, 175, 178/179, 181, 186, 188, 190, 195, 198, 202, 207, 208, 209, 211, 212

Cristina Erck, Beirut S. 37

Dietrich Höllhuber, Röttenbach S. 28, 62, 65, 119, 121, 127, 135, 144, 149, 151, 168

Hans Münch, Crea Audio Vision, Ganderkesee S. 92, 93,

Tourismusministerium des Libanon, Beirut S. 16, 115, 154, 165, 177

Alle übrigen Abbildungen stammen aus dem Archiv des Verlages

Kartographie: Berndtson & Berndtson Productions GmbH, Fürstenfeldbruck,

Bitte schreiben Sie uns, wenn sich etwas geändert hat.
Alle in diesem Buch enthaltenen Angaben wurden vom Autor nach bestem Wissen erstellt und von ihm und dem Verlag mit größtmöglicher Sorgfalt überprüft. Gleichwohl sind – wie wir im Sinne des Produkthaftungsrechts betonen müssen – inhaltliche Fehler nicht vollständig auszuschließen. Daher erfolgen die Angaben ohne jegliche Verpflichtung oder Garantie des Verlages oder des Autors. Beide übernehmen keinerlei Verantwortung und Haftung für etwaige inhaltliche Unstimmigkeiten. Wir bitten dafür um Verständnis und werden Korrekturhinweise gerne aufgreifen:

DuMont Buchverlag, Postfach 10 10 45, 50450 Köln
E-Mail: reise@dumontverlag.de

REGISTER

Personen und ausgewählte Stichwörter

Orte